가도 가도
왕십리

가도 가도 왕십리

김창희 지음

변두리 사람들의
끈질긴 역사 이야기

푸른역사

| 책을 내며 |

작은 사람들의 분투기를 찾아서

정말 가도 가도 끝이 없는 곳이 왕십리다. 예전엔 그런 줄 미처 몰랐다. 내세울 만한 변변한 역사와 인물이 없는, 그저 그런 변두리라고만 생각했는데 그건 한참 잘못된 것이었다. 갈래를 특정하기 힘든 수많은 사람이 이곳을 거쳐 갔다. 그들이 이곳과 인연을 맺게 된 계기도 한마디로 설명하기 어려웠다. 이 책을 쓰는 내내 다가가려 하면 할수록 한 발짝 더 멀리 뛰어 달아나며 그 너른 폭과 깊이를 보여 주는 곳이 바로 왕십리였다.

그럼에도 조금 일반화해 본다면, 우리가 저잣거리에서 흔히 마주치기 때문에 특별한 것이 별로 없다고 생각하는 사람들, 경우에 따라선 당대의 천덕꾸러기에 해당하는 인물들이 주로 이곳 왕십리에 살거나 흔적을 남겼다. 우리가 '민중'이라고 부르는 사람들이었다.

이 책은 그런 민중의 이야기다. 그들은 살아서도, 죽어서도 이것저것 가릴 것 없는 사람들이었다. 생긴 대로 살고, 자기에게 주어진 대로 고민하고 행동했으며, 마침내 죽어서는 그 자리 왕십리의 어느 구석에 조용히 자기 자리를 잡은 이들이었다. 그렇게 나와 전혀 다를 것 없는 '작은 사람'들의 이야기를 쓰는 시간은 한껏 즐겁고 고마웠다. 독자들도 이 책에서 '나와 다르지 않은 사람들의 이야기'를 발견해 준다면 글쓴이로서는 큰 기쁨이겠다.

당초에 의도했던 것은 아니지만 이 책을 구성하는 사람들의 절실한 이야기가 하나둘씩 쌓여 감에 따라 '아하, 그렇군!' 하는 생각이 자연스럽게 들었다. 가진 것도, 가릴 것도 없는 변두리 사람들이 역사를 만들어 간다는 것은 결코 빈말이 아니었다. 당대의 본인은 알 수 없었겠지만 그들이 열어 간 새 시대를 확인하는 것은 후대의 이야기꾼으로서는 기쁨을 넘어 큰 감격이었다.

2024년이 2025년으로 넘어오는 추운 겨울에도 광화문과 여의도 광장에서 촛불과 각종 응원봉을 치켜든 시민들과 남태령과 한남동에서 밤을 지새운 수많은 이름 없는 키세스들의 모습에서 우리는 역사의 고빗길을 확인할 수 있었다. 역사는 그렇게 예기치 못한 순간에 이름 없는 사람들의 절실한 행동을 통해 새날을 열어 가는 법인가 보다. 이제 독자들을 왕십리에서 새 시대를 열어 간 사람들의 이야기에 초대한다. 그 감격을 함께 누릴 수 있기를 기대한다.

이 책은 저자가 10여 년 전 공저자로 참여해 세상에 내놓은 《오래된 서울》의 후속편 일부로 기획된 것이었다. 그러나 그 뒤 공저자들의 관심사가 달라지면서 후속편의 약속은 송구스럽게도 지킬 수 없는 것이 되고 말았다. 그에 따라 사실상 독자적인 기획이었던 이 원고 역시 미완의 형태로 저자의 서랍 속에 들어가고 저자 역시 이런저런 일로 그 존재를 잊고 있던 중에 남다른 기억력을 가진 박혜숙 푸른역사 대표의 촉각이 이 원고를 세상으로 끄집어 냈다. 그렇게 망각 속에서 길어올려진 원고는 '왕십리 열전列傳,' 즉, 왕십리에 자기 삶의 한 조각을 떨구고 간 사람들의 이야기였다. 그 뒤 도시사에 남다른 애정을 가진 김용범 님이 이 원고에 제목을 붙여 주었고, 그 밖에도 강호 제현의 가르침이 이 책의 행간 곳곳에 녹아들었다.

저자로서는 뜻하지 않은 일이었다. 초고에서 먼지를 털고 여러 가르침에 따라 세부사항을 조정하고 이미지물들을 갱신해 지금과 같은 책의 꼴을 갖추게 되었다.

그렇게 해서 이 책을 세상에 내놓는다. 지금의 왕십리 주민을 포함한 서울 시민들, 그리고 자기 동네의 '작은 역사'에 관심이 있는 이들에게 이 책이 소박한 선물이 되면 좋겠다. 새 시대는 가도 가도 끝이 없이 꼬리를 물고 펼쳐지는 '작은 사람'들의 분투 속에 그 단서가 있기 때문이다.

이제 시간을 한 발짝씩 거슬러 왕십리 사람들을 만나러 간다. 어디까지 갈 수 있을까?

2025년 9월
김창희

차례

- 책을 내며　　작은 사람들의 분투기를 찾아서 … 5
- 들어가는 말　광희문을 나서서 왕십리에 들어서니 … 15

[01] 현대 택견의 개척자 신한승, '민중의 몸짓'을 되살려 내다 … 32

택견이 사라진 뒤 택견과 만나다
무인→도인→명인의 길로 가다
송덕기·이경천·김홍식과 아슬아슬하게 만나다
무형문화재 지정 소식에 펑펑 울다
'택견의 현장'은 '축제의 장소'
〈대쾌도〉의 장소를 찾아라
외국인들이 살펴본 〈대쾌도〉의 현장
계속 탈바꿈하는 장소의 성격
그곳에선 아직도 "이크", "에크" 소리가 들려올까

[02] 만담가 장소팔, 국민의 웃음보따리를 책임지다 … 56

'왕십리 사람' 장소팔
서울 사람들의 애환과 말투를 담아 내다
'서울 지역 예인들의 메카' 왕십리
소리꾼들의 연습장 '움집'

03 소설가 김동인, 다시 살다 … 70

아무도 범접하지 못한 '문학의 신'
김동인에게 드리워진 그림자
"아아 나는 소설가로다"
왕십리에서 맞은 최후
결코 죽지 않은 김동인

04 독립운동가 지청천과 김붕준, '새로운 고향'에서 맞대결 … 90

기호파와 서북파, 다르지만 함께 가는 길
칼과 펜, 함께 가다 보면 결국 만나는 길
민족통일전선, 당연하지만 어려운 길
광복, 각자 가는 길
맞대결, 누구에게도 만족스럽지 못한 결과

05 1920년대 막노동자 진 서방, "서울이 도깨비굴이었던가?" … 114

한반도에 닥친 두 가지 모순이 충돌하는 현장
예나 지금이나 술 한잔 마셔야 잘 수 있는 세상
장소의 유전
유령의 장소
가산假山 또는 택견 놀이의 현장
큰길, 당국의 권위가 미치는 곳
'도처개유귀신到處皆有鬼神'
늘 그렇듯 결국 원점으로

06 영국 화가 엘리자베스 키스, '코리아'를 사랑한 푸른 눈의 여인 … 138

20세기 초 동대문 안쪽의 새로운 풍경
한국에 매료된 키스 자매
키스 자매가 동대문 주변에서 본 것
이방인의 눈으로 지켜본 3·1운동
그림으로 표현한 '한국 사랑'
사후에도 전해진 '한국 사랑'

07 '농부' 이성문, '스스로 낮아진 사람'의 후손이 되어 … 160

'왕십리 입향조'가 '경성 이씨' 된 사연
재판을 통해 굴러들어 온 선물
이승훈, 그의 죽음은 '순교'인가 아닌가
동생 이치훈의 생존 전략
'이치훈 자진 몰락'의 진실

08 창덕궁 무수리 고대수, 청무밭에서 스러진 혁명가 … 182

'바지랑대에 옷 입혀 놓은 것 같던' 무수리
갑신정변에 결정적 역할을 하다
의문의 인물 '이우석'
왕십리 청무밭에서 맞은 최후
'일생에 단 한 번 하늘을 날아 봤던 그 기억'

09 '선달' 김장손, 임오군란의 불을 당기다 … 196

그들은 왜 그날 집으로 돌아오지 못했을까
'선혜청 도봉소 사건'으로 투옥된 4명
아들 구명을 위해 '장두狀頭'가 되다
나는 듯이 동교와 서교로 통문이 돌다
김장손은 어디에 있었을까
상황이 만들어 낸 '반역 우두머리'
형장의 이슬로 사라진 김장손의 아들

10 염동이와 채생, 청계천에서 도깨비를 만나다 … 216

도깨비 덕에 치부한 천민
귀신과의 황홀한 하룻밤
청계천은 도깨비 루트?

11 가톨릭 순교자들은 거기서 안식을 얻었을까? … 232

주검도 숨죽여 나가던 문
가장 억울한 죽음 '옥사獄死'
네 여성의 모진 생애와 안타까운 죽음
죽어서 땅에 묻히지조차 못한 사람들
새로운 세상을 향한 꿈

12 똥장수 예덕선생, 똥으로 세상을 바꾸다 … 256

똥장수를 찾아서
더러움 속에서 덕을 찾는 사람
가장 천한 일을 하며 새 시대를 개척하다
서울 주변에서 서울 사람들을 먹여 살리던 곳
예덕선생 '똥의 루트'와 그 목적지는
다시는 '똥파리'라고 부르지 않으리

13 난세의 공신 이경직, 충직함의 본을 보이다 … 282

호탕하며 허심탄회한 인물
강개하여 기절이 있는 사나이
견딜 수 없는 일을 견디다
찢어지는 가슴을 안고

- 나가는 말 왕십리는 살아 있다 … 302
- 찾아보기 … 313

| 들어가는 말 |

광희문을 나서서 왕십리에 들어서니

조선시대의 시가들 가운데 광희문을 제목으로 삼은 것은 단 한 편도 없다. 적어도 지금까지 세상에 알려진 작품들 중에서는 그렇다. 제목은커녕 내용 가운데 광희문이 등장하는 것도 아주 드물게 몇 편 있을 뿐이다.

그 이유가 무엇일까? 아무리 사대문四大門이 아닌 사소문四小門의 하나라 하더라도 서울 도성을 드나드는 중요한 관문이었는데 말이다. 우연히 그렇게 되었을 리는 없고 분명히 무슨 이유가 있을 것이다. 조선시대 사람들, 특히 시인의 지위를 거의 독차지하고 있던 사대부들은 광희문과 그 주변 지역이 시의 소재로 적합하지 않다고 생각했던 것 같다. 그 이유는 손쉽게 짚어 볼 수 있다.

우선 광희문 밖, 즉 왕십리로 통칭되는 지역은 조선시대에 밭작물을 재배하던 농경지 아니면 공동묘지였다. 사대부들이 굳이 가 볼 이유가 없는 지역이었다는 얘기다. 채소류는 필요하다면 하인들이 알아서 구입하면 될 일이었고, 공동묘지는 선산을 갖지 못한 잔반이나 중인 이하 계층이 주로 이용하는 장소였으니 사대부들은 그곳에 갈 이유가 딱히 없었던 것이다. 이들이 왕십리 지역을 지나는 일은 한강 남쪽의 어딘가로 가기 위해 통과하는 경우 외에는 없었을 것이다. 그것도 왕의 행렬을 수행하는 것처럼 공식 행차일 경우에는 흥인지문으로 나갔을 테니 광희문과는 관련이 없었을 것이다. 그렇다면 사대부 계층이 광희문을 거쳐 성 밖으로 나서는 것은 아주 드물게 개인적인 용무로 한강 이남 지역으로 갈 때뿐이었다.

정약용의 광희문 밖 풍경, 상식적이지만 애매한

그렇게 아주 드물게 광희문과 그 밖의 지역을 지나던 감정을 읊은, 희귀

서울에서 이 광희문을 나서면 비로소 왕십리가 시작됐다. 1915년 문루가 붕괴되어 홍예와 석축만 남았던 광희문은 1975년 복원사업으로 옛 모습을 되찾았지만 그와 동시에 퇴계로가 확장되면서 원위치에서 15미터 남쪽으로 옮겨 앉으며 북쪽 성벽을 영영 잃고 말았다.

한 시 두 편을 살펴보자. 하나는 18세기, 다른 하나는 19세기의 작품이다. 이 시편들에는 작자가 어떤 연유로 이 길을 지나게 됐는지는 드러나 있지 않다. 그러나 평소 잘 다니지 않던 길이다 보니 뭔가 색다른 감회가 끓어 올라 시를 남기게 된 것만은 분명하다. 그렇게 낯설게 보는 것이 모든 예술작품의 출발점 아닌가?

우선 조선 후기의 큰 학자 정약용(1762~1836)이 남긴 〈동성의 노래[東城吟]〉[1]다. 여기서 '동성'이란 '광희문'을 가리키는 말이다.

도성의 모든 하수 모여드는 곳	國城有尾閭
조그만 바위 구멍 광희문일레	光熙小石竇
사람의 혈맥 같은 수많은 개천	溝瀆如脈絡
밤낮으로 이곳을 새어 나가고	日夜此中漏
똥 오줌이 바다로 빠져나가니	玉粒輸海航
인분 실은 우마차 꼬리를 무네	糞馬連尾走
천연으론 본디가 펀펀하던 곳	天作本夷衍
어찌하여 파이고 언덕이 졌나	培塿胡坳窗
겹쌓여 옴딱지가 떨어져 나오고	壘壘發癰疥
덩이덩이 떡만두 널려 있는데	顆顆列飣飳
가끔 또한 나무에 걸리어 있어	或挂在樹間
고약한 비린내가 물씬 풍기네	陣陣鮑魚嗅
어디 한번 물어보세 그대들이여	借問諸君子

---

1 《다산시문집》 제1권에 수록된 작품으로 한국고전번역원 db.itkc.or.kr 사이트에 소개된 1994년 송기채 번역본을 인용했다.

모두 다 살아생전 이룬 게 뭔고	共有底成就
코 끌고 주막에 가 함께 마시며	彎鼻入肆歆
길에서 주먹 쥐고 싸움질했지	血拳當街鬪
기생이며 첩에게 정을 쏟느라	房膩萬牽憐
상자 속의 비단을 바닥내면서	簏錦罋成富
밤에는 고기 음식 배불리 먹고	骰羞飫良宵
낮에는 제기차기 쌍륙놀이라	簺鞠消淸晝
이걸로써 서로들 으스대다가	以玆胥夸矜
허둥지둥 서둘러 쓰러졌다네	汲汲有顚仆
칠귀로써 단전을 지켜야 하니	七鬼守丹田
몹쓸 잡초 뉘 능히 제거할 건고	茨棘疇能耨
세월은 전광석화 잠깐 사이라	石火焂一閃
장수해도 장수라 할 수 있겠나	高齡未爲壽
누수 다해 새벽종 울려퍼지고	漏盡曙鍾鳴
청사초롱 촛불이 가물거리면	紗燭靑焚繡
어느새 여지없이 종말 찾아와	於焉穩稅駕
세상 영욕 다시는 따질 수 없네	不復問榮坎

광희문과 그 인근 지역의 특징이 첫머리에 아주 분명하게 드러난다. "도성의 모든 하수 모여드는 곳"이라고 한다. 광희문 바로 북쪽에 오간수 문과 이간수문이 있어 이곳으로 청계천과 그 지류가 서울 도성을 빠져나 간다는 사실은 우리가 다 알고 있다. 그래서 광희문은 조선 개국 초부터 '수구 옆의 문'이라는 뜻으로 '수구문水口門'이라고 불렸다. 그러나 정약용 의 시대에 이미 그 수구는 '명당수'가 모여서 흘러 나가는 길목이라기보

다 서울 도성의 온갖 오물이 포함된 '하수'의 배출구일 뿐이었다.

그 양상은 다음 대목에서 더욱 분명해진다. "똥 오줌이 바다로 빠져나가니"는 이 광희문 근처의 수구를 통해 청계천의 오물들이 도성을 빠져나간다는 얘기이고, "인분 실은 우마차 꼬리를 무네"는 광희문을 지나는 육로 역시 그런 인분의 배출구 역할을 하고 있다는 얘기다. 서울 도성 안의 모든 더러운 것들이 도성 밖으로 배출된다는 것은 사실 꼭 나쁜 것은 아니다. 그렇게 되어야 도성도 제 기능을 발휘하고 건강해질 수 있기 때문이다. 또 우리 전통시대에 인분은 광희문 밖의 광활한 채소밭에서 비료로 사용됐으니 이 역시 중요한 기능이었다.

《경성부사》(1934)에 실린 광희문 밖의 풍장 모습. 일제시대까지도 이곳 공동묘지 주위의 소나무 숲에서는 천연두 등 역질로 죽은 시신을 이렇게 바람에 말리는 풍장(점선 표시 부분)이 많았다고 한다.

아마도 정약용이 정말 하고 싶었던 얘기는 그 뒷부분일 것이다. "겹쌓여 옴딱지가 떨어져 나오고 / 덩이덩이 떡만두 널려 있는데 / 가끔 또한 나무에 걸리어 있어 / 고약한 비린내가 물씬 풍기네"라는 대목이다. "떡만두가 널려 있다"니 무슨 소리인가? 이는 광희문 밖 일대에 넓게 자리 잡은 공동묘지의 모습을 가리키는 것이다.² 특히 "가끔 나무에 걸려 있다"는 것은 주어가 분명치 않지만 틀림없이 풍장風葬을 위해 나뭇가지에 걸쳐 둔 시신을 가리키는 말일 것이다.³

광희문이 시체가 나가는 문이라는 뜻의 '시구문屍口門'으로 불리기도 한 이유가 바로 이것이다. 서울 도성 안에는 묘지를 쓸 수가 없었기 때문에 도성의 동쪽 밖으로는 이곳 왕십리 일대에, 서쪽 밖으로는 아현동 일대에 묘지가 각각 조성되었고, 그 묘지로 가는 상여 행렬이 동쪽으로는 광희문을, 서쪽으로는 소의문을 각각 통과할 수밖에 없었던 것이다.

정약용은 만두 모양의 묘지를 묘사한 데 이어 "어디 한번 물어보세"로부터 끝부분에 이르기까지 삶의 허망함을 길게 읊고 있다. 무덤 자체보다 그 종착점에 이르기까지 우리가 거치는 삶의 궤적이 그의 심상에 더욱 크게 잡힌 것이다. 무덤 앞에 서면 그렇게 되는 게 인지상정이다. 그런 점에서 정약용의 시는 상식선에서 출발한다고 할 수 있다.

다만, 이 작품은 그가 대과에 급제하기 전인 스물여섯 살 때(1787, 정조 11)의 음력 6월부터 9월 사이에 쓰였는데, 이런 한탄조는 그 무렵 정약용

---

2 일제시대인 1929년 발간된《경성편람》도 '왕십리'를 설명하면서 "이 부근의 구릉을 보면 마치 만두 형饅頭形 가튼 듯한 고총古塚이 잇스니, 소위 '낙양성 십리 허의 놉고 나진 저 무덤 운운'이라는 고가 古歌는, 전인前人이 이 왕십리의 중중첩첩重重疊疊한 분묘를 보고 감상적으로 불넛든 것이다"라고 언급하기도 했다.
3 서울시가 2013년 펴낸《국역 경성부사》제2권 124쪽 참조.

이 처해 있던 다소 애매한 처지와도 관련이 있지 않나 싶다.

 정약용은 벼슬길에 나서기 전 성균관 학생으로 공부하면서 경기도 양주의 마재에 있던 고향집에 왕래하곤 했다. 그러자면 대개 광나루에서 배를 타고 한강을 거슬러 올라가야 했는데 그 나루터에 이르기까지 이 광희문 밖 공동묘지 길을 터벅터벅 걸어 다니곤 했을 것이다. 그럴 때마다 이 아름답지 못한 풍경들을 지나치며 무슨 생각을 했을까?

 이미 당대의 천재로 꼽히고 있던 그는 간혹 정조 임금에게 밤에 불려가 못 마시는 술을 사발째 들이키는 색다른 방식으로 격려를 받기도 했지만, 때로는 몇 년째 대과에 급제하지 못하는 데 대해 질책당하기도 했다. 그러면서 시정에 나오면 그가 앞으로 제도해야 할 백성들의 허탄한 삶이 눈에 밟혔을 것이고, 다른 한편으로는 당시 마음 깊은 곳에 받아들이고 있던 천주교의 내세관이 눈앞의 현실을 넘어서도록 재촉하고 있었을 수도 있다. 성균관 시절의 그는 일가붙이들과 함께 천주교에 깊숙이 들어가 있었던 것으로 알려졌다.

 그렇게 복잡한 심사가 이 시에 녹아 있다. 어쩌면 광희문 밖 풍경이야말로 당시 스물여섯 살, 아직 미래의 길이 아무것도 정해져 있지 않던 시절의 정약용에게는 현실과 이상, 도약과 좌절 등 삶의 모든 가능성과 한계를 미리 보여 주는 장소였을 것이다. 그런 점에서 이곳은 젊은 시절 정약용의 생각을 키우는 장소였다고 할 수 있겠다.

이건창의 광희문 밖 풍경, 짐짓 무심하나 가슴 저린

다음은 조선 말기의 대문장가 이건창(1852~1898)의 시 〈구성 가는 길에[駒城道中]〉[4] 전문이다. 이 작품은 에둘러 가지 않고 아예 "광희문 밖 나서니"로 시작할 정도로 광희문을 전면에 내세우고 있다. 광희문과 그 주변 지역에 대해 당대 사람들이 갖고 있던 이미지를 생각한다면 대담한 시도다.

이건창은 정약용이 앞의 작품을 쓸 때와 비슷한 스물다섯 살(1876, 고종 13) 무렵의 음력 5월에 이 작품을 남겼는데, 이건창의 당시 상황은 정약용과는 사뭇 달랐다. 그는 이미 열네 살에 '조선시대 최연소 등과登科'로 명성을 떨쳤고, 열아홉 살부터 벼슬길에 나아가 이 작품을 쓸 때에는 이미 임금의 이름으로 반포되는 문서를 작성하는 홍문관의 관리였다.

모든 것이 보장된 상황이었다. 이미 대문장가의 자질을 발휘하고 있었고 관료로서 백성을 제도한다는 의식도 뚜렷했다. 그의 강직한 성품을 알던 조정에서는 얼마 뒤 그를 충청우도와 경기도의 암행어사로 내보내기도 했다. 모든 면에서 야심만만하고 신언서판身言書判이 분명했다. 그늘이라고는 찾아볼 수 없을 때였다. 그런데 이건창의 가계를 알고서 이 시를 읽을 경우 묘한 반전을 발견할 수 있다.

광희문 밖 나서니 길은 구불구불한데	光熙門外路縈廻
두루 거쳐 지나가니 푸른빛이 싱그럽다	踏遍千蒼萬翠來
말 머리엔 홀연히 호랑나비 쌍쌍 날고	馬首忽飛雙蛺蝶

---

[4] 이 시는 이건창의 문집 《명미당집明美堂集》(1917)에 실린 것으로 아직 번역 출판된 적이 없다. 권오영 한국학중앙연구원 교수의 도움을 받아 번역했다.

| 어느 곳에 꽃 피었는지 모르겠구나 | 不知何處有花開 |

굽은 언덕엔 시내로 흘러가는 샘 있고	屈曲岡巒赴澗泉
북쪽 밭두덩 지나니 남쪽 무덤 나오네	纔過北陌又南阡
구성의 강산에는 사연들도 많다지	駒城山水偏多事
모두 사람들 묘위토로 만들었네	總爲人家作墓田

날은 찌고 흙비 바람에 진흙이 섞였도다	日炙風霾土和泥
보리 뿌리 겨우 베고 모내기를 시작하니	麥根纔刈稻根移
농부는 석 되 밥을 먹을 수 있다지	農夫喫得三升飯
해마다 오월 시절엔 힘을 다하네	力盡年年五月時

100여 년 전 광희문 모습. 이 사진이 실린 《조선고적도보》 제11책(1931년 발간)은 주로 1915년 이후 촬영된 것들이라고 하나 주 조사자인 세키노 타다시關野貞가 이미 1902년부터 조선에 들어와 각종 조사 활동을 진행했고, 이 사진의 광희문 문루가 아직 무너지지 않은 점 등으로 미루어 1915년 이전의 모습으로 보인다. 이건창이 1876년 지날 때의 광희문 모습도 이와 별반 다르지 않았을 것이다.

봄불 놓아 태우니 반산에 흔적 있고　　　　春燒欲沒半山痕
돌방아의 절구 소리 종일토록 시끄럽다　　　石碓閑舂盡日喧
새벽엔 부부가 남쪽 이랑 매러 가고　　　　男婦淸晨南畝去
석양엔 닭과 개가 사립문에 서성인다　　　　夕陽雞犬在柴門

누구 집의 아이런가 헝클어진 머리털　　　　誰家兒子髮鬖髿
시골에서 자라나도 저절로 아름답다　　　　生長鄕村也自佳
서늘한 시렁에 기대어 실컷 잠을 탐하였고　　自倚涼棚貪睡足
어깨엔 도화꽃가지 꺾어서 지녔다네　　　　半肩紅煞折枝花

오월에 황매 필 적 비 내리니 어쩌리오　　　五月黃梅雨若何
시냇물은 곳곳에 강물처럼 불었도다　　　　溪流處處似江波
나귀 타다 도리어 배 타고 갈 일 계산하니　　騎驢却算乘船去
땅 위 시간 많지 않고 물 위 시간 많구나　　地上無多水上多

　이 시는 광희문을 나서서 구성駒城(지금의 용인)까지 가는 길의 풍경, 그 중에서도 주로 목적지인 구성 근처 농가의 가난하지만 여유로운 한여름 모습을 그리고 있다. 광희문 밖의 풍경은 첫 연에 잠깐만 등장한다. 그런데 그것이 정약용의 그것과는 완전히 다르다.
　광희문 밖의 길이 구불구불하다면 그것은 광희문을 나서서 왕십리역(지금의 왕십리 뉴타운 지역)에 이르는 구간을 가리키는 말일 터이다. 정약용이 언급한 공동묘지가 있던 바로 그 자리다. 그리고 그 자리는 정약용의 시대(18세기 후반)로부터 90년 가까이 지난 이건창의 시대(19세기 후반)에는 묘지가 훨씬 더 조밀하게 들어서고 그 주변에 쌓인 갖가지 쓰레기 등 오물의 양도 비교할 수 없을 정도로 늘었을 것이다.

그런데도 이건창은 이 동네 풍경을 "푸른빛이 싱그럽다[千蒼萬翠]"고 하는가 하면, 자신이 타고 가는 말의 머리 앞에 호랑나비가 쌍쌍이 나는 모습을 보면서 "어느 곳에 꽃 피었는지 모르겠구나"라고 영탄조로 노래한다. 이것은 객관적인 상황과는 전혀 맞지 않는 묘사다. 그는 지금 이 동네의 현실에는 의식적으로 눈을 감고 자신이 보고 싶은 것만 보고, 생각하고 싶은 것만 생각하는 중이다. 뭔가 다른 얘기를 하기 위해 지레 '딴소리'를 하고 있는 것으로 보인다.

두 번째 연에 그 단서가 있다. 이미 그의 목적지인 구성에 다 왔다. 그런데 그곳에는 샘도 있고 무덤도 있는데 "구성의 강산에는 사연들도 많다지"라고 짐짓 남의 얘기하듯 한다. 구성, 즉 지금의 용인에는 사연을 간직한 무덤들이 많은 편이다. 고려시대의 정몽주, 조선 초기의 조광조, 조선 중기의 이경석[5] 등이 그 무덤의 주인공들이다.

앞의 두 사람은 굳이 설명하지 않아도 알 것이다. 이경석(1595~1671)은 어떤가? 그 역시 당대의 문장가였다. 홍문관·예문관의 대제학을 거쳐 영의정까지 지낸 인물이다. 글 잘 하는 것이 문제였다. 병자호란 직후 삼전도비(청 태종 공덕비)의 비문을 써서 후대의 역사에 영원히 자신의 이름을 남긴 것이다. 본인으로 보나 가문으로 보나 치욕스런 일이었다. 당연히 그의 의지에 따른 일이 아니었다. 아무도 하려 하지 않는 가운데 임금이 시키니 할 수 없이 한 일이었다. 그는 나중에 그의 큰형이자 스승인 이경

---

5 정몽주의 묘는 용인시 처인구 모현면 능원리에, 조광조의 묘는 용인시 수지구 상현동에 각각 있다. 이경석의 묘소는 지금의 주소로는 성남시 석운동에 있지만, 이는 서판교에서 고개 하나 넘은 곳으로 사실상 용인의 수지와 한 지역이나 다름없다. 이곳부터 수지 일대에 그의 가계인 전주 이씨 덕천군파의 조상 및 후손 묘소들이 지금도 여러 군데 있다.

직(1577~1640)에게 보낸 편지에서 "문자를 배운 것이 후회스럽다[有悔學文字之語]"⁶라고 토로했다. 피를 토하는 심정이었을 것이다.

이 편지를 받은 이경직 역시 이경석에게 글을 가르친 입장이다 보니 마찬가지 심정일 수밖에 없었다. 그는 병자호란 초기 인조가 남한산성으로 피할 시간을 벌기 위해 목숨을 걸고 최명길과 함께 무악재 방면으로 나아가 청군과 담판을 벌였고, 그런가 하면 이 전쟁이 항복으로 끝난 직후 도승지로서 인조를 살곶이벌로 안내해 청 태종을 배웅한 당사자였다. 병자호란 때 두 형제는 전쟁에 대응하는 일에서 최일선에 있었고, 그 전쟁의 뒤처리에서도 가장 험한 꼴을 맞닥뜨려야 했다. 주로 형은 행동으로, 동생은 문장으로 각각 그렇게 했다.

이건창은 이 두 형제 가운데 이경직의 후손이었다. 설명하기 매우 복잡하지만,⁷ 이경석이 송시열에게 큰 망신을 당한 뒤 이들 형제의 후손들은 서인 중에서 소론의 길을 걸었다. 영광보다는 모멸과 형극의 시간이 훨씬 길었다. 그런 와중에도 이들 가문은 강화도를 근거지로 삼은 가운데 양명학을 가학家學으로 받아들이는가 하면 새로운 시대정신을 체현하는 '선비 지식인'으로서의 삶을 포기하지 않았다.

'동국진체'를 확립한 명필 이광사, 꼿꼿한 선비의 귀감 이광려, 《연려실기술》의 저자 이긍익, 병인양요 때 강화도에서 자결해 영의정에 추증된

---

6 《白軒先生集》附錄 卷之一 年譜[上] 참조.
7 이경석이 그의 말년인 1668년 현종으로부터 신하의 최고 영예인 궤장을 하사받을 때 송시열은 '수이강壽而康'이라는 표현을 써서 축하했다. '오래 살고 건강하다'는 뜻이었다. 그러나 한 해 뒤 송시열이 그 표현이 사실은 《주자대전》에 나오는 것으로 송나라의 신하가 금나라에 잡혀가 그들 비위에 맞는 글을 써 준 데 대해 주희가 비판하며 사용했던 표현이라고 밝혔다. 이경석이 삼전도 비문을 지음으로써 '잘 먹고 잘 살았다'는 뉘앙스였던 것이다. 그 뒤 이 문제는 노론과 소론 간의 첨예한 대립의 단서가 되었다.

이시원 등이 이경직의 그런 후손들이었다. 이 중에서 이시원의 손자가 이건창이었다. 그는 지식인의 길을 끈질기게 가면서 동시에 기개를 잃지 않으려고 노력했다. 그것이 가문의 정신이라고 생각했던 것 같다.

그런 이건창이 병자호란 때 조상 이경직이 무악재 근처에서 최명길과 함께 청군의 진군을 하루 이상 지체시킨 뒤 인조의 행로를 좇아 광희문을 나서 남한산성으로 가던 길, 그 이듬해 전쟁이 항복으로 끝난 뒤 승전가를 부르며 귀로에 오르는 청 태종을 배웅하기 위해 인조와 함께 살곶이들(지금의 뚝섬 지역)로 나아가고 들어가던 길, 그런 인조와 조상의 치욕이 쌓인 길을 모를 리 없었다. 삼전도 비문과 관련된 이경석의 사연에 대해서는 두말할 필요도 없었다.

그런 이건창이 병자호란으로부터 꼭 네 갑자(4×60년)가 지난 지금 말을 타기는 했으되 '옥당玉堂(홍문관의 별칭) 관리'의 체신에 걸맞지 않게 광희문을 통해 파천播遷(임금의 피란)한 인조의 행로를 따라 한강 쪽으로 나아가는 것이며, 그런 점을 강조하느라 시의 첫머리에 자신이 지금 광희문을 나서는 것임을 아주 분명히 박아 넣었다. 대단한 자의식이고, 대단한 문장 기법이다.

그러나 왜 그 길을 택했으며 왜 시의 첫머리를 그렇게 시작했는지는 전혀 설명하지 않는다. 이것도 대단한 자의식이다. 그러면서 시의 중간 부분에 슬쩍 용인 지역의 무덤들을 언급함으로써 자신의 마음속에 조상들의 사연을 불러 내고 자신의 마음도 다잡는 계기로 삼았다. 그러면서 자연스럽게 자신의 얘기를 하는 대목으로 넘어간다. 이건창이 이 시를 쓸 때의 심리적 기제가 틀림없이 그랬을 것이다.

그 뒤의 대목은 한여름 농촌의 힘들고 바쁜 일상을 그리고 있지만 결코 비루하지 않다. 이 대목은 그냥 차분히 읽어 내려가면 된다. 이때처럼 아침저녁으로 열심히 일하면 한 끼에 한 되씩 밥을 먹을 수 있을 터이니 백성의 삶은 큰 걱정이 없을 것 같다. 아이들도 비록 행색은 누추할망정 "저절로 아름답다"고 하니 그 이상 무엇을 더 바랄까. 어쩌면 그렇게 되기를 희구하는 심정을 담았는지도 모르겠다.[8]

이 시의 첫 대목 '광희문 밖'으로 돌아가자. 정약용이 출사하기 전 복잡한 심사로 이 길을 걸었던 것과 양상은 달랐겠지만, 이건창 역시 아주 복잡한 심사로 이 길을 걸었음을 알 수 있다. 표면적으로는 아름답고 넉넉한 풍경만 시에 나타나 있지만 그 뒤에 의식적으로 감춘 시인의 마음은 결코 간단하지 않았다. 나라와 가문의 굴욕을 상기하며 스스로를 가다듬고, 그런 마음가짐으로 백성을 제도하겠다고 다짐하는 이건창의 마음 씀씀이가 보이지 않는가?

이렇게 보면 같은 지역이지만 두 사람이 그 지역을 걷는 느낌은 참으로 달랐던 셈이다. 정약용이 광희문 밖에서 본 것은 풍경이었던 반면, 이건창이 본 것은 그 지역에 아로새겨진 역사였다. 정약용이 그 길을 걸으며 주위의 풍경에서 촉발되는 자신의 생각에 침잠했다면, 이건창은 눈을 떴으되 사실은 눈을 감고 그 풍경의 밑바닥에 가라앉아 있는 역사적 지층을 살피며 거기서부터 자신의 생각을 펼쳐 보고자 했던 것이다.

---

[8] 사실 당시 농촌의 실상은 이 시에 나타난 것처럼 그렇게 녹록한 것은 아니었다. 이건창은 이 시를 쓴 직후 고종의 특명을 받고 몇 차례에 걸쳐 충청우도, 경기도 등에 암행어사로 나가 지방 관리들의 나태함과 탐학을 탄핵하는 동시에 그 무렵의 가슴 아픈 농촌 현실을 담은 여러 시편을 남겼다.

1928년 5월 23일 자 《동아일보》에 실린 이병기의 기행문 〈남위례성을 차즈며 (1)〉. 그는 이 글에서 광희문을 나설 때의 풍경을 묘사하며 이건창의 시 〈구성 가는 길에〉의 첫 구절을 인용했다.

우리는 광희문 밖에서 무엇을 볼 수 있을까?

마지막으로 시는 아니고 기행문을 하나 더 살펴본다. 이번에는 20세기의 시인이자 국문학자인 이병기(1891~1968)가 이건창이 그 길을 지나가고 다시 50여 년이 흐른 뒤 똑같은 길을 걸었다. 그는 일제시대에 친일적인 문장을 한 줄도 남기지 않은 지조의 지식인이었다. 그 시기에 우리 국토의 아름다움과 그곳에 아로새겨진 역사의 굴곡을 재확인하는 기행문을 많이 남겼다.《동아일보》1928년 5월 23일 자에 실린 기행문〈남위례성을 찾으며 (1)〉도 그 일환이었는데, 이병기는 백제의 고도 하남 위례성을 찾아가는 이 기행문에서 뜻밖에도 우리가 앞에서 살펴본 이건창의 시〈구성 가는 길에〉의 첫 구절을 인용하고 있다.

  그도 광희문을 나서며 이건창과 같은 인상을 받았을까? 직접 그의 말을 들어보자. "서울 부근에 광희문 밖처럼 쾌감을 주지 못하는 데는 없을 것이다. 다 먼지며 파리며 냄새며 묵은 무덤들에서 드러나는 해골 조각이며 쓰러져 가는 오막집 따위가 하나도 새롭고 깨끗한 맛은 없다"고 하면서 지금 자기가 지나고 있는 곳이 이건창이 읊은 것과 같은 지역이라면 "지금 내가 보는 것과는 아주 딴판이다. 나는 이런 곳에서는 아무리 해도 이런 느낌을 가질 수 없다"고 썼다.

  이건창의 느낌을 부인하기 위해 그의 시를 인용했던 것이다. 우리 국토의 아름다움을 확인하기 위해 곳곳을 답사하는 길이지만 그런 처지에서도 이곳만은 달리 설명할 수 없었던 것 같다. 사실이 그랬다. 누구든 그 무렵 광희문 밖을 지날 때에는 정약용이나 이병기와 같은 것을 보고 같은 느낌을 가졌을 것이다. 이건창은 아예 풍경에 눈을 감고 다른 것을 보고 다른 생각을 했기 때문에 그것이 생략되었을 뿐이다.

우리는 지금의 광희문 밖 왕십리 지역에서 무엇을 볼 수 있을까? 어두운 풍경? 가슴 아픈 역사? 혹시 그 두 가지 다 불가능한 것은 아닐까? 이곳에서 살거나 스러져 간 사람들의 삶과 죽음의 흔적을 한 조각 한 조각씩 맞춰 가 보려 한다. 그렇게 해서 맞춰지는 그림이 무엇이 될지는 아직 모르겠다. 어쩌면 그것은 과거에 이어 21세기의 우리가 새로이 그려야 하는 것일 수도 있다. 자, 왕십리 사람들을 만나기 위해 정약용과 이건창과 이병기처럼 우리도 광희문 밖으로 첫 발을 뗀다.

[01]

현대 택견의 개척자 신한승, '민중의 몸짓'을 되살려 내다

택견이 사라진 뒤 택견과 만나다
무인→도인→명인의 길로 가다
송덕기·이경천·김홍식과 아슬아슬하게 만나다
무형문화재 지정 소식에 펑펑 울다
'택견의 현장'은 '축제의 장소'
〈대쾌도〉의 장소를 찾아라
외국인들이 살펴본 〈대쾌도〉의 현장
계속 탈바꿈하는 장소의 성격
그곳에선 아직도 "이크", "에크" 소리가 들려올까

우리가 가까운 과거로부터 시간을 거슬러 '광희문 밖'의 '왕십리 사람'들을 찾아갈 때 그 첫머리에 둘 수 있는 사람은 신한승辛漢承(1928~1987)이다. 그는 사실상 우리와 동시대 인물이었다. 20세기 전반기에 태어나 일제강점기와 한국전쟁의 어려운 시대도 겪었지만 지금으로부터 불과 한 세대 남짓 이전인 1980년대에 그는 이 지역의 역사에 뚜렷한 발자취를 남겼다. 특히나 그것은 과거 왕십리 사람들의 일상을 복원하는 데 중요한 디딤돌이었다. 바로 '전통무예 택견'의 재발견이었다.

지금은 흔적조차 찾을 길이 없지만 왕십리는 서울·경기 지방에서 택견이 성행한 지역들 가운데 하나였다. 택견을 수련하거나 마을 대항전 택견 판을 벌이던 곳이 한두 군데가 아니었다. 동대문과 광희문 밖에서부터 살곶이다리[箭串橋]에 이르는 이 지역 전체가 우리나라 택견의 중심지였다고 해도 과언이 아니다. 적어도 100여 년 전, 즉 1910년대까지는 그랬다.

그러나 1919년 3·1운동 이후 일제 식민 당국이 조선 사람들이 모이는 것을 극도로 경계하면서 택견판도 그만 명맥이 끊기고 말았다. '경기'가 됐든, '놀이'가 됐든 사람들이 모이고 자기 눈으로 봐야 관심을 가질 것 아닌가? 그렇게 반세기 이상 세월이 흘렀다. 자연히 전설적인 택견꾼들도 하나둘 세상을 떠나 거의 남지 않았고, 택견을 거론하는 사람은 아무도 없었다. 그토록 왕성하던 택견이 마침내 희미한 옛사랑의 그림자처럼 이름으로만 남을 참이었다.

택견이 사라진 뒤 택견과 만나다

신한승은 왕십리에서 태어나고 자랐지만[1] 그의 어린 시절 왕십리에선 택견의 맥이 이미 끊긴 상황이었다. 10대 중반 아버지의 고향 경기도 연천에서 택견꾼들의 시범을 본 것이 오래도록 기억에 남았을 뿐이었다.

연천에서 '500석 농사'를 지어 살림이 풍족했던 작은할아버지 신재영辛在榮(1882~1948)의 사랑채엔 활꾼, 씨름꾼, 택견꾼 같은 무술인들이 들끓었다. 특히 '50대 나이의 택견꾼'들이 임진강 변 백사장에서 사뿐사뿐 발을 옮기다 비호같이 날아 젊은이들을 거꾸러뜨리는 모습에 매료됐다. 키

---

[1] 대부분의 왕십리 사람들이 그렇듯 신한승도 이곳에서 태어나고 자랐지만 '토박이'는 아니었다. 선대의 고향은 경기도 연천군 삭녕면으로 지금은 '미수복지구'로 분류되는 곳이다. 그의 선친 신우선辛佑善(1910~1985), 당시 이름 신이길辛伊吉이 1925년 서울로 유학 와 '하왕십리 575번지'(지금의 왕십리 뉴타운 지역)에 살면서 경성제일공립고등보통학교(경기고의 전신, 1925~1930)와 경성법학전문학교(서울대 법대의 전신, 1930~1933)에 다님으로써 그의 가족은 '왕십리 사람'이 되었다. 신우선은 조혼을 해서 제일고보 4학년 시절 장남 신한승을 낳았다. 신한승은 10대 초까지 이곳에 살았고, 일제 말기 아버지를 따라 황해도 사리원의 외가를 거쳐 만주 지역으로 갔다. 그의 가족은 해방 이후 왕십리로 돌아왔으나 1950년대 다시 가장인 신우선의 직장(경찰)을 따라 충청도 지역으로 가 충주에 정착했다.

는 작지만 다부진 체격을 가진 신한승도 고향을 오가는 가운데 이들 고수들로부터 택견을 배웠다.

　신한승과 택견의 인연은 일단 그것으로 끝이었다. 소년기의 경험으로 스쳐 지나간 것이다. 그렇지만 오로지 맨몸으로 승부를 다투는 격투기에 대한 관심은 이때 그의 내부에 깊숙이 각인되었던 것 같다. 그는 광복 후인 1949년, 경희대 전신인 신흥대의 체육과에 1기생으로 입학해 서양 스포츠 가운데 레슬링을 익혔다. 한국 엘리트 스포츠의 산실로 꼽히는 한국체육관(옛 명보극장 옆)에서의 운동도 병행했다. 왕십리에서 걸어 다닐 만한 위치였다. 이 시절 그의 목표는 국가대표였다.

　그 길은 순탄치 않았다. 체력이 가장 왕성하던 20대 초반, 한국전쟁에 참전해 운동을 쉴 수밖에 없었고, 게다가 군에서 동료의 지뢰 사고로 부상당하는 바람에 꼬박 1년 이상 육군병원에 누워 있다가 휴전이 되면서 제대했다. 그는 좌절하지 않고 레슬링을 계속했다. 마침내 1956년, 격투기 선수로는 '환갑'을 지난 29세 때 멜버른올림픽 국가대표 선발전(레슬링 자유형 플라이급)의 결승까지 진출했다.

무인→도인→명인의 길로 가다

그러나 그것도 거기까지였다. 최종 선발전에서 아깝게 2위에 그쳐 국가대표의 꿈을 이루지 못했다. 신한승은 이 무렵의 상황을 나중에 장남 신종호에게 술회한 바 있다.

나는 원래 '무인武人'이 되고 싶었다. 승부사의 삶을 동경한 것이다. 결혼도 미루고 온 정열을 레슬링에 쏟았다. 그러나 운이 닿지 않았다. 그래서 그다음엔 '도인道人'이 되고자 했다. 내가 가톨릭 신자이지만 비구승들도 존경하며 그들과 많은 관계를 맺은 것이 이 무렵의 일이다. 인생의 깊은 의미를 탐구하는 사람이 되고자 한 거다. 그러나 이것도 결혼[35세 때]하면서 이룰 수 없다는 걸 깨달았다. 그래서 마지막에 찾은 게 '명인名人'의 길이었다. 우리 고유의 무예를 찾아 정리하는 일을 내 필생의 일로 삼았다.[2]

아마도 신한승이 레슬링 국가대표가 되었더라면 오늘날의 택견은 없었을 것이다. 그는 그 뒤 경찰관이던 부친과 함께 충청북도 충주에 정착해 체육교사 등 몇몇 직업을 전전했지만 그의 관심은 온통 '전통무예'의 복원에 맞춰져 있었다. 아들이 기억하는 이 무렵 아버지의 모습은 이러하다.

내가 초등학교 다니던 시절, 아버지는 전통무술을 복원한다며 소주병에 3분의 1 정도 물을 채운 뒤 수도手刀로 치는 연습을 했어요. 몇 차례 실패하는가 싶더니 나중엔 병 주둥이가 곱게 날아가더라고요. 수리검을 철공소에서 여러 개 만들어 와서는 충주 집의 부엌문 널빤지를 향해 수없이 던지며 가장 효과적인 투척법을 찾

[2] 신한승의 장남 신종호(1963년생)가 2015년 10월 20일 인터뷰에서 소개한 아버지의 토로. 아버지와 종류는 다르지만 격투기인 유도를 전공해 아버지가 못 이룬 국가대표를 지낸 신종호는 2025년 현재 선린중학교 유도부 감독이다. 그는 아버지가 일생에 꼭 한 번, 1987년 별세 전에 이같이 자신의 일생을 회고했다고 소개했다.

기도 했어요. 나는 아무리 던져도 검이 널빤지를 맞고 튕겨 나오던데 아버지가 던지는 것은 퍽퍽 소리를 내며 박히데요. 그뿐 아니라 그렇게 몇 날 며칠 혼자 연습하던 아버지는 어느 날 가장 효과적인 투척법을 찾았다면서 시범을 보였는데, 마치 야구의 언더스로 투수처럼 던질 때 표적에 가장 잘 박혔어요. 이런 아버지의 모습을 지켜보면서 할아버지는 "돈 안 되는 짓만 골라서 한다"고 혀를 차곤 했지요. 하긴, TV의 '묘기 대행진' 같은 데에서 무술 한다는 사람들이 나오면 전국 어디든 찾아가서 만나보곤 했으니 살림이 됐겠어요?[3]

실제 그것은 '돈 안 되는 짓'임에 틀림없었다. 이 무렵 태권도가 '국기國技'로 성가를 높이기 시작하자 "이건 분명히 일본 가라테[당수唐手]의 변형이지 내가 어릴 때 본 택견과는 다르다"며 그 원형을 찾는 일에도 관심을 보였다. 점점 '돈 안 되는 길'로 빠져들어간 것이다. 그러던 중 택견을 다시 떠올린 것은 1960년대 초였고, 1970년대 들어 송덕기宋德基(1893~1987)를 만나면서부터는 아예 이를 복원하기로 작심하기에 이르렀다.[4]

---

3 신종호의 2015년 10월 20일 인터뷰.
4 이 무렵 택견을 소개한 언론 보도가 몇 건 있었던 것이 신한승이 택견을 다시 떠올리고 송덕기를 만나는 계기가 되었던 것 같다. 《한국일보》 1964년 5월 16일 자에 게재된 예용해 당시 문화재위원의 〈속續 인간문화재 5: 택견 송덕기〉 기사와 대한태권도협회의 기관지 《태권도》 1971년 가을호에 커버스토리로 소개된 송덕기의 택견 이야기 등이 그것이다.

송덕기·이경천·김홍식과 아슬아슬하게 만나다

송덕기야말로 3·1운동 이후 끊어진 택견의 맥을 반세기 이상 이어 온 희귀한 존재였다. 후학들은 그를 가리켜 "택견을 고스란히 몸속에 감추고 있던 송덕기 옹"이라고 표현하곤 한다. 그는, 신한승처럼 어린 시절 택견을 잠깐 보고 지나친 것이 아니라 젊어선 인왕산 모자바위 옆에서 스승 임호(1882~?)로부터 택견을 배웠고, 일제강점기 동안 후학들에게 전수할 기회는 별로 없었지만 그때까지도 스스로 수련을 계속하고 있었다. 당시 70대 후반이었던 송덕기는 택견을 체화된 상태로 보존하고 있었던 것이다.

신한승은 이것을 복원하고 체계화하고 싶었다. 그의 내부에 잠자고 있

택견이 무형문화재로 지정된 직후인 1983년 11월, 송덕기(오른쪽)와 신한승(왼쪽).
두 보유자가 창덕궁에서 정부기관의 요청에 따라 보존영상을 촬영하기에 앞서 신들메를 조이며
대화를 나누고 있다. 이때가 신한승의 일생에서 가장 여유로운 시기였다.

던 택견에의 의지가 깨어난 것이다. 그는 송덕기를 찾아 충주에서 서울 사직동을 수십 차례 왕복했다. 택견의 원형을 자기 몸속에 간직해 온 송덕기와 이를 이해하고 현대 스포츠의 형태로 정리할 의지와 능력을 가진 신한승의 만남은 이렇게 시작됐다.

문제가 없지 않았다. 워낙 택견이 민중 사이에서 전승된 무술이다 보니 정형화된 체계를 찾기가 대단히 힘들었다. 글 또는 그림의 형태로 된 전거가 전혀 없었다. 모든 게 구전에 의존했다. 이는 택견이 조선시대 사회 계층 가운데 문자생활을 하지 않는 상민常民과 천민을 중심으로 전승된 그야말로 '민중의 몸짓'이었기 때문이다.

그러다 보니 같은 서울 지역[5]이라고 해도 종로패와 구리개(을지로1가의 언덕)패가 다르고, 구리개패와 왕십리패가 달랐다. 일일이 찾아다니며 배우는 수밖에 없었다. 지역마다 같은 듯하면서 다르고, 다른 듯하면서도 사실상 같은 '택견 원형'을 찾아가는 순례는 그렇게 진행됐다. 그것은 오로지 신한승의 과제일 수밖에 없었다. 1973년 송덕기로부터 배운 택견을 후학들에게 전수하기 시작하면서, 그는 그때까지 파악된 다른 동네의 고수들을 찾아나섰다.

그때 만난 '숨은 고수'들이 왕십리에서는 박털백(1845~?)의 제자 이경천(1904~1985), 구리개에서는 박무경(1882~?)의 제자 김홍식(1892~1984) 등이었다. 기본품새와 기술에 대한 이해와 용어가 제각각이었지만 신한승은 인내심을 갖고 이를 하나하나 정리해 갔다. 송덕기, 이경천, 김홍식 등의 연배로 볼 때 이 시점에 신한승이 전수받지 않았더라면 택견은 영원

---

[5] 서울·경기 이외 지역에서는 '택견'이라는 명칭이 구전상에도 전혀 나타나지 않는다. 우리 고래의 맨손 무예가 한반도 전역에 비슷한 형태로 존재했으되 그 명칭은 지역마다 달랐던 것 같다.

히 사장될 처지였다. 실제 이 '전통 택견의 마지막 전수자'들은 1980년대에 모두 세상을 떴다. 아슬아슬한 순간이었다. 신한승 개인적으로는 왕십리를 떠나서 다시 왕십리 택견을 만난 셈이었다.

무형문화재 지정 소식에 펑펑 울다

그런 상황을 거쳐 신한승은 1977년 서울YMCA 체육관에서 '한국 전통택견 발표회'를 열었고, 잇달아 전국 각지에서 유사한 행사를 개최해 민속학자들의 관심을 끌었다. 그는 1981년 11월, 택견을 문화재로 지정받는 것이 '원형 보존'의 유일한 길이라는 판단에 따라 당시 문화재관리국에 '무형문화재 지정'을 의뢰하기에 이르렀다.

그 같은 10년 이상의 노력이 결실을 거두어 1983년 6월 1일 마침내 택견이 전통무술 중에서는 유일하게 '중요무형문화재 제76호'로 지정되고, 송덕기와 신한승은 아주 예외적으로 함께 그 보유자로 인정되기에 이르렀다. 그의 뜻대로 '명인'이 된 것이다.

신한승은 이 문화재 지정 소식을 전해 듣고 '어린아이처럼' 펑펑 울었다. 첫째는 지난 세월 동안 택견 보전에 들인 노력이 주마등처럼 머릿속에 스쳐 갔기 때문이었다. 아무리 '전통무예의 복원'이라는 명분이 좋아도 돈 한푼 없는 그에게 누구도 수련장을 빌려주려 하지 않았다. 한때 '도인'의 길을 가려 했던 그와의 인연 때문이었을까? 충주 대원사大圓寺의 주지 스님이 절 마당을 내주어 거기서 몇 년 동안 작업을 할 수 있었다. 둘째는 숙원사업이 완성되는 순간 그동안 자신의 노력을 격려하기보다 "쓸데없는 짓" 또는 "천한 일"이라고 질타하던 주위의 눈총이 더욱 가슴 아프게 떠올랐기 때문이었다. 가족이 그 중심에 있었다. 그것은 스스로 가족을 방기하며 자초한 일이기도 했다.

그러나 가족과 화해하기에는 남은 시간이 너무 짧았다. 무형문화재 지정으로부터 4년이 지난 1987년 7월 송덕기와 신한승, 두 사람은 약속이나 한 듯이 꼭 20일의 간격을 두고 세상을 떠났다. 마치 '우리가 할 일은 다했다'고 말을 맞춘 듯이.

그 뒤 택견의 계승 및 현대화 노력은 후배 택견인들의 과제로 남았다. 다만, 과거에는 '글'의 기록은 전혀 없이 '말'과 '몸'으로만 전승되어 오던 택견도 이제는 나름대로 '글'로 설명되고 '동영상'으로 기록되고 있다. '전통'을 보는 시선도 나날이 새로워지고 있는 것이 사실이고, 그런 흐름 속에서 디지털 문명의 도움도 받고 있는 셈이다. 2011년 11월 28일에는 택견이 유네스코에 의해 '인류무형문화유산'으로 등재되기까지 했다. 송덕기와 신한승, 두 사람이 각고의 노력으로 사멸의 위기에서 건져 올린 택견의 씨앗이 이제 싹을 틔워 가고 있는 것이다.

'택견의 현장'은 '축제의 장소'

앞에서도 말했지만, 신한승은 왕십리를 떠나서 왕십리 등의 택견을 재발견했고, 그 과정에서 왕십리에서 택견이 행해지던 장소들도 여럿 찾았다. 대부분 송덕기가 마을 대항전(청계천 상류의 '웃대'와 하류의 '아랫대'의 겨루기)이 열리던 장소로 기억하던 곳들이었다. 아무튼 왕십리에서는 다른 지역에 비해 훨씬 다양한 장소들이 택견 터로 활용되었음이 확인됐다.

택견을 수련하거나 택견 놀이가 벌어지던 그 장소들에는 택견꾼들의 정서가 얼마나 깃들어 있을까? 자신의 몸 이외에는 생존 수단이 없던 보통사람들이 자신의 몸도 보호하고 그것을 통해 집단적인 놀이도 즐기던 그 장소는 지금 어떻게 되어 있을까? 궁금하지 않을 수 없다.

1980년대 초 택견의 무형문화재 지정을 위해 송덕기와 신한승의 증언을 토대로 작성된 몇 차례 보고서에 그 현장이 꽤 등장한다. 이를 지역별로 나누어 정리하면 다음의 표와 같다.[6]

조선시대 택견의 현장들

	구전된 장소	현재 상황
종로	'사직골 메띠기동산'	매동초등학교 앞
	'누각골 백호정 아래 안터 바닥'	누상동 공영주차장 자리(추정)
	'감투바위 위쪽 언덕'	인왕산 황학정 뒤편 모자바위 옆
왕십리	'영미다리 근처 까치산 방죽언덕'	숭인동 동관왕묘 앞 적십자 봉사관 자리
	'안정사가 있는 무학산'	하왕십리동 무학봉근린공원 일대
	'살꼬지다리 옆'	살곶이다리 옆의 중랑천 바닥
동대문 근처	'낙산 밑 이대병원 자리'	낙산 자락의 동대문성곽공원
서대문 밖	'모화관 옆 개울바닥'	논의문 뉴타운 시역
	'굴레방다리 옆 개울바닥'	지하철 아현역 근처
	'뱀개'	고양시 일산서구 대화동 뱀개마을
동소문 밖	'삼선평 개울바닥'	지하철 한성대입구역 근처

이렇게 정리해 놓고 보면 드러나는 특징이 한 가지 있다. 모두 서울 안팎의 장소이기는 하되 사람의 왕래가 빈번한 저잣거리는 아니었다는 점이다. 그렇다고 외따로 떨어진 깊은 산속의 장소도 아니었다. 하나같이

---

6 이용복,《개정판 택견 연구》(학민사, 2001), 293~310쪽 참조. 여기 정리된 서울 안팎 택견판의 장소들은 이 책에 재수록된 이보형 문화재전문위원의 〈택견 무형문화재 전수실태 조사〉 보고서(1983년 9월)에 소개된 것들이다. 이 보고서는 송덕기와 신한승의 진술을 토대로 작성되었다.

우리가 늘 지나다니는 동네의 개울 바닥 아니면 언덕이었다. 굳이 이름이 그렇게 붙지 않았어도 그 장소를 짚어 보면 일상적으로 많은 사람들이 통행하거나 모이는 장소에서 살짝 비켜난 산허리 또는 개울의 빈터였다.

이런 현상은 아마 조선시대에 택견을 즐기고 전승해 온 사람들의 계층과 관련이 있을 것이다. 그들은 저잣거리에 한데 모여 떠들썩하게 모임을 갖기에는 위상이 약했다. 그렇다고 요즘 심심산천으로 엠티 가듯 며칠씩 일터를 비우고 도심을 떠날 수 있는 처지도 아니었다. 그러다 보니 자연스레 도심의 외곽 또는 큰길 옆의 공터 같은 곳을 찾을 수밖에 없었을 것이다.

이 같은 장소의 성격에 비춰 보아도 택견은 '생활인들의 무예'였던 것이 확실하다. 이 택견판은 평소 목소리 없는 사람들이 단오를 포함해 한 해에 몇 차례 모여 즐기며 자기 목소리를 낼 수 있는 귀한 '생활 속의 축제'였던 것이다. 그런 점에서 그 '택견의 현장'을 확인하고 거기서 '택견판의 의미'를 되새기는 것은 축제를 잃어버린 우리에게도 시사하는 바가 작지 않다.

〈대쾌도〉의 장소를 찾아라

여기서, 미안하지만, 송덕기와 신한승의 증언에 등장하지 않는 '현장'을 한 군데 찾아보자. 아주 드물지만 조선시대 회화작품 가운데 택견의 현장이 등장하는 그림이 조금 있기 때문이다. 그중 하나가 조선 후기의 화원 신윤복申潤福(1758~1814)의 그림으로 전하는 〈대쾌도大快圖〉(1785년 작)다. 아주 깔끔하면서도 해학적인 필치다. 김홍도 풍속화의 맛이 느껴지기도 한다. 태평성대에 씨름 또는 택견을 하면서 보통사람들이 여유를 즐기던 모습이 담겨 있다.

신윤복의 그림으로 전하는
〈대쾌도〉(215.7×60.4cm, 국립중앙박물관 소장).
댕기머리 소년들이 씨름과
택견을 하는 모습이 함께 그려져 있다.
이 그림과 동일한 구도의
〈대쾌도〉(서울대 박물관 소장)가
한 점 더 전한다.

서울 성곽의 치雉 가운데 하나.

조선시대에 소년들이 택견을
즐기는 모습.

요즘 택견 관계자들은 이 그림의 장소를 대개 '광희문 밖'으로 추정하기도 한다. 그러나 이는 앞에 정리된 '택견의 현장'들 가운데 왕십리 지역의 어느 장소와도 일치하지 않는다. 이런 그림의 소재가 될 정도였으면 상당히 대표적인 장소였음 직한데 왜 송덕기와 신한승은 이 장소를 언급하지 않았을까? 일단 모든 선입견을 떨치고 이 그림의 현장을 찾아보자.

중요한 단서는 그림 오른쪽에 보이는 성곽의 치雉다. '치'란 성곽의 일부를 바깥으로 돌출시켜 적의 접근을 미리 관찰하고 다가오는 적을 정면이나 측면에서 공격할 수 있도록 만든 시설물이다. 당초 서울 성곽에는 이런 치가 없었다. 그러나 영조 시절, 도성을 굳건히 방위한다는 취지로 동대문과 광희문 사이에 여섯 개의 치가 조성됐다.[7]

그렇다면 이 그림에 등장하는 치가 그 여섯 개의 치 중 하나라고 어떻게 단정할 수 있는가? 또 그중 하나라고 하더라도 도대체 어느 위치의 치인지 어떻게 알 수 있는가? 우리는 여기서 몇 장의 지도를 참고할 수 있다.

우선 1921년 작성된 〈경성도〉다. 일제강점기를 전후해 동대문과 광희문 사이의 성곽이 강제로 해체되는 가운데 이때까지만 해도 일부 구간의 성곽과 그에 딸린 두 개의 치가 남아 있었음을 알 수 있다. 하나는 청계천 남쪽에, 다른 하나는 첫 번째 치로부터 조금 더 남쪽으로 내려와서 언덕 중턱에서 성곽이 꺾이는 곳에 각각 그 모습을 분명히 드러내고 있다. 그러나 일제 식민 당국이 1925년 당시 왕자였던 히로히토裕仁의 결혼을 기념해 남은 성곽을 모두 허물고 그 위에 경성운동장을 건설하면서 이 두 개를 포함해 여섯 개의 치는 완전히 종적을 감추고 말았다.

---

[7] 영조가 1753년 동대문과 광희문 사이에 모두 여섯 개의 치를 조성하기로 결정함에 따라 그해 2월 28일부터 6월 1일까지 3개월 동안 치의 설치 공사가 진행됐다.《승정원일기》영조 29년(1753) 2월 13일 및 6월 1일 조 참조.

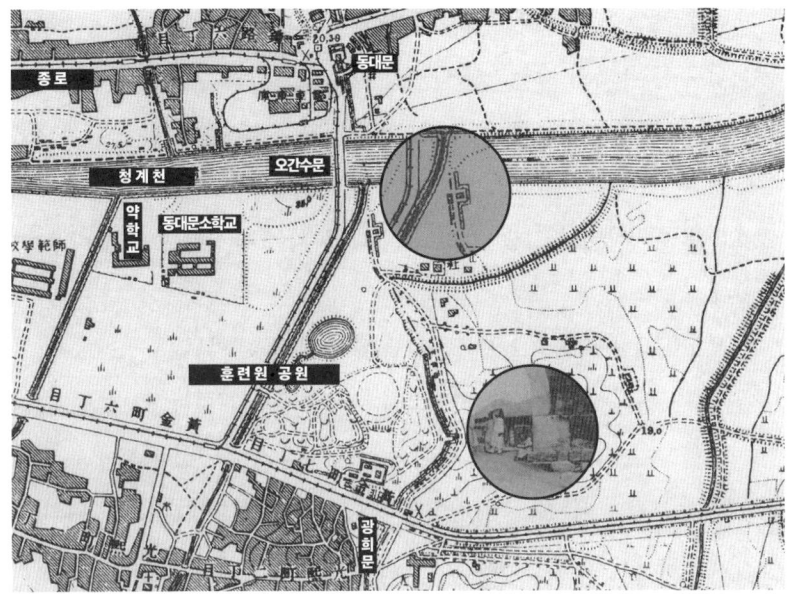

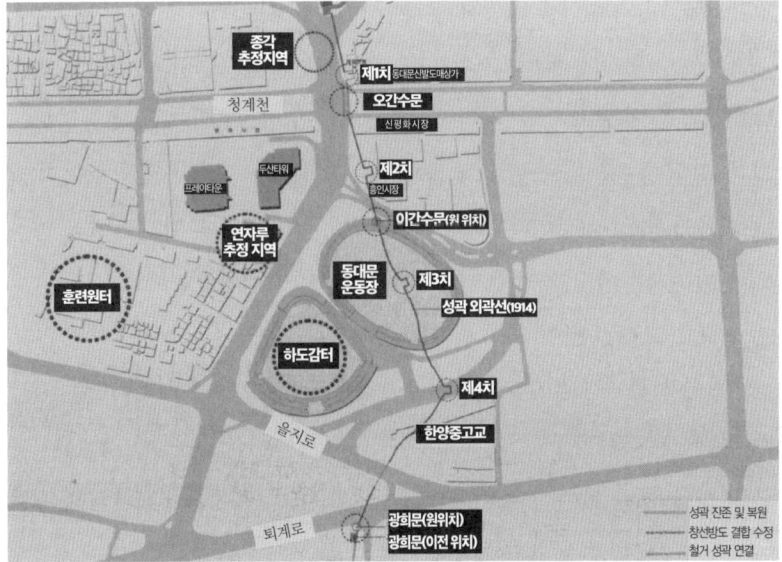

　　　　　1921년에 제작된 〈경성도〉(위)에서는 이 지역 서울 성곽의 경로와 동대문~광희문 사이에
당시 잔존하고 있던 두 개의 치 위치를 확인할 수 있다. 2009년 동대문디자인플라자 및 파크 건립부지의
　　　발굴조사가 끝난 뒤 작성된 〈동대문 지역 유적분포도〉(아래)에서 제1~제4치의 위치가 모두 확정됐다.
　　　이 두 장의 지도에 나타난 서울 성곽의 경로는 지금도 정확하게 을지로 6·7가동과 흥인동의
　　　　　　　　　　지적 경계선 기능을 하고 있다. 이런 상황을 종합하면, 제4치는 지금의 한양공고
　　　　　　　　담장 밖의 을지로45길에서 성벽이 한 번 꺾이는 위치에 있었음을 알 수 있다.

일부나마 그 치가 다시 모습을 드러낸 것은 2008~2009년 옛 동대문운동장 축구장 부지의 발굴조사 때였다. 지표면 아래 잔존하던 서울 성곽 123미터와 함께 이간수문, 치 1개소 등이 확인됐다. 이 치는 동대문으로부터 세 번째 치로 추정됐다. 그러면서 동대문으로부터 순서대로 제1~제4치의 위치가 함께 추정됐다. 앞의 〈동대문 지역 유적분포도〉가 바로 그것이다.

이 분포도에 따르면 1921년 〈경성도〉에 실린 두 개의 치는 제2치, 제4치였다. 제1치는 동대문과 청계천 오간수문 사이에, 제2치는 오간수문과 이간수문 사이에, 제3치는 동대문운동장 부지 안에 각각 있었다. 그곳은 모두 평지였다. 그런데 제4치만은 〈경성도〉에서 알 수 있듯이 약간 언덕 위의 성곽이 꺾이는 위치였다. 지금의 지적 경계선을 살펴보니 그 위치는 동대문역사문화공원과 한양공고의 경계에 해당하는 을지로45길 상에 있었다.[8]

여기서 머릿속에 한번 그려 보라. 언덕 위에 있으면서 좌우의 성곽을 날개처럼 뒤에 달고 있는 치의 모습을. 그것이 바로 〈대쾌도〉에 등장하는 치다. 그림에 치의 모습만 일부 보일 뿐 그 좌우에 성곽이 전혀 보이지 않는 이유가 바로 이것이다. 그리고 이 그림은 지금의 을지로45길과 마장로가 마주치는 위치쯤에서 남쪽의 완만한 언덕(한양공고 쪽)을 올려다보는 구도로 그려진 것이다.

이렇게 성곽과 치를 단서 삼아 그림의 현장을 찾아보니 그 위치는 지금의 동대문역사문화공원 중에서 동대문역사관, 동대문운동장기념관, 유구 전시장 등이 들어선 자리와 그 인근의 'DDP 패션몰', 그리고 을지로

---

8 민덕식, 〈새로 발굴된 서울 성곽의 부대시설: 치성과 이간수문을 중심으로〉, 《향토서울》 제78호(서울특별시사편찬위원회, 2011년), 35쪽 참조.

45길과 그 동쪽의 '디자이너클럽 빌딩'과 '누존빌딩' 자리 등을 모두 합친 곳이다. 광희문에서도 멀지 않은 곳이다. 바로 이렇게 서울 성곽을 끼고 성곽 바로 밖에 자리 잡은 장소에서 택견과 씨름이 이뤄졌던 것이다. 지금 행정지명으로는 서울시 중구 신당동의 서북쪽 끄트머리다.

그림 아래쪽에 홍철릭 등으로 행장을 갖추고 삼삼오오 길을 가는 행인들과 노상 주점에서 한잔 걸치고 취기가 오른 한량들이 수작을 붙이고 있는 곳은 이 놀이판의 입구로서 지금의 마장로와 을지로45길이 마주치는 위치 중에서 '국민은행 신평화 자동화점'이 자리 잡은 모서리쯤이다. 그리고 그림 위쪽 언덕 너머에서 선비들과 기생이 나들이 가기 위해 준비하고 있는 듯한 장소는 지금의 한양공고 운동장 정도가 되겠다. 그 아래와 위의 두 지점 사이, 즉 지금도 그림에서와 마찬가지로 약간의 경사를 이루고 있는 곳 전체가 한바탕 신나는 놀이의 현장이었던 셈이다. 이곳도 앞에서 살펴본 것처럼 동대문과 광희문이라는, 사람들의 왕래가 가장 빈번한 장소에서 살짝 벗어난 '언덕'이었다!

외국인들이 살펴본 〈대쾌도〉의 현장

그런가 하면 20세기 초 외국인이 촬영한 2장의 사진도 동대문~광희문 구간 성곽에 설치된 치의 위치와 그 주변 정황을 이해하는 데 아주 요긴하다.

우선 하나는 1904년 당시 조선을 여행한 호주인 사진가 조지 로즈 George Rose가 촬영한 동대문과 주변 성곽의 모습이다.[9] 옛 이화여대 부속

---

9 이 사진은 호한재단이 펴낸 《호주 사진가의 눈을 통해 본 한국 1904》(교보문고, 2004)에 실려 있다.

호주인 조지 로즈가 1904년에 촬영한 동대문과 그 남쪽으로 이어진 서울 성곽의 모습(위 사진).
그 가운데 성곽 부분만 확대해서 살펴보니 영조시대에 조성한 치雉들의 모습이
선명하게 나타났다(아래 사진). 공중에 보이는 연기는 1898년 대한제국 황실과
미국인 콜브란 등이 공동투자해 설립한 한성전기회사의
동대문발전소(지금의 동대문종합시장 자리)에서 나오는 것으로 보인다.
청계천 너머 남쪽으로 제2치(점선 원 안)가 뚜렷하게 보인다.

병원 자리에서, 혹은 그 인근의 성벽 위에 올라가서 남쪽을 향해 내려다보며 찍은 것임을 한눈에 알 수 있다.

여기서 동대문 남쪽의 성곽 부분을 확대해 보니 고맙게도 청계천 바로 남쪽에 상부의 여장女墻(성가퀴)까지 거의 온전한 모습을 유지하고 있는 제2치의 모습이 뚜렷하게 보인다.

제4치가 멀리 성벽이 언덕 위에서 꺾이는 자리에 흐릿한 것이 조금 아쉽다면 아쉬운 일이다. 그러나 섭섭해할 필요가 없다. 그 제4치와 동쪽의 작은 언덕 사이에 형성된 약간 오목한 지역이 바로 〈대쾌도〉의 현장이었음을 우리는 이미 알 수 있기 때문이다. 우리가 100여 년 전 한 이방인의 사진에서 택견 놀이의 현장을 확인할 수 있다는 사실 자체가 고맙다.

참고로 아래 사진 배경 왼쪽의 응봉(옛이름 종남산)이 오른쪽의 남산 주봉을 향해 완만하게 이어지다가 중간에 쐐기를 박은 듯 살짝 파인 곳이 보인다. 그곳은 지금 장충동에서 국립극장을 지나 한남대교로 나가는 언덕으로 과거에 남소문이 있던 자리다. 지금은 빌딩 숲에 가려져 확인하기 어려운데 이 사진에서 그것까지 확인할 수 있는 것도 고마운 일이다.

그런 사진이 한 장 더 있다. 앞의 사진이 촬영되기 한두 해 전인 1902~1903년경 이탈리아의 외교관 카를로 로세티Carlo Rosetti가 비슷한 앵글로 찍은 것이다(52쪽). 이 사진은 성벽의 모습이 한결 확연하고, 특히 성벽이 꺾이는 곳에 있던 제4치의 모습이 완연하다.

외국인들이 지금 우리가 살펴보는 위치를 일부러 찾아 찍었을 리는 없겠지만 이들 덕분에 우리는 성벽에 붙어 있던 치의 위치는 물론 그 곁에서 신나는 놀이판으로 펼쳐졌던 조선시대 택견의 현장까지 확인하는 음덕을 누리고 있는 것이다.

이탈리아 외교관 카를로 로세티가 1902~1903년경 촬영한 동대문과 그 남쪽의 성벽(위 사진).
역시 성벽 부분만 확대(아래 사진)해서 살펴보니 이번엔 동대문발전소의 연기가 없어서
제2치와 제4치(점선 원 안)의 모습이 선명하게 나타났다.

계속 탈바꿈하는 장소의 성격

이쯤 해서 송덕기와 신한승이 확인한 택견의 현장들로 돌아가서, 이 〈대쾌도〉의 현장이 왜 그들이 확인한 장소에 포함되지 않았는지를 살펴보자.

로세티의 사진이 비교적 잘 보여 주고 있지만, 청계천 변은 그저 버려져 있거나 농경지로 활용된 반면 거기서 더 남쪽의 완만한 언덕 쪽에는 무수한 요철凹凸이 계속되는 모양새다. 성벽 코앞에서부터 멀리 동쪽의 화면이 끝나는 곳까지 똑같은 패턴이다. 이것이 무엇인지는 다른 여러 자료로 확인 가능한데 모두 무덤이었다.

그러면 우리는 여기서 추론해 볼 수 있다. 〈대쾌도〉가 그려지던 19세기 중반만 해도 왕십리와 신당동 일대에 즐비하던 무덤들이 차마 성벽 근처까지는 파고들지 못했던 것 같다. 성벽이 보호되고, 관리되고 있었다는 얘기다. 그러니 그렇게 성벽에 인접해서 택견판이 벌어질 수 있었고, 그런 그림도 그려질 수 있었을 것이다.

그런데 19세기 말을 넘어서면서부터 양상이 바뀌었다. 원래 택견판이 벌어지던 곳은 군인들의 주둔지 혹은 성벽을 따라 도는 순라 코스 등과도 밀접한 관계가 있었다. 그러나 임오군란(1882) 이후 서울 성곽의 순라를 돌던 구식 군대가 사실상 무력화되고, 그 뒤 아예 대한제국의 군대 자체가 해산(1907)된 데다 성곽까지 훼철되어 가는 마당에 성벽 주변의 순라 행위는 아스라한 옛일이 되고 말았다. 그러니 이곳에 있던 택견판도 자연히 소멸하면서 무덤이 여기까지 치고 들어왔다고 보아야 할 것이다.

아마 송덕기 등의 진술에 이 장소가 포함되지 않았던 이유는 이렇게 19세기 말 이후 이곳이 택견의 현장에서 탈락했기 때문일 수 있다. 신한승에게 옛 택견의 흔적을 전수해 주었던 원로들 가운데 이경천은 이 두 명의 외국인이 사진을 찍던 시점에 겨우 태어날까 말까 한 상황이었고, 송덕기와 김홍식은 이제 막 10여 세로, 자기 동네 택견판에 구경 다니기 시작할 나이였다. 이들은 〈대쾌도〉의 현장에서 벌어지는 택견판을 경험할 수 없었던 것이다.

상전벽해桑田碧海! 그 뒤에도 이 지역은 몇 차례 더 재주를 넘었는지 모르겠다. 청계천 변 대개의 대형 건물이 그렇듯 이곳도 이제는 의류 도매 상가들로 가득 채워져 있고, 이곳을 찾는 중소 상인들과 소비자들의 발걸음만 바쁠 뿐이다. 태평성대의 여유와 놀이의 흥겨움, 그리고 그림에서와 같은 약간의 일탈 분위기는 이제 이곳에서는 '딴 세상 이야기'다. 100년 혹은 150년 사이에 장소의 성격이 완전히 바뀐 것이다.

그곳에선 아직도 "이크", "에크" 소리가 들려올까

그렇지만 신한승 등의 현장 확인이 의미가 없는 것은 아니다. 대단히 큰 의미가 있다. 서울 동대문~광희문의 밖, 다시 말해 왕십리로 대표되는 동교 지역의 택견의 현장은 여기뿐이 아니었다. 이미 앞에서 설명한 대로 '영미다리 근처 까치산 방죽언덕', '안정사가 있는 무학산', '살꼬지다리 옆' 등이 있었다.

이 가운데 무학산은 지금도 위치가 분명하다. '안정사安靜寺'라는 사찰이 2008년 경기도 양주시 장흥면 일영리로 옮겨 갔을 뿐 하왕십리동 무학봉근린공원 일대가 옛 택견의 현장일 것이다. 다만 그 가운데 구체적으로 어디에서 택견 수련을 했는지는 알기 어렵다. '살꼬지다리 옆'이라는 것은 다른 지역의 '개울 바닥'과 마찬가지로 지금의 한양대 앞 살곶이다리 주변의 빈터를 가리키는 것으로 보인다. 중랑천 주변의 빈터에서 더 이상 위치를 특정한다는 것이 무의미해 보인다.

그러나 '영미다리 근처 까치산 방죽언덕'만은 조금 다르다. 이 자리는 그저 택견을 수련하는 자리라기보다는 단옷날 웃대와 아랫대의 택견꾼들이 모여서 마을 대항전을 여는 축제의 현장이었다는 점에서 특별히 기억해 둘 필요가 있어 보인다. 이 장소에 대해서는 나중에 다시 설명할 기회가 있겠다.[10]

신한승이 '명인'이 되면서 우리에게 남겨 준 것은 '택견'만이 아니다. 그는 이렇게 '택견의 현장'들도 우리에게 알려 주었다. 그보다 한 세대 앞선 〈대쾌도〉의 현장도 우리는 알게 되었다. 그 대부분이 이제는 상가 등으로 바뀌거나 버려진 장소가 되었다 하더라도 그곳을 찾아 귀를 기울이면 "이크", "에크" 하는 택견꾼들의 익살스런 구령 소리가 여전히 들려올지도 모른다. 또 굼실굼실 몸을 흔들고 우쭐우쭐 발걸음을 옮겨 가는 여유 있는 동작이 어디선가 느껴질지도 모른다. 그러다가 비호 같은 발길질로 상대방을 쓰러뜨릴 때 바람이 갈라지는 기운이 섬뜩하게 전해져 올 수도 있다.

누가 단징할 수 있을까? 그 현장들이 다시금 우리의 새로운 축제 장소가 되지 말라는 법도 없다. 그곳들은 왕십리 사람들은 물론이고 서울의 웃대 또는 아랫대의 보통사람들이 함께 즐기는 장소였다. 한번 생각해 보라. '내가 그 무렵 태어났더라면 바로 그곳에서 그렇게 구령을 붙이며 발을 밟고 바람을 가르며 상대방을 통쾌하게 쓰러뜨리지 않았을까?'

---

10 '영미다리 근처 까치산 방죽언덕'에 대해서는 이효석의 초기 단편소설 〈도시와 유령〉의 주인공 '진 서방'의 하루 행로를 추적한 별도의 글에서 다시 설명한다.

02

만담가 장소팔, 국민의 웃음보따리를 책임지다

'왕십리 사람' 장소팔
서울 사람들의 애환과 말투를 담아 내다
'서울 지역 예인들의 메카' 왕십리
소리꾼들의 연습장 '움집'

장소팔: 고춘자 씨, 나한테 뭐 궁금한 거 없으셔?

고춘자: 궁금한 게 있어요.

장: 뭔데?

고: 하고 많은 이름 중에 왜 장소팔이에요?

장: 모르시지?

고: 몰라요.

장: 그전에 우리 할아버님이 돌아가실 적에 우리 아버지에게 물려주신 큰 황소 한 마리가 있었어요.

고: 어머! 큰 황소 한 마리가 있었구나! 그래서요?

장: 그런데 우리 집이 워낙 가난했거든.

고: 저런!

장: 우리 어머니가 날 배고 열 달 만삭이 되었건만 쌀 한 말, 미역 한 가닥 살 돈이 없는 거야. 그래서 어머니, 아버지가 궁리궁

리한 끝에 어쩔 수 없이 우리 아버지가 외양간에 매 둔 소를 끌고 장으로 팔러 나가셨어요.

고: 어머! 그래서 어쨌어요?

장: 그때 내가 그 새를 못 참고 으앙 하고 세상 구경을 하러 나왔지. 그러니까 말하자면 우리 아버지가 장으로 소 팔러 간 사이에 어머니가 날 낳았다고 해서 장. 소. 팔!

고: 네에~.

장: 그래서 내 이름이 소팔이고, 우리 형님은 중팔이고, 우리 아버지는 대팔이고, 우리 할아버지는 곰배팔이랍니다.

고·장: 하하하!

1950~1960년대를 풍미한 만담가 장소팔張笑八(1922~2002)과 고춘자(1923~1995) 콤비의 만담漫談 한 토막이다. 아직 텔레비전이 본격적으로 보급되기 전 라디오 시대에 국민의 웃음보따리를 책임진 것은 이 같은 만담이었다. 그 시절엔 남녀노소를 막론하고 만담을 들으며 잠시나마 힘든 일상을 잊곤 했다.

그런 만담가들 가운데 지금껏 국민의 뇌리에 가장 깊게 각인된 인물이 바로 장소팔이다. 요즘 표현을 사용하자면, 그는 그 시대의 '라디오 스타'였다. 실제 그 시절의 신문을 보면 만담가들을 '라디오 스타'라고 지칭하곤 했다.

'왕십리 사람' 장소팔

장소팔의 본명은 장세건張世建이고, 서울 종로구 관훈동 185번지 출생이다. 그러나 아버지가 운영하던 남대문시장 포목점에 불이 나 가세가 기우는 바람에 열 살 무렵 왕십리 지역으로 이사 왔다. 그 이후 별세할 때까지 이 일대의 신당동, 황학동 등을 옮겨 다니며 살았다. 초등학교(왕신학원, 지금 서울 무학초등학교의 전신) 생활과 만담가로서의 입신, 결혼, 별세가 모두 왕십리 지역에서의 일이었다. 그는 확실히 '왕십리 사람'이었다. 그런 점에서 장소팔이 별세한 뒤인 2009년 서울 중구청이 주관해 이 지역에 그의 동상을 세운 것은 아주 자연스러운 일이었다.[1]

지금도 황학동 시장을 찾느라 청계천7가의 남쪽 천변을 지나다 장소팔의 좌상을 만나게 되면 아무리 바쁜 일이 있어도 왠지 그 옆에 가서 잠시 앉고 싶다. 그만큼 정겹다. "내 이름이 왜 장소팔인지 알아?" 하고 말을 걸 것만 같다. 지금으로 치자면 스탠딩 개그standing gag에 해당하는 그의 만담은 시대를 건너뛰어 아직도 장년층의 뇌리에 깊이 뿌리 박혀 있다.

본래 만담이라는 것이 '너스레'나 '허풍' 또는 '농담'을 통해 부담 없는 웃음을 선사하는 것이다 보니 장소와 상황, 또는 대화 상대에 따라 말이 조금씩 달라지는 것은 당연하고 자연스러운 일이었다. 앞에 소개한 장소팔의 출생과 관련한 이야기도 조금 다른 버전이 있다.

---

1 장소팔의 아담한 좌상이 들어선 곳은 정확하게는 서울 중구 흥인동 성동공업고등학교 북쪽 담장 밖의 청계천 변 녹지대다. 지금 청계천에 놓인 다산교를 남쪽으로 건너면 바로 눈에 띈다. 이곳은 본래 신당동의 일부였으나 장소팔이 장기간 거주했던 황학동 27번지(지금 황학동 시장의 한복판)와 바로 인접한 장소여서 그의 거주 및 활동 지역이라고 해도 무방하다.

박응수: 헌데 소팔 씬 왜 이름이 하필 소팔이요?

장소팔: 내 이름의 유래를 캐면 재미있지. 왜 소팔이냐 하는 질문을 가끔 받아요. 그런데 '장소팔'이란 예명을 붙인 것은 실은 장張 가니까 그냥 '장'이고……. 우리 아버지가 무척 약주를 좋아했는데…….

고백화: 부전자전이군 그래.(웃음)

장소팔: 사실 우리 집안은 대대로 모주였어.(폭소) 그런데 내가 이 세상이 나오기 전에 우리 집이 몹시 가난했대요. 하루는 아버지가 단 한 마리밖에 없는 소를 팔게 되어서 장엘 갔

그의 생활과 활동의 터전이던 서울 황학동 시장 부근 녹지대에 건립된 장소팔의 동상. "이리 와! 나하고 얘기 좀 해!"라고 지나가는 이들을 부르고 있다. 이 지역 상인들이 동상 뒤편에 '쓰레기 무단투기'를 경고하는 안내판(2024년 6월 현재)을 세운 것도 장소에 썩 잘 어울린다.

는데 가다가 영미다리께에서 한잔하셨다는군. 아, 그런데
한잔하고 나와 보니 매뒀던 소가 간 곳이 없더란 말야.

박응수: 도둑을 맞았군.

장소팔: 그런데 아버지가 소를 팔러 간 사이에 어머니는 나를 낳
았다는 거야. 그래서······.

  소 팔러 나가서 술 한잔 마시다 소를 잃어버렸다는 이야기가 추가된 것이다. 여기서 눈에 띄는 것은 술 마신 장소가 영미다리 근처라는 대목이다. 영미다리의 본래 이름은 영도교다. 조선 초부터 동대문과 광희문 바로 밖에서 청계천 남북 지역을 연결해 주던 이 다리 주변은 예나 지금이나 술집이 많다. 수백 년 동안 서울 도심지 외곽의 중요한 결절結節 역할을 해 온 장소라는 얘기다. 장소팔의 황학동 집은 바로 여기서 100미터도 채 떨어지지 않은 곳이었다. 말하자면 자신이 살고 있어서 잘 아는 동시에 대부분의 서울 사람에게도 익숙한 장소가 만담의 소재로 채용된 것이다.

  게다가 이 영도교 북쪽에 지금 다문화 청소년들을 위한 서울다솜관광고 등의 여러 학교가 모여 있는 자리는 1920년대부터 1950년대까지 서울 지역 유일의 우시장과 도축장이 자리 잡고 있던 곳이었다.[2] 장소팔이 이 만담에서 자신의 아버지가 소 팔러 가는 곳이라고 설정했던 우시장은

---

2 이 서울 종로구 숭인동 242번지의 약 7,500평 부지에는 1922년 '경성부 가축시장'으로 개설된 우시장이 1958년 서울 성동구 마장동으로 이전하기까지 자리 잡고 있었다. 또한 서울 서대문구 현저동에 있던 '경성부영도수장'이 1925년 옮겨 와 1961년 역시 마장동에 신축 건물을 지어 이사하기까지 함께 있었다. 그 우시장과 도축장이 떠난 뒤 서울 숭신초등학교가 들어서서 2015년 왕십리 뉴타운 지역으로 이전하기까지 반세기 이상 지역교육의 메카 역할을 해 냈고, 지금도 이곳에서는 서울시교육청 산하의 다문화 청소년 대안교육(서울다솜관광고), 청소년 위탁직업교육(종로산업정보학교), 고교 자유학년제 교육(오디세이학교) 등 시대가 요청하는 다양한 교육프로그램이 운영되고 있다.

바로 이곳이었다. 즉, 자기 자신을 포함해 소시민들이 복작대고 서로 부딪치며 살아가던 현장을 바로 자기 이름과 만담의 주요 계기로 차용했던 것이다.

서울 사람들의 애환과 말투를 담아 내다

이 점은 대단히 중요하다. 아마 장소팔 만담의 성공 요인은 바로 여기에 있었는지도 모른다. 같은 시대를 살아가는 서민들이 거주하고, 물건을 사고팔며, 경우에 따라서는 술을 한잔 걸치기도 하는 바로 그 현장이 만담의 배경이 되고, 그들이 나누는 대화가 만담의 소재가 됨으로써 이야기 속에 아주 자연스럽게 공감의 바탕이 녹아들었다. 그런 상황을 이야기하는 사람[화자話者]과 듣는 사람[청자聽者]의 일체화라고 표현할 수도 있겠다. 그런 점에서 그의 이야기는 늘 '서울 변두리 서민들의 이야기'였다.

> **여**: 대폿집 좋은 거란 한두 가지가 아니지요. 첫째, 값싸고 배부르니 '경제적'이래서 좋고.
> **남**: 또?
> **여**: 둘째, 앉지 않고 서서 마시니 쉬 내려가서 '위생적'으로 좋구요.
> **남**: 오라! 또?
> **여**: 여러 사람이 같이 먹으니 '대상적'이라서 좋구요. 우스운 소리 하기 좋은 곳이니 '풍자적'이라서 좋구요. 마시면 흥이 겨워지니 '기분적'으로 좋구요.
> **남**: 얘, 얘. 대강해 두어라. 그렇게 자꾸 적만 찾다가는 누름적 구

워 먹고 술이 너무 취해 거리에 가다가 거적 쓰고 잠잘라. 하!
나 고만 가겠다.

서민들이 애용하는 대폿집이 '서서 마시는 술집'이었다는 사실을 아는 이가 이제 얼마나 될까? '선술집'과 '실비집'도 바로 그런 뜻을 담고 있는 다른 말이었다. 이렇게 만담은 당대 서울 서민들의 생활상과 말투를 고스란히 담고 있었다.

장소팔은 자신의 만담을 직접 쓰고 연기했다. 일부는 그에 앞서 만담의 길을 개척한 신불출(1907~1976?·월북)의 대본을 차용하기도 했으나, 대부분은 그가 창작한 것이었다. 그의 아들 장광혁(일명 장광팔)은 당시 상황을 이렇게 기억했다.

(아버지는) 대본도 직접 쓰셨죠. 그때는 아버님이 밥상에다가 200자 원고지 누런 걸 갖다 놓고 쓰셨어요. 만년필에 잉크를 넣어 드리면 먹지를 대고 원고를 쓰셨어요. 그 당시에는 카피가 안됐으니까 아버지가 원고를 다 쓰시면 내가 그 원고를 들고 길 건너 고춘자 선생님 댁[영도교 건너 창신동]에 갖다 드렸어요. 그러면 따로따로 외우시다가 다음 날 우리 집으로 오셔 가지고 같이 연습하시고 바로 방송국 가서 방송하시고 그랬어요.……연기가 되어야 하니까 연습들을 굉장히 많이 하셨어요.[3]

장소팔의 만담 파트너 고춘자(본명 고임득)도 왕십리는 아니지만 지척

---

[3] 《2014 서울생활문화자료조사 황학동》(서울역사박물관, 2015)의 371쪽에 수록된 장광혁의 구술.

에 살았던 것이다. 동대문 밖이기는 마찬가지였다. 그뿐만 아니라 장소팔이 이야기꾼으로 성장하는 데 결정적인 다리를 놓아 준 박춘재(1886~1950)를 만난 곳도 상왕십리 780-2에 있던 광무극장⁴이었다.

박춘재는 경기명창인 동시에 재담꾼이던 인물로서 장소팔에게는 꼭 한 세대 앞선 '롤 모델'이었다. 1942년의 어느 날 박춘재가 광무극장에서 공연을 마치고 무대에서 내려오자 체구가 다부진 한 청년이 다가왔다. "만담가가 되고 싶어 하는 사람"이라고 자신을 소개한 이 청년은 자신이 만담 레코드들을 반복해서 들으면서 열심히 연습하고 있다든가, 박춘재의 공연을 쫓아다니면서 적어놓은 사설辭說이 수백 장이 된다는 등으로 자신을 세일즈했다.⁵ 장소팔은 그 무렵 공연기획자로서 무대의 다양화를 꾀하던 박춘재의 눈에 들어 그가 새로 구성한 '한성좌'의 신예 멤버가 되었다. 이것이 그의 만담가로서의 출발이었다.

'서울 지역 예인들의 메카' 왕십리

그런데 재미있는 것은 그 무렵 재담꾼과 만담가를 비롯해 예인들이 왕십

---

4 박노홍에 따르면, 광무극장은 "分鳥 아래 있는 園田實生이 1934년에 경성부 성동구 왕십리정에 지어 개관을 했다. 처음엔 목조 단층이었으나 후에 벽돌 2층으로 개조되었다. 수용은 5백이면 꽉 찼다. 초라한 극장이었다. 1930년대에 광무대가 없어지자 그 흥행권을 얹고 '얹고'의 오식인 듯] 지었다는 설이 있기도 하다. 영화는 낡은 것을 10전의 입장료를 받고 영화를 하였다. 가무단이 가끔 공연을 했다. 옛 광무대에서 볼 수 있었던 것이다." 김의경·유인경(편), 《박노홍의 대중연예사1》(연극과 인간, 2008), 245쪽 참조. 이 글은 본래 박노홍이 《월간 한국연극》에 1979년 연재한 〈한국극장사〉를 재수록한 것이다.

5 장광팔 편저, 《서울의 전통문화 장소팔 만담》, 아커스, 2014, 75~76쪽, 99~100쪽 참조.

리 일대에 많이 몰려 살고 있었다는 점이다. 그들 중 상당수는 전근대 연희의 전문가들(경기소리, 재담, 발탈 등)이었고, 그 사이사이에 근대적 의미의 대중연예인들(만담, 대중가요 등)도 일부 끼어 있었다. 장소팔은 명백하게 후자에 속하는 인물이었다. 그러던 1944년 어느 날 박춘재가 신당동으로 이사 오자, 장소팔은 왕십리에서 신당동으로 옮겨 앉았다. 박춘재와 장소팔의 사제관계는 이로써 훨씬 끈끈하고 밀접해졌다.

그뿐 아니었다. 왕십리 선소리패의 모갑이 이명길(1890~1960), 종묘제례악으로 중요무형문화재 제1호가 된 김천흥(1909~2007), '경기소리'를 체계화한 이창배(1916~1983) 등과 방용현(대금), 최석길(피리), 이정업(고수, 해금, 줄타기), 김백만(피리), 김진령(대금, 피리) 등이 모두 왕십리에 이웃해 살던 예인들이었다. 이것은 왕십리가 전통시대에 이미 경기 지역 소리와 음률의 메카로 자리 잡고 있었음을 시사한다.

그들 틈에서 장소팔 같은 새로운 형태의 예인들도 자연스럽게 길러지거나 유입되었다. 만담 전성시대의 또 한 사람의 주역 김영운(1924~?), 배뱅이굿으로 한 시대를 풍미했던 이은관(1917~2014) 등이 그들이었다. 이들은 모두 장소팔과 함께 무대에 섰다.

이쯤 되면 굳이 복잡한 설명을 할 것도 없이, 만담이 요즘 코미디나 개그처럼 말로만 이뤄진 것이 아니라 전통적인 소리의 태중(胎中)에서 발생해 그것들과 함께 무대를 구성했음을 쉽게 이해할 수 있다. 장소팔이 폭발적인 인기를 누린 것도 1956년 KBS 라디오의 '민요만담'이라는 프로그램 진행을 맡으면서부터였다.

소리꾼들의 연습장 '움집'

최근에 재미있는 사실이 확인됐다. 1960년대까지만 해도 왕십리 지역에 '움집'이라는 것이 있었다는 얘기다.[6] 사실 움집 자체는 특별한 것이 아니다. 겨울에 놀고 있는 밭 근처의 땅을 깊이 파고 무 같은 저장용 농작물을 갈무리해 두는 곳이니 우리나라 어디에든 있는 것이었다. 그러나 왕십리 움집의 기능은 그것뿐만이 아니었다. 우선 규모가 상당히 컸다. 사람이 들어가서 걸어 다닐 수 있게 170~180센티미터 깊이로 10평 정도가 되게 팠다. 거기에 계단을 내고 거적을 덮으면 그 내부는 한겨울에도 16~17℃ 정도는 되었고, 한꺼번에 30명 정도는 너끈히 들어갈 수 있었다고 한다.

그러면 거기서 무엇을 했는가? 평소에는 동네 노인들이 둘씩 셋씩 모여 장기나 바둑을 두어 술추렴도 하고, 장년층은 또 그들대로 대화를 나누며 새끼를 꼬기도 했다. 그런가 하면 부인네들이 한쪽에 자리 잡고 마름질을 하기도 했다. 동네 사랑방이었던 셈이다. 그런데 이건 말 그대로 '평소'의 얘기다. 왕십리의 움집에 대한 증언을 들어 보자.

> 20년 전까지만 해도 경기 잡가의 창인唱人들이 움집을 파고 한겨울 동안을 지냈으며, 대부분이 장인匠人들이었다는 사실은 흥미롭다. 아무래도 떠들썩하게 노래를 부르기에는 마을보다는 밭 근처의 움집이 편리했을 것이다. 거기 모여서 소리를 불렀다고 하니 소리방인 셈이고, 여기서 파도 기르고 콩나물도 길렀다는 것이다.……움집 모습은 너비 9척, 길이 30척, 높이 6척에 지하로 4척

---

6 장광팔 편저, 앞의 책, 190~193쪽 참조.

정도여서 앉으면 지하에 앉는 셈이었다고 전해진다.[7]

'소리방'이라는 표현이 재미있다. 요즘 식으로 하자면 '노래방' 비슷한 것이었다 해야 할지……. 그것보다는 소리꾼들의 연습장이었다고 보는 게 더 정확할 것 같기도 하다.

장소팔의 집 인근에도 그런 움집이 있었는데 그 움집의 소리와 광경은 늘 호기심의 대상이었다고 한다.[8] 어떤 날은 기생들이 가마를 타고 와서 흐드러지게 민요를 부르다 갔고, 또 어떤 날은 명창이라는 사람들이 인력거를 타고 와서는 극진한 대우를 받으면서 휘몰이 잡가를 질펀하게 불러제꼈다고 한다. 아마 전자는 배우러 온 경우였고, 후자는 가르치러 온 경우였을 것이다. 어느 날 장소팔이 그 움집에 몰래 들어가 들은 사설 한 토막.

> 칠팔월 청명일에 얽은 중이 시냇가로 내려온다. 그 중이 얽어매고 푸르고 찡그기는 장기 바둑판 고누판 같고, 멍석 덕석 방석 같고, 어레미 시루밑 분틀밑 같고, 청동적철 고석매 같고, 땜쟁이 발등 삼부 대장장이 손등 고의 같고…….

우리는 지금 이 사설에 등장하는 물건들을 다 알아듣기 어렵지만 당시 장소팔은 그게 다 집에 있는 물건들이어서 이해할 수 있었던 것은 물론이고 그런 물건들로 얼굴 얽은 모습을 묘사한다는 게 신기했다고 한다. 예컨대, 청동적철은 구리로 만든 석쇠이고, 고석매는 구멍이 숭숭 뚫린 현무암으

---

7 반재식, 《벽파 이창배》, 백중당, 2003, 45쪽.
8 장광팔 편저, 앞의 책, 190~193쪽.

로 만든 맷돌이다. 그러면서 얼굴에 마마 자국을 가진 사람이 시냇가로 내려와서는 안 되는 이유를 그린 대목에서는 움집에 몰래 들어왔다는 사실도 잊은 채 박장대소했다.

뛴다 뛴다 어룡소룡은 다 뛰어넘어 자빠동그라지고 영의정 고래, 좌의정 숭어, 우의정 민어, 승지 점복, 한림 병어, 옥당 은어, 대사간에 자가사리, 떼 많은 송사리, 수많은 곤쟁이, 눈 큰 준치, 키 큰 갈치, 살찐 도미, 살 많은 방어, 머리 큰 대구, 입 큰 메기……너를 벼리로 알고 아주 펄펄 뛰어넘어 도망을 한다.

이 사설이 바로 휘몰이 잡가 중의 '곰보타령'이라는 사실을 안 것은 한참 나중의 일이었다. 바로 이렇게 움집의 소리꾼들은 훗날 만담의 소재를 제공해 주었던 것이다.

이제는 유감스럽게도 왕십리에 가도 그런 움집은 찾아볼 길이 없다. 예인들의 흔적 역시 눈을 씻고 찾아보려 해도 전혀 보이지 않는다. 배뱅이굿의 이은관이 2014년까지 이곳에 살다 별세했다는 사실이 신기할 정도다. 몇백 년을 이어 왔을 예인들의 명맥이 장소팔을 마지막으로 사실상 끊긴 것이다. 가장 중요한 요인은 1970년대 텔레비전의 일반화, 나아가 1980년대 컬러텔레비전의 등장이었다. '듣고 즐기는 소리'에서 '보고 즐기는 코미디와 개그'로 웃음의 유형이 순식간에 바뀌어 버린 것이다. 그러면서 '소리'와 '이야기'의 연계도 끊어져 버리고 말았다.

그렇다면 '만담'은 지금 '개그'의 할아버지라고 할 수 있는가, 아닌가? 황학동 시장 근처에 여전히 웃음을 머금고 앉아 있는 장소팔의 좌상 옆에 가서 한번 물어보고 싶다. "요즘 개그, 어떻게 생각하세요?"

03

소설가 김동인,
다시 살다

아무도 범접하지 못한 '문학의 신'
김동인에게 드리워진 그림자
"아아 나는 소설가로다"
왕십리에서 맞은 최후
결코 죽지 않은 김동인

文人百相⋯⋯⋯金東仁

발까락이 닮엇다

자기가 관게한 녀인의 수효에 대하여 이러케 방언하기를 주저치 않으리만치 그는 선택(選擇)이라는 도정을 밟지 않고 「집어셋」습니다. 스물서너살에 벌서 이백명이라는 넘으리라는 것을 발표하엿습니다. 설흔살때는 벌서 괴승(怪僧) 신돈이를 멀리 눈아래로 굽어 보앗을 것입니다. 그런지라 온갓 성병(性病)을 경험하여 보

1951년 1월 초순의 어느 날, 서울 하왕십리의 영단주택으로부터 얼마 떨어지지 않은 밭고랑에 한 50대 사나이가 잠옷 차림으로 외로이 숨져 있었다. 한국전쟁 때 수복되었던 서울이 이른바 '1·4후퇴'로 다시 북한군 수중에 들어간 직후였다. 아무도 거들떠보지 않았다. 그가 이곳까지 걸어 나와 생의 마지막 숨을 내쉬었는지, 아니면 집 안에 죽어 있던 그를 누군가 이곳에 내팽개쳤는지도 알 길이 없었다.

그의 주검을 가족이 발견한 것은 그때로부터 무려 7개월 뒤의 일이었다. 1월 3일 군인들에게 떠밀려 어디로 가는지도 모르고 피란길에 올랐던 가족들은 8월 초가 되어서야 충청남도 온양에서 집으로 돌아올 수 있었다.[1] 그렇게 외롭게 죽는 것은 신神의 특권이다. 본래 신을 위해서는 울어줄 사람이 없기 때문이다. 사실 그 사나이는 스스로 '신'이 되고자 했고, 후학들로부터 '신'이라 불렸다.

그가 마지막 시간을 보냈던 왕십리도 신이 죽기에 알맞은 곳이었다. 우리 시대의 마지막 광대들 가운데 한 사람 장소팔이 살던 곳으로부터 고개 하나 넘으면 바로 이곳이었다. 술집 작부들이 몰려 있던 영도교도 지척이었다. 해방 이후 '양키 물건'이 거래되기 시작하면서 전국의 온갖 '고물'이 모이는 메카가 된 황학동 시장 역시 멀지 않았다. 그리고 아직은 아니지만 몇 년만 지나면, 그의 집으로부터 길 하나만 건너 한달음에 갈 수 있는 마장동에 원근 각처의 내로라하는 칼잡이들이 몰려들어 전국 최대의 도살장과 축산물 시장이 형성될 판이었다.

광대, 작부, 고물상, 백정 등 가장 낮고 천한 사람들이 몰려드는 장소! 그곳은 한국의 갈릴리였다. 그 사나이는 그곳에 자신의 골고다 언덕길을 스스로 닦았다. 그는 이곳에서 매일매일 세상을 한탄했다. 세상이 자신을 알아주지 않는 것에 절망했다. 그것은 스스로를 '인자人子(사람의 아들)'라고 불렀던 2,000년 전 팔레스타인의 한 사나이가 보인 행태와 그리 먼 거리에 있지 않았다. 그러다 조용히 눈을 감았다. 아무도 모르게! 그 뒤에는 하늘로 올라가 자신의 성좌constellation를 형성했다. 그래서 신이라고 불린 사나이, 그는 〈배따라기〉, 〈감자〉 등을 남긴 소설가 김동인金東仁(1900~1951)이었다.

이 대목에서 노파심으로 한마디 할 필요가 있다. 지금 김동인을 '신'이라고 부르는 것은 단순한 레토릭이 아니다. 단언컨대, 한국의 글쟁이들 가운데 고금을 통틀어 '신'에 비견됐던 사람은 그가 유일하다. 그렇게 된

---

1 김동인의 최후의 순간이 정확하게 확인된 것은 비교적 최근의 일이다. 그가 숨진 지 약 60년이 지나 그의 차남 김광명이 《대산문화》 2010년 봄호에 게재한 특별기고문 〈나의 아버지 김동인을 말한다〉라는 글을 통해 그의 말년 상황과 사망 경위가 상세하게 알려졌다. 이에 앞서 《경향신문》 1996년 11월 10일 자 기사 〈우리 문학유산을 찾아: 김동인의 서울 성동구 홍익동 집〉에 김동인의 부인 김경애(1911~2008)의 증언을 통해 그의 사망 경위 일부가 소개된 바 있다.

데에는 충분한 이유가 있었다.

아무도 범접하지 못한 '문학의 신'

그는 20세기 전반기 한반도에서 가장 오만한 사나이들 중의 한 사람이었다. 신이 원래 그렇듯 그는 자신에 대한 도전을 허용하지 않은 것은 물론이고 자신의 보좌 근처로 누군가 접근한다 싶으면 여지없이 망나니의 칼을 휘둘렀다. 그의 작품 〈발가락이 닮았다〉가 대표적인 사례였다. 염상섭이 그 칼춤에 치명상을 입어 한동안 회복 불능으로 보일 정도의 내출혈을 겪었다. 이광수도 그의 칼끝을 피해 나가지 못했다. 이광수의 몇몇 작품에 대해서는 작가적 상상력의 흔적이 없다며 '소설'이 아니라 '사화史話(역사 이야기)'에 불과하다고 낙인 찍기를 주저하지 않았다.

> 휘청거리는 커다란 키에 얼굴색은 인도인에 가까운 거므스레한 빛깔인데 거기에 까마 모닝코우트에 싱크해트를 쓰고 길다란 스틱을 휘두르며 저녁의 종로 네거리를 활보하고 있는 그 과장된 거동의 모습은 밤거리 애들의 흥미를 돋구었다. "야! 서커스 단장이다!" 애들은 떼를 지어서 구경거리로 뒤를 따랐다는 이야기, 이런 것들이 전해지는 그의 인간적인 에피소우드들이다. 거기에 코우트 지갑에 장미꽃이라도 꽂고 다녔으면 흡사 파리의 샹제리제를 걷고 있는 오스카 와일드를 연상케 했으리라.[2]

---

2 신동욱 엮음, 《김동인연구》, 새문사, 1982의 머리에 실린 백철의 〈해설〉 중에서.

옷차림과 행동거지만 그랬던 것이 아니다. 글쟁이는 글로 말하는 법. 그의 글에는 한 치의 오차도, 의문이 끼어들 틈도 없었다. 그 대신 범접할 수 없는 위엄과 숨 막히는 긴박감이 자리 잡고 있었다.

이튿날 아침 깨어서 조반도 안 먹고 기자묘로 뛰어가서 또다시 그를 찾아보았다. 그가 어제 깔고 앉았던 풀은 모두 한편으로 누워서 그가 다녀감을 기념하되 그는 그 근처에 보이지 않았다. 그러나 – 그러나 배따라기는 어디선가 쟁쟁히 울리어서 모든 소나무들을 떨리지 않고는 안 두겠다는 듯이 날아온다.
'모란봉이다. 모란봉에 있다' 하고 나는 한숨에 모란봉으로 뛰어갔다. 모란봉에는 사람이 하나도 없다. 부벽루에도 없다.

김동인이 한참 활동하던 시기에 그려진 그의 캐리커처. 〈발가락이 닮았다〉가 발표된 《동광》 1932년 1월호.

'을밀대다' 하고 나는 다시 을밀대로 갔다. 을밀대에서 부벽루를 연한, 지옥까지 연한 듯한 골짜기에 물 한 방울을 안 새이리라고 빽빽이 난 소나무의 그 모든 잎잎은 – 떨리는 배따라기를 부르고 있지만, 그는 여기도 있지 않다. 기자묘의 하늘을 향하여 퍼져 나간 그 모든 소나무의 천만의 잎잎도, 그 아래쪽 퍼진 천만의 풀들도 모두 그 배따라기를 슬프게 부르고 있지만, 그는 이 조그만 모란봉 일대에서 찾을 수가 없었다.³

한국어 구사가 고작 국한문 혼용체에 머물고 있던 시절에 쓰인 문장이 이렇다. 그 자연스런 입말 구사와 문장의 리듬, 그리고 읽는 이를 휘어잡는 긴장감과 그에 따른 감정의 고조……. 문장론의 차원에서 무엇 하나 더하거나 뺄 것이 없다. 우리가 우리 현대 소설의 형식과 내용이라고 알고 있는 것의 상당 부분이 이미 100년 전 그에게서 시작되었다. 그는 시작만 한 것이 아니었다. 최고봉이기도 했다. 그 이후에 그만한 경지를 이룬 작가를 찾아보기란 쉽지 않다.

대중이 자신을 알아보지 못하거나 자신의 말을 제대로 알아듣지 못하면 김동인은 간혹 직설적인 어투로 말하기도 했다. 1919년에 자신이 주동이 되어 발간한 우리나라 최초의 문예동인지 《창조》는 적어도 세 가지의 문학사적 공적이 있다는 것이었다. 첫째, 소설을 완전한 순구어체純口語體로 썼으며 둘째, 그와 동시에 과거사過去詞(~었다)로 썼고 셋째, 우리말에 없는 3인칭 대명사 'He'와 'She'를 성별 구분 없이 '그'로 썼다는 것 등이다.⁴

---

3 김동인, 《감자 외》, 문학사상사, 2010, 132쪽에 수록된 〈배따라기〉(1921년 작)의 마지막 부분 중에서.
4 김동인, 〈문단 30년사〉, 《신천지》, 1948. 3~1949. 5에 수록되었던 내용으로 《김동인 전집 6》, 삼중당, 1976, 11쪽에 재수록되었다.

김동인에게 드리워진 그림자

벌써 그가 태어난 때로부터는 한 세기가 훌쩍 넘었고, 그가 그 밭고랑에서 숨진 것도 이미 70년이 넘는 과거의 일이다. 그러나 지금도 후세의 문학도들이 그에게 바치는 헌사는 그칠 줄을 모른다. '한국 근대 단편소설의 개척자', '자연주의와 탐미주의에 모두 성공한 천재' 등으로 끝이 없다. "그를 통해 문학을 만났다"는 말도 심심치 않게 듣는다. 우리 단편소설의 정의定義가 바뀌지 않는 한 김동인을 기억하는 일은 끝나지 않을 것 같다.

우리가 잘 알다시피 그는 서북 사람이었다. 평양에서 부호의 아들로 태어나 잠시의 일본 유학 시절을 제외하고는 30년 이상 평양을 근거지로 활동했다. 당연히 소설의 무대도 상당수가 평양과 그 인근이었고, 그 스스로 한평생 평안도 사투리를 버리지 않았다.

그의 서북인 정체성은 파산, 이혼 등의 복잡한 과정을 거쳐 1931년 평양에서 재혼[5]한 직후 서울로 근거지를 옮기면서 오히려 강화된 것으로 보인다. 그의 서울살이에 첫 보금자리가 되어 준 곳은 서울 서대문 밖의 행촌동 210-96 주택이었다. 지금 행정적으로는 종로구에 속해 있고, 서울 도심지로부터도 과히 멀지 않은 서대문 지역이지만 어쨌든 서울 중심부에서는 벗어난 산비탈 동네였다.

평양에서의 당초 생활 수준에 비하자면 그에게 걸맞은 집은 아니었다. 그는 이 행촌동 시절에 문제작 〈붉은 산〉, 〈광화사〉, 〈김연실전〉 등을 써서 발표했고, 역사소설 《운현궁의 봄》, 《왕부의 낙조》, 《대수양》 등도 시

---

[5] 김동인은 《창조》의 동인이자 동향인인 소설가 전영택(1894~1968)의 소개로 1931년 그의 숭의고녀 교사 재직 시절의 제자 김경애와 재혼했다. 김경애는 남편 김동인의 임종을 못한 것을 평생의 멍에로 간직한 것으로 알려졌다.

도했다.

김동인이 호구지책으로 그토록 경멸해 마지않던 '원고료'에 의존하기 시작한 것도 이 무렵이었다. 그것이 충분하지 않자 그는 '야담' 작가의 길에 본격적으로 나서기도 했다. 그런 마뜩잖은 생활의 여파였을까? 그는 신경증을 앓기 시작했고, 1942년에는 천황을 가리켜 "그 같은 자"라고 호칭했다고 '천황 불경죄'로 반년간 옥살이를 하기도 했다. 그때를 전후해 황군위문작가단으로 만주에 다녀오는가 하면 조선문인보국회의 간부로 '내선일체內鮮一體'를 열렬히 부르짖기도 했다. 일제 말기, 특히 중일전쟁 발발 이후에 그는 여러 겹으로 상당히 망가져 있었던 셈이다.

"아아 나는 소설가로다"

해방 이후 그는 미군정 광공국장 오정수吳禎洙(1899~1988, 평남 강서 출신)의 도움으로 적산가옥 한 채를 얻을 수 있었다. 물론 거저 준 것은 아니고 광공국鑛工局이 접수해 보유하고 있던 적산들 가운데 한 채를 선택해 들어가 사는 대신 집세를 내는 조건이었다. 김동인에게 선택권을 준 것은 나름대로 큰 특혜였음이 분명하다. 오정수 자신은 문학에 문외한이지만 김동인이 과거 30년 동안 '조선어'와 '조선문학'을 사수하기 위해 애써 온 데 대해 자기가 할 수 있는 최소한의 보상이라는 것이었다. 두 사람은 일면식도 없었다고 한다. 그러나 동향인이라는 연고가 작용했을 수는 있었겠다.

이렇게 해서 얻은 집이 서울 중구 약수동에 있던 옛 스미토모住友 경금속회사의 사장 사택이었다. 그 일대는 일제강점기에 '사쿠라가오카桜ヶ

丘'라고 불리던 일본인 고급 주택지였고, 김동인의 표현을 빌자면 "일본인 고관·중역들의 사택촌"이었다. 그중에서도 그가 선택한 집은 대지가 600여 평에 이르렀고 건물도 상당히 번듯했다. 서울 중심가를 기준으로 동쪽 교외[東郊]에 위치한 이 집은 10여 년 동안 살아온 서쪽 교외[西郊]의 행촌동 집과는 비교할 바가 아니었다. 1945년 11월의 일이었다.

김동인은 문학 또는 문화정책과 아무 관계도 없는 인사로부터 받은 이 같은 혜택에 자못 감격했던 것 같다.

"아아 나는 소설가로다. 나는 소설가로다."
천하에 향하여 내 직업을 큰 소리로 웨치고 싶은 충동을 금할 수가 없엇소.

김동인은 당시의 사정을 두 차례 글로 남겼다.[6] 그중에서 자신이 선택해 들어간 집에 대한 묘사는 아주 구체적이었다.

더욱이 내가 고른 바의 표준은, '글쓰기에 적당한 집'이었더니 마치, 집의 방의 배치도 마음에 들었소. 보통, 부엌이며 가족실과는 기억짜로 꺾어져 멀리 떠러져, 조용하고 한적한 방이 있고, 그 방문을 열면, 아리따히 설계된 일본식의 정원이 눈앞에 전개되어서 글 쓰다가 피곤한 머리를 쉬일 수도 있고, 정원에는 탑이며 천수며 값진 상록수들이 조화있게 배치된 우에 노송 몇 그루가 뜰을

---

6 김동인은 《백민白民》이라는 잡지의 1947년 3월호와 1948년 5월호에 각각 〈망국인기〉, 〈속 망국인기〉라는 글을 실어 해방 이후 자신의 상황을 설명했다. 이는 김치홍 편저, 《김동인 평론 전집》, 삼영사, 1984, 514~535쪽에 재수록됐다.

보호하고 – 본시 무슨 목표로 어떤 취미로 설계된 집인지는 모르지만, 글 쓰는 사람에게는 아주 나므럴 데가 없는 설계이며 사랑과 내실이 멀리 격지되어 있어서, 이것은 글 쓰는 데뿐 아니라, 조선인 습관 풍속에도 좋게 되었으며, 생활문화설비로는 전화, 전등, 전열, 깨쓰, 수도, 모두 구비되었고, 우물도 있고, 2백 평에 가까운 빈터까지 달려서, 야채 등속을 내 집에 심어 먹을 수도 있고, 집 앞에는 아이들의 유원지도 있고 어느 점으로 뜯어 보아도, 나므럴 데가 없는 집이었소.

그는 이 집에서 해방된 조국을 위해 몇 가지 작품을 쓰겠다는 야심 찬 계획을 세웠다. 그중의 하나가 고구려, 백제, 신라의 우리나라 삼국지를 꾸며 본다는 것이었다. 모국어로 조국의 혼을 마음껏 노래하는 일, 그런 작품은 자신이 아니면 쓸 사람이 없다고 생각했다.

왕십리에서 맞은 최후

호사다마였을까? 그런 의욕으로 충만하고 안온하기만 했던 생활은 1년을 넘지 못했다. 미군이 자기들 필요에 의해 이 집을 다시 징발한 것이다. 그는 인근의 하왕십리로 옮겨 앉을 수밖에 없었다. 약수동의 집을 얻은 명분이 비현실적인 것이었다면 그 집을 다시 빼앗긴 경위는 아주 냉혹한 현실을 반영한 것이었다. 자신의 정부를 갖지 못한 상태에서 미군정이 모든 것을 좌지우지하던 시절이었다. 그래서 저간의 사정을 기술한 글의 제목도 〈망국인기亡國人記〉였다. '망국'의 사정은 일제 때나 그때나 똑같았다는 얘기다.

나는 그 숱한 기대와 희망과 계획을 가지고 들었던 집에서 쫓겨나서, 한 오막사리를 구해 들었소.

여기서 '오막살이'는 1946년 11월 입주한 하왕십리의 영단주택을 가리키는 것이었다. 당시 주소로는 서울시 성동구 하왕십리동 110-65였고, 1963년에 바뀐 주소로는 홍익동 35-3이었다. 약수동의 집과 비교하면 그렇게 얘기해도 과언이 아니었다. 그러나 그 시절에 집 한 칸이나마 마련할 수 있었던 것도 다행이라면 다행이었다.

이곳은 바로 김동인이 4년 남짓한 기간 동안 자신의 육신을 마지막으로 뉘었던 거처였다. 그는 이 집에서 약수동 시절 구상했던 작품을 쓰고자 노력했다. 장편《을지문덕》이 그것이었다. "중국의 삼국지보다 더 규모가 크고 자랑스러운 우리 민족의 삼국지를 쓰겠다"는 것이 그의 포부였다. 그러나 당시《태양신문》[7]에 연재(1948. 10. 1~1949. 7. 14)되던 이 작품은 유감스럽게도 끝을 보지 못했다. 1949년 6월경 중풍이 찾아온 것이었다.

그 뒤로는 사실상 집필 활동이 불가능했다. 육신이 거추장스러웠기 때문이었을까? 하루하루 상황이 악화되었다. 그가 자리에 누운 지 1년여 만에 전쟁이 터졌다. 당시의 처참한 상황에 대한 아들의 회고[8]다.

6월 27일, 비가 온종일 주룩주룩 내리는데 북쪽에서는 대포 소리가 점점 크게 들려왔고 동네 사람들과 함께 우리도 피란을 떠났다. 어머니, 15살과 11살 된 누나들, 7살의 나, 2살짜리 겨우 걷는 동

---

[7] 《태양신문》은 지금의《한국일보》 전신이다.
[8] 김광명,〈나의 아버지 김동인을 말한다〉중에서. 이 대목 이후 인용은 모두 이 글이다.

생, 이렇게 다섯 식구가 간단한 차림으로 아버지를 업거나 부축하며 응봉동 고개를 넘어 한강으로 향했다. 오후에 출발하여 하룻밤을 민가에서 지내고 한강의 나루터에 도착하니 배를 기다리는 행렬이 길고 총알이 날아다녔다. 우리 차례가 되었다. 약 20명 정도가 탈 수 있는 나룻배에 우리 가족이 타자 사공이 아버지를 쫓아냈다. 몸의 균형을 못 잡아 배가 뒤집어질 것이라는 이유를 들었다. 우리도 같이 따라 내렸다. 집으로 돌아오는 길은 더 멀고 힘들었다. 인민군을 실은 트럭들이 왕십리에서 신당동 쪽으로 질주하고 있었다. 6월 28일이었다.

김동인의 이 세상 마지막 처소였던
하왕십리의 집 앞에 선 부인 김경애 여사.
김 여사와 후손들은 그 뒤로도
차마 이 집을 떠나지 못했다.

이틀쯤 뒤일 것이다, 인민군 서너 명이 현관으로 들이닥쳤다. 아버지가 해방 후에 쓰신 공산주의를 비난하는 글이 실린 신문들을 들고 아버지를 체포하러 온 것이었다. 그러나 몸도 못 가누고 의사소통도 안 되는 아버지의 상태를 확인하고는 그냥 돌아갔다. 이런 일은 9·28 수복 직전까지 네 번이나 반복되었고 아버지의 상태는 점점 더 악화되어 갔다.

낭패였다. 김동인은 인공 시절 석 달 동안 꼬박 그런 수모를 당했다. 체포를 면했다 해도 사정이 달라지는 것은 없었다. 건강이 하루하루 악화되었기 때문이다. 그러면 9·28수복 이후에는 사정이 좀 편안해졌을까? 그런 것도 아니었다. 다시 석 달 만에 1·4후퇴 상황을 맞닥뜨렸기 때문이다.

12월 하순경부터 아버지는 아무것도 들지를 못하셨다. 혼수상태에서 입에 미음을 넣어드리면 삼키지도 못하고 사래가 들어 기침을 하셨고, 가래가 점점 많이 생기며 숨소리가 차츰 거칠고 약해졌다.
12월 29일에는 한동안 종적을 감추었던 옆집 청근이네 식구들[좌익]이 되돌아왔다. 이때부터 어머니를 비롯한 식구들의 불안감은 극도에 달했다. 어머니의 지시에 따라 뜰의 언 땅을 파고 아버지께서 쓰시던 원고와 고급 소장품과 그릇들을 묻었다. 청근이네 식구가 혹시 보지나 않을까 하는 불안감 속에 눈치를 보느라 극히 적은 양만 묻을 수 있었다.
그 이후 며칠간 우리가 할 수 있는 일은 아무것도 없었다. 아버지는 혼수상태에서 아무것도 삼키지 못하고, 움직임도 없어지고, 가래 섞인 숨소리는 점점 약해져 갔고 몸이 매우 여위고 열이 펄펄 났다.

1월 2일(1951년), 어머니가 우리를 불러 놓고 결심한 듯이 말씀하셨다. "6·25 때는 그런대로 가족들의 목숨은 위협을 안 받았으나 이번에는 좀 다를 것 같다. 강 건너 흑석동에 살고 있는 결혼한 네 큰누나네가 지금쯤은 전부 피란을 가서 빈집일 것이고 우리가 거기에 가 있으면 누구인지 모를 터이니 목숨은 건질 수 있을 거다. 아버지가 위독하지만 너희들까지 죽일 수는 없다. 내일 아침에 너희들을 흑석동에 데려다 놓고 나는 다시 집으로 돌아와 아버지의 임종을 보고 나서 흑석동으로 갈 터이니 내일 아침 일찍 떠날 수 있게 간단한 짐을 꾸려라."

이튿날 일찍부터 서둘러 아침을 대충 때우고 아버지 방에 불을 충분히 때고 다섯 식구가 집을 나섰다.……신당동, 약수동을 거쳐 한남동 쪽을 향하다 보니 피란민의 수가 상당히 많았고, 길 한 편의 양쪽으로 새끼줄을 치고 군인들이 피란민들을 그 안으로 몰아넣고 있었다. 우리는 서로 떨어지지 않기 위해 손을 잡고 안으로 밀려 들어갔다. 이후에 우리가 할 수 있는 선택은 아무것도 없었다. 군인들은 이탈을 엄격하게 통제하였고 우리는 느리고 긴 피란민 행렬에 섞여 얼어붙은 한강에 가설한 부교를 건너 어디로 가는지도 모르는 곳으로 계속하여 움직여야 했다. 행렬을 따라 우리가 첫날밤 도착한 곳은 어디인지는 몰라도 흑석동과는 거리가 먼 곳이었다. 우리를 흑석동에 데려다 놓고 그 길로 집으로 와서 아버지의 임종을 맞으리라던 어머니의 계획은 완전히 불가능해졌다.

결코 죽지 않은 김동인

이것이 가족이 기억하고 설명할 수 있는 김동인의 마지막 장면이었다. "아버지 방에 불을 충분히 때고"라는 대목이 가슴 아프게 다가온다. 그 뒤는 알 수 없었다. 전쟁은 개인의 계획을 여지없이 방해하고 배반한다는 속성을 갖고 있다. 김동인의 가족들은 그렇게 해서 흑석동과는 전혀 거리가 먼 오산을 거쳐 온양의 피란민수용소에 정착할 수밖에 없었다. 이들이 다시 하왕십리의 집으로 돌아온 것은 무려 7개월 뒤였다.

> 1951년 8월 초순, 어머니가 서울에 갔다 오자고 하셨다. 어머니와 나는 무턱대고 온양에서 기차를 탔다. 기차 안에는 대부분이 군인들이었고 극소수의 민간인들이 타고 있었다. 한참을 달리더니 기차가 멈춰 섰고 차장이 우리에게 와서 의자 밑으로 숨으라고 했다. 헌병들이 한동안 서류들을 검문하고 지나간 후에 의자 밑에서 기어 나와 보니 기차는 한강 다리를 건너고 있었다. 당시 서울은 국군에 의해 재탈환은 되었으나 민간인 출입이 엄격히 통제되고 있었기 때문에 어머니가 미리 차장에게 손을 써 놓았던 것 같다. 서울역에서 내려 걸어서 왕십리 집으로 왔다. 집에 도착하니 아버지 방이 텅 비어 있었다. 집안을 다 돌아다녀 보아도 아버지의 흔적은 찾을 수 없었고, 다른 사람들이 살다 간 흔적만이 여기저기 있었다. 당황해하시는 어머니를 따라 뜰로 나가 보았다. 장마 뒤 끝이라 피란 가기 전에 집기들을 묻어 두었던 곳은 누가 다시 파간 흔적으로 웅덩이가 되어 물이 고여 있었고 창틀의 유리들이 많이 없어져 있었다.

집에서 약 20미터 정도 떨어진 밭고랑에서 잠옷을 입은 아버지의 시신을 발견할 수 있었다. 상당히 부패해 있었지만 잠옷과 형태로밖에 확인할 방법이 없었다. 한동안 망연자실해 계시던 어머니가 어디서 삽을 구해 오더니 밭의 흙을 파서 아버지의 시신을 덮었다. 그리고 일주일이 안 되어 다시 온양으로 돌아갔다.

 이것이 반년여의 시간을 건너뛰어 가족들의 눈으로 확인할 수 있었던 김동인의 주검이었다. 다시 그 뒤, 이들 가족이 9월 중순 완전히 서울로 귀환한 뒤의 이야기다.

 어머니는 근처에 있는 중앙시장에서 호떡 장사를 하느라고 아침 일찍 나갔다가 저녁 늦게 돌아오셨고, 누나들은 광화문의 경기여고로, 나는 무학국민학교 2학년으로 복교하였다.
 그해 11월 하순경이었다. 오후에 빨간색, 초록색 등으로 예쁘게 단장한 차가 집 앞에 서 있었고 어머니와 누나가 그 차에 타고 있었다. 철이 없던 나는 그 차에 타고 싶어 올라타려고 하였으나 어머니가 못 타게 하였고 야속하게도 그 차는 그냥 떠나버렸다. 저녁 늦게 어머니와 누나가 맥이 풀린 채 돌아왔다.
 홍제동 화장터로 아버지 유해를 모시고 갔던 것이고, 도착해 보니 전방에서 군인들의 사체가 하도 많이 와서 민간인을 화장해 줄 수 없고 계획에도 없으니 그냥 가라고 윽박질러 사정 끝에 군인 사체 20여 구와 같이 화장하여 누구의 뼈인지도 모르는 유골 일부를 받아 한강에 뿌리고 돌아왔다고 한다. 이렇게 해서 아버지의 육신은 영원히 우리 곁을 떠났다.

건강하던 시절의 김동인.
그가 육신의 흔적을 이 세상에 남기지 않은 것은 어쩌면 당연한 일이었다.
그는 이미 살아서 한국 근대문학사의 별이 되었고, 오늘날 우리가 사용하는
한국어 입말의 한 원형으로 살아남았기 때문이다.

이렇게 해서 김동인은 지상에 한 평 묘지조차 남기지 못했다.⁹ 그는 마지막 길에까지 이름 없이 숨져 간 군인들과 동행했다. 본래 신에게 묘지란 가당치 않은 것이다. 이 거장의 최후에 대해 김윤식은 자못 감회 어린 헌사를 남겼다.

> 진상은 이러하다. 김동인 그는 죽은 것이 아니었다. 그는 비쩍 마른 육체를 남겨놓고 꿈에 그리던 신이 되었던 것이다. 신은 죽지 않는다. 신이 죽을 땐 아무도 임종을 하지 않는다. 신이 죽을 땐 신만 임종을 지킨다. 신의 임종을 인간이 지켜볼 수 없다. 신은 혼자 죽는 것이다. 6·25 때문에 또 1·4 후퇴 때문에 혹은 마약 중독으로 그가 죽었다는 것은 한갓 풍문이다. 인간이 지어낸 거짓말이다. 그는 신이 되었기에 혼자 죽을 날짜와 시간을 골랐다. 그만이 할 수 있는 일이었다. "그래도 내가 신이 아니라고 말할 것인가?" 그렇게 말하면서 그는 스스로 무지개가 되었다. 그러기에 하늘의 무지개를 보는 사람은 김동인을 생각해야 한다. 그것을 우리는 한국 근대문학사라고 부른다.¹⁰

---

9 강원도 원주시 귀래면의 원주공원묘원에 김동인의 묘지가 마련되었다. 물론 가묘다. 지상에 김동인의 흔적이 남지 않은 것을 아쉽게 여긴 가족들이 1984년 이곳에 가족묘지를 마련하고 고인이 사용하던 수저 등의 유품을 먼저 묻었다. 부인 김경애는 2008년 타계한 뒤 이곳에 합장됐다. 이 가묘에 설치된 비석에는 그의 사망일자가 '1951년 1월 5일'이라고 되어 있다. 차남 김광명이 위에 소개한 특별기고문에서 "아버지는 …… 아마도 우리가 집을 떠난 1월 3일이나 늦어도 그다음 날쯤 돌아가셨으리라고 추정된다"고 썼던 것과는 다소 차이가 있다.
10 김윤식, 《김동인연구》, 민음사, 2000, 471쪽.

그토록 고고하게 '글'로 세상을 휘어잡던 김동인은 이렇게 해서 1951년 하왕십리 지역(홍익동)에서 세상을 떠났다. 그로부터 채 몇 년 지나지 않은 1956년, 바로 고개 너머 상왕십리 지역(황학동)에서 이번에는 장소팔이라는 한 광대가 혜성과 같이 나타나 만담이라는 '말'로써 국민의 웃음보따리를 책임지게 되었다.

말과 글은 본래 하나가 아니던가? 그럼에도 불구하고 오랜 기간 서로 서걱이던 관계의 말과 글을 김동인이 본래의 한몸, 즉 순구어체의 글로 돌려놓고, 그 바탕 위에서 장소팔이 꽃 피었다고 하면 지나친 얘기일까?

[04]

독립운동가 지청천과 김붕준, '새로운 고향'에서 맞대결

기호파와 서북파, 다르지만 함께 가는 길
칼과 펜, 함께 가다 보면 결국 만나는 길
민족통일전선, 당연하지만 어려운 길
광복, 각자 가는 길
맞대결, 누구에게도 만족스럽지 못한 결과

1888년생 동갑인 지청천池靑天(1888~1957)과 김붕준金朋濬(1888~1950)은 서로 다른 듯하면서도 같은 대의를 향해 나란히 난 길을 걸었다. '조국의 독립'이라는 절대 명제 아래서 개인 차이는 그들의 어깨동무에 아무런 문제가 되지 않았다. 특히 1937년 중일전쟁 발발 이후에는 대한민국임시

지청천과 김붕준이 함께 찍은 몇 안 되는 사진들 가운데 한 장이다. 김붕준은 앞줄 왼쪽 끝에, 지청천은 그의 바로 오른쪽에 나란히 앉았다. 임시정부가 마지막 기착지 충칭에 도착하기 직전인 1940년 5월 쓰촨성 치장에서, 한국독립당 집행위원과 감찰위원이 함께 찍은 사진이다. 이 사진에 나타난 두 사람의 표정이 각각의 성격을 잘 보여 준다.

정부 안에서 동지로서 한솥밥을 먹었다.

그러나 1945년 광복 이후의 정치적 행로는 그 이전과 판이했다. 그들이 과연 한때 같은 길을 걸었던 적이 있었을까 싶을 정도였다. 게다가 그들은 한 국회의원 선거구에 각각 다른 정파 소속으로 입후보해 맞대결을 벌이기까지 했다. 정적이 된 것이었다. 1950년 5월 30일 실시된 제2대 국회의원 선거의 서울 성동갑구(신당동, 금호동, 옥수동)가 그 현장이었다. 우리가 지금 살펴보고 있는 넓은 의미의 왕십리 지역이었다.

'동지'에서 '정적'으로! 과연 무엇이 그들의 길을 그토록 벌려 놓았나? 그들은 어디서부터 달라지기 시작했던 것일까?

기호파와 서북파, 다르지만 함께 가는 길

지청천은 서울 한복판 삼청동의 그리 넉넉하지 않은 집안에서 태어나 교동소학교를 졸업하고 기독교 계통의 배재학당에서 공부했다. 두 학교 모두 개화기에 설립된, 가장 오래된 학교들에 속했다. 그만큼 신문물을 받아들이는 데 빨랐다. 그는 배재학당 시절에 을사늑약(1905)을 경험하면서 일찍이 '무장력武裝力'이 아니고선 외세의 침탈을 물리칠 수 없다는 인식[1]에 따라 무인의 길을 걸었다.

그 뒤 지청천이 독립운동에 가담한 과정은 잘 알려져 있다. 대한제국 육군무관학교를 거쳐 국비유학생으로 일본 육군유년학교와 육군사관학교

---

[1] 지복영, 《역사의 수레를 끌고 밀며: 항일무장독립운동과 백산 지청천 장군》, 문학과지성사, 1995, 23쪽.

를 졸업한 뒤 제1차 세계대전에 참전했다가, 3·1운동 직후인 1919년 4월, 일본군 중위로 복무하던 만주에서 망명해 신흥무관학교 교관이 되었다.

여기서 분명히 할 것은, 지청천의 일본 육사 수학 및 일본군 경력이 그의 자발적 선택이 아니라 "근대적 군사기술을 습득"해 "후일 조국의 힘을 강화"하려는 대한제국의 국비유학생 자격으로 이뤄졌다는 점이다. 그런 점에서 국권 상실 이후 본의 아니게 일본군에 근무하던 지청천이 망명해 신흥무관학교 교관이 된 것은 아주 자연스러운 일이었다.

김붕준의 출발은 조금 달랐다. 그의 고향 평안남도 용강군 오신면 구룡리는 대동강 변의 전형적인 농촌[2]이었지만 1904년 우리나라에서 안식일교회가 가장 먼저 세워진 곳들 중 하나였다. 게다가 그의 집안은 부유한 편이었다.[3] 소년기 내내 고향에서 한학을 익히고 지내면서도 기독교를 통해 신문물을 접했다. 10대 후반인 1906년에는 상경해 서우학회(서북학회의 전신) 창립에 참여하고 그 뒤 보성중학교 농림과에 들어갔다.

보성중학교 재학 시기에 그는 안창호의 영향 아래에서 비밀결사인 신민회와 청년학우회 활동을 통해 국권회복운동에 가담했다. 졸업 후에는 고향으로 돌아가 대동강 지류의 간척사업을 벌였다.[4] 일종의 이상촌 건설운

---

[2] 김붕준은 공교롭게 김동인이 재혼한 김경애와 같이 평안남도 용강군 오신면 구룡리의 의성 김씨 집성촌 출신으로 김경애의 일가 할아버지뻘이었다. 그러나 외지로 나가 살던 서른한 살의 김붕준이 3·1운동 직후 중국으로 망명할 때 김경애는 불과 여덟 살이어서 직접 아는 사이였다고 보기는 어렵다. 김동인은 "나의 아내라는 사람이 평안남도 용강군 오신면 구룡리라는 시골 태생으로 평남 순안 의명학교와 평양 정의여중학교를 겨우 경유하며……"이라고 회고한 바 있다. 김동인, 〈문단 30년의 자취〉, 《신천지》 1949년 2월호 참조.
[3] 善生永助, 《朝鮮の聚落(後篇)》, 조선총독부, 1935의 〈동족부락〉 924쪽의 구룡리 편에는 이 부락의 최대 자산가(약 5만 원)가 김붕준의 맏형 김혁준金赫濬으로 소개되어 있다.
[4] 이명화, 〈독립운동 세력의 단결에 기여한 임시의정원 의장 당헌 김붕준 선생〉, 공훈선양학술강연회, 2013. 4. 18, 7쪽.

동이었다. 그 뒤 3·1운동에 참여했다가 지청천과 거의 같은 시점인 그해 4월 상하이로 망명해 임시정부 수립 때 군무부軍務部 서기로 임명되었다.

이렇게 두 사람의 배경은 상당히 달랐다. 출신 지역과 가정 사정, 관심사 등이 모두 달랐다. 그러나 이들이 세상에 눈을 뜨고 나라 되찾는 일에 나서게 된 계기는 똑같이 기독교와 신식 학교를 통해서였다.

칼과 펜, 함께 가다 보면 결국 만나는 길

두 사람은 이렇게 거의 같은 시점에 중국으로 망명했지만 활동거점이 달랐다. 지청천은 주로 만주에서 무장투쟁에 매진했고, 김붕준은 상하이와

지청천은 독립운동 전선에 나서면서 이름을 '이청천'으로 바꾸었다. 그는 만주 무장투쟁의 핵심인물로 떠오르면서 여러 차례 죽을 고비를 넘긴 것은 물론이고 '피살설'의 주인공이 되기도 했다. 왼쪽은 그의 피살설을 보도한 《동아일보》 1933년 2월 1일 자 보도, 오른쪽은 두 달여 뒤 그의 생존 사실을 확인한 《동아일보》 그해 4월 17일 자 보도.

광저우 등지에서 임시정부와 함께했다.

그 과정에서 지청천은 죽을 고비를 몇 번이나 넘겼다. 그는 자유시 참변(1921) 때 북만주로 탈출해 겨우 목숨을 건졌지만 그런 난관에도 굴하지 않고 러시아의 이르쿠츠크에서 고려혁명군사관학교를 조직해 무장투쟁의 기치를 유지했고, 1920년대 중반 이후 홍범도 등 무장투쟁 1세대가 물러난 가운데 명실상부한 핵심인물로 부상했다. 정의부 군사위원장(1925), 재만 한국독립당 군사위원장(1930) 등의 이력이 그런 상황을 잘 보여 준다. 특히 1932~33년 기간에 북·동 만주의 통합 독립군 조직인 '한국독립군'의 총사령관으로서 그가 이끈 쌍성 전투와 대전자령 전투의 큰 승리는 독립전쟁 시기의 빛나는 성과였다.

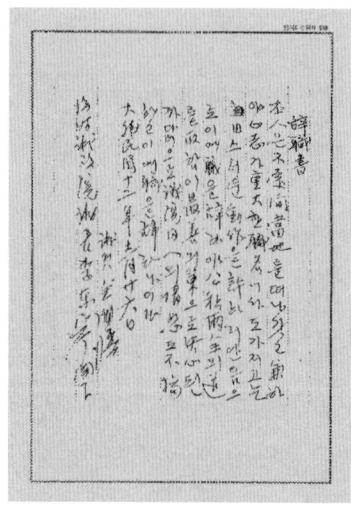 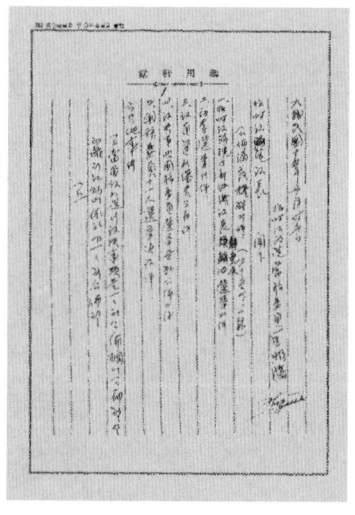

왼쪽은 김붕준이 광저우로 떠나며 임시의정원의 의원직을 부득이 사직하기로 결심했다며 제출한 '사직서'(1930년 12월 26일). 오른쪽은 김붕준이 광저우에서 활동이 안착된 뒤 다시 임시의정원에 복귀해 상임위원으로 활동하던 시기에 작성한 이른바 '공포 누락 각성의 건'(1933년 7월 22일). 자필로 작성된 이 두 문건은 내용과 형식에 있어서 김붕준의 꼬장꼬장한 성격을 잘 보여 준다.

그는 윤봉길 의사의 상하이 훙커우공원 의거(1932) 이후 중국 국민당 정부의 배려로 1933년 창설된 뤄양군관학교의 한국인 특별반에 책임자로 초청되면서 임시정부와 구체적인 관계를 맺었다. 그 뒤 1937년 중일전쟁 발발과 함께 임시정부가 대일 항전을 구체화하자 임정 군사위원이 되었고, 1939년에는 아예 국무위원으로서 군무부장 직책을 맡았다. 무장투쟁에 중심을 두는 독립운동 방략은 일관됐지만 그는 1933년, 만주에 근거지를 두고 임정을 지원 또는 연대하던 그 이전과 달리 아예 임정 안으로 들어와 자체 무장력을 조직하고 지휘하게 됐다. 활동 근거지를 관내關內(산해관 남쪽, 즉 중국 본토)로 옮겨 온 것이었다.

그에 반해 김붕준 활동의 중심은 흥사단이었다. 그는 1921년 상하이에서 흥사단에 가입했다. 단우 번호 204번. 이때를 전후해 상하이교민단 총무(1923) 등으로 활동했고, 박은식 대통령 체제에서 국무원 비서장(1924)이 되었다. 비서장 시절, 임시헌법의 제정과 개정 등 임시정부 체계의 확립에 중추 역할을 했다.

특히 김붕준은 회계 등 조직 운영에서 능력을 발휘했다. 공무의 와중에도 상하이 법정학교를 졸업했고(1924), 거기서 키운 능력을 바탕으로 임정 기관지 《독립신문》의 경리(1924), 상하이 교민 2세들을 위한 인성학교 교장(1930), 일종의 협동조합인 공평사公平社 조장(1931) 등을 맡았다. 1930년 임시의정원에 회계검사 업무를 전담하는 상임위원회가 신설되자 그 위원이 되었고, 윤봉길 의거 이후 안창호의 체포로 흥사단 조직이 곤경에 처하자 재무 담당(1932)으로 조직 안정에 큰 역할을 했다. 임정 안팎 여러 조직의 관리가 그의 몫이었다.

현재 남은 임시정부 문건들 중에서 재미있는 제목이 하나 눈에 띈다. 이른바 '공포 누락 각성의 건'이다. 말하자면 임시의정원은 '공보'를 통해 각종 의결사항을 공포하고 있었는데 언젠가 일부 의결사항이 누락됐던 모양이다. 그래서 당시 상임위원이던 김붕준이 실무자들에게 그걸 각성토록 촉구하면서 그 내용을 문건으로 제시한 것이다. 웬만하면 말로 해도 될 것을 이렇게 서류로 작성한 걸 보면 그의 성격이 꽤나 꼬장꼬장했음을 알 수 있다.

흔히 경영 또는 재무의 실무자들은 '보수화' 경향이 있다고 한다. 그러나 김붕준은 달랐다. 그는 민족주의 계열의 한국독립당 당원으로서 1932년 완전히 새로운 지역인 광저우로 파견돼 광동지부를 개척해 지부장이 되었다. 김붕준은 여기서 중국 측과의 통일전선 구축에 매개 역을 했다. 그런가 하면 의열단 계열 청년들과도 '동지' 관계를 유지해 향후 '좌우합작' 또는 '통일전선' 운동의 토대를 마련했다.[5] 그런 균형감각을 인정받아 김붕준은 임시정부가 가장 어렵던 1939년, 제31차 임시의정원 회의에서 제15대 의장으로 선출되기에 이르렀다.

이런 식으로 지청천과 김붕준은 각자 자신의 자리에서 자신이 가진 능력을 바탕으로 나라 되찾는 일에 매진하던 중에, 비로소 1933년에야 일로써 대면하게 되었다.

'관내'로 들어온 지청천이 중일전쟁 발발 때까지 임시정부 소재지인 난징에 거주하고, 김붕준이 광저우에서 업무차 정기적으로 이곳에 왕래하게 되면서 두 사람은 공사 간에 접촉이 많을 수밖에 없었다. 게다가 중일전쟁이 시작된 뒤에는 임시정부와 그 가족들이 창사→광저우→류저우→치장→충칭의 장장 5,000킬로미터가 넘는 피란길을 2년 이상 전전하는 동안 고락을 같이했다. 그보다 더 중요한 것은 1940년 5월 9일, 민족주의

---

5 이명화, 위의 글, 14~15쪽.

진영의 연합체인 한국독립당이 발족하면서 두 사람이 15인 집행위원에 함께 선임된 점이다. 그동안은 같은 목표를 향해 나란히 가는 배에 타고 있었다면 이제는 완전히 '한 배'를 타게 된 것이다.

민족통일전선, 당연하지만 어려운 길

지청천과 김붕준이 함께 탄 배는 그 무렵 대단히 위태로웠다. 임시정부 자체가 그랬다. 1932년 4월 윤봉길 거사 이후 상하이를 탈출해 난징 등지를 전전했고, 1937년 7월 중일전쟁 발발 이후에는 꼬박 2년 이상 '길 위'를 전전하거나 '물 위'에 떠서 지냈다. 이것은 수사修辭가 아니라 사실이었다.[6] 생존 이상의 어떤 일을 도모할 여유가 거의 없었다.

김붕준이 임시의정원 의장으로 선출된 것도 이 피란길이 최종목적지인 충칭重慶에 거의 다다른 1939년 11월 5일 치장綦江에서의 제31차 회의 석상에서였다. 그는 치장과 충칭 시기에 걸쳐 2년 가까이 의장 직무를 수행했다. 이 무렵 중일전쟁이 장기화 국면에 들어서고 임시정부도 1940년 충칭에 안착하면서 임시정부는 새로운 과제에 직면했다. 피란살이 동안 유야무야된 무장력을 재정비하는 일과 독립운동 진영을 통합하는 일이 그것이었다. 지청천과 김붕준은 그 각각을 자신의 일로 인식했다.

마침내 1940년 9월 17일 충칭에서 임시정부의 공식 무장세력인 광복군 총사령부가 구성됐다. 총사령에 지청천, 참모장에 이범석이 각각 선임됐고, 그 예하에 제1, 2, 3 및 제5지대가 편성됐다. 숙원사업 하나를 해

---

6   이명화, 위의 글, 14~15쪽.

두 사람이 함께 나온 사진은 상당히 드물다.
위쪽은 1940년 9월 17일 충칭의 가릉빈관嘉陵賓館에서 거행된
'광복군 총사령부 성립 전례'. 이날 한국과 중국의 국기가 나란히 걸린 데에서 알 수 있다시피
광복군은 중국 국민당 정부의 지원 아래 성립됐다. 앞줄 중앙의 김구 주석
왼쪽에 안경 쓴 이가 지청천 총사령이고, 여기에는 김붕준이 없다.
아래쪽은 그 성립 전례로부터 반년 뒤인 1941년 3월 6일,
광복군 모집을 위해 제3분처 위원들이 일본군 점령 지역으로 출발할 때의 기념사진.
뒷줄 가운데가 지청천 총사령이고, 가운뎃줄 오른쪽 끝이
김붕준 임시의정원 의장이다.

결한 것이었다. 그 뒤 광복군은 창설 1년여 만에 약 400명의 병력을 확보했다. 그 일의 중심에 지청천이 있었다.

다행인지 불행인지 모르겠다. 이렇게 광복군이 틀을 갖춘 직후인 1941년 12월 8일 일본군이 진주만을 기습함으로써 중일전쟁이 태평양전쟁으로 비화하면서 제2차 세계대전이 일어났다. 이틀 뒤 임시정부는 광복군을 바탕으로 대일 선전포고를 하기에 이르렀다.

이 무렵 중국의 국민당 정부가 임시정부를 포함해 한국의 망명 독립운동가들에게 부단히 요청한 일은 정치 및 군사 조직에서 좌우 통합, 즉 통일전선을 이루는 것이었다. 그 대상은 김구 등 민족주의 진영을 중심으로 한 임시정부 세력과 김원봉 중심의 민족혁명당 세력이었다. 때마침 민족혁명당이 1941년 5월 임시정부에 참여하기로 결정하면서, 한국독립당과 민족혁명당이 공동으로 임시정부를 운영할 것을 제의하고 나섰다.[7]

우리 독립운동가들의 가장 약한 고리, 즉 통합과 단결의 문제를 해결할 수 있는 정황이 무르익고 있었다. 그러나 다른 한편으로 각자 새로운 상황에서 주도권을 쥐기 위한 계산이 내면적으로 복잡하게 진행된 것도 사실이었다. 임정이 선뜻 움직이지 않았던 것이다.

이때 김붕준이 그 풀리지 않는 매듭을 칼로 잘랐다. 임시의정원 의장이던 그는 1941년 10월 제33차 회의에서 자신이 소속된 한국독립당과 사전 협의 없이 의원 보궐선거를 실시했다. 민족혁명당 사람들이 임시의정원에 들어올 수 있도록 자리를 마련하기 위한 것이었다.

그 대가는 혹독했다. 한독당은 임시의정원에서 그를 탄핵하는 것은 물

---

[7] 한시준, 〈1940년대 전반기의 민족통일전선운동〉, 《대한민국임시정부의 좌우합작운동》, 한울, 1995, 147쪽.

론이고 그의 주도 아래 실시된 선거를 무효화했다. 이에 질세라 김붕준도 뜻을 같이하는 당원들을 모아 이듬해 2월 김원봉의 민족혁명당으로 합류해 버렸다. 나중에 민족혁명당을 다시 탈당하긴 했지만 어쨌든 김구를 떠난 것이었다. 통합과 단결의 길은 멀고도 험했다.

그러나 어차피 이뤄질 일은 이뤄지는 법인가 보다. 1942년 좌우합작이 급류를 탔다. 우선 5월 김원봉의 조선의용대가 광복군 제1지대로 편입됐고, 10월엔 제34차 임시의정원 회의에 민족혁명당 등 좌익과 무소속 의원 17명이 처음 등원했다.[8] 김붕준이 시도했던 일이 꼭 1년 뒤 그대로 실현된 것이었다. 1944년 4월, 마침내 모든 노력이 결실을 맺어 임시정부에

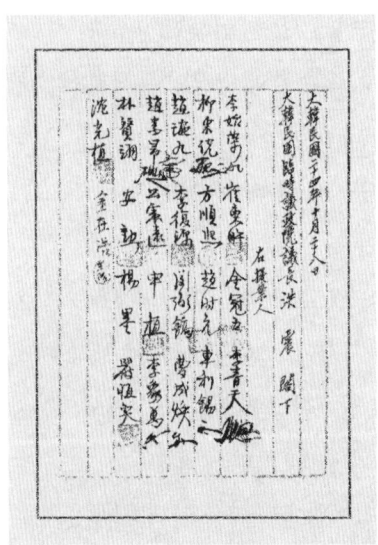
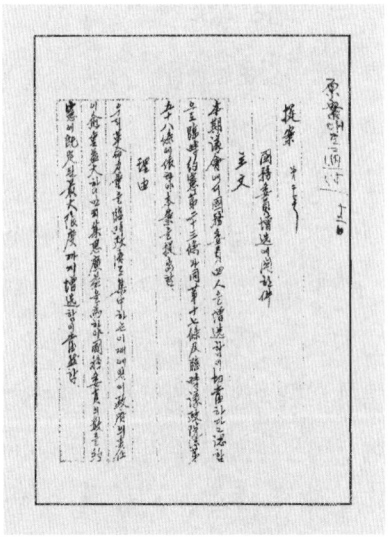

1942년 10월 임시정부 국무위원들이 함께 서명해 임시의정원에 제출한
'국무위원 증선增選에 관한 건'. 좌익 등이 임시의정원에 이어 임시정부에 국무위원으로
진입할 수 있는 자리를 마련하려는 것이었다. 제안자 명단의 첫 줄에 이청천의 서명이 눈에 띈다.
이 제안은 '원안 통과'되었으나 그 실현은 1944년 4월까지 기다려야 했다.

김규식이 부주석으로, 김원봉·장건상·성주식과 김붕준이 국무위원으로 참여하기에 이르렀다.

수년간 혼미한 가운데 요동쳤던 합작 정국은 이렇게 마무리되었다. 임시정부가 이런 좌우합작 형태로 해방을 맞은 것은 그나마 다행이었다. 군사적 통합에는 지청천이, 정치적 통합에는 김붕준이 각각 일정한 역할을 했던 것이다.

광복, 각자 가는 길

그렇게 해서 광복을 맞았지만, 그 뒤의 사정은 일일이 설명하기 힘들다. 준비가 부족한 가운데 맞은 광복은 필연적으로 정치 세력 간의 이전투구를 불러올 수밖에 없었다. 그런가 하면 임시정부의 정통성에 대한 미군정의 불인정, 그리고 그에 따른 광복군의 무장해제는 상황을 더욱 어렵게 했다. 임정 세력은 '정통성'과 '무장력'을 인정받지 못했던 것이다. 그 바탕에는 한국의 상황을 이해할 능력도, 의지도 없던 미군정의 요령부득이 깔려 있었다.

지청천과 김붕준이 해방된 조국의 건설을 위해 선택한 길은 대단히 달랐다. 특히 두 사람은 미군정과 관계 맺는 방식과 단독정부 문제를 보는 시각에서 결정적으로 달랐다.

---

8 당시 임시의정원에서 모두 한국독립당 소속인 기존 의원 23명은 그대로 자리를 유지하는 가운데, 새로 선출된 23명의 의원은 한국독립당 6명, 민족혁명당 등 좌익 진영 13명, 무소속 4명 등이었다. 한시준, 앞의 글, 155쪽.

우선 김붕준은 1945년 12월 1일 미군 비행기로 임정 요인 제2진이 되어 귀국했다. 1919년 망명 이후 26년 만이었다. 서른한 살에 떠난 조국으로 쉰일곱 살이 되어 돌아왔다. 귀국 직후 그는 임정 관계자 대부분이 그랬듯 이중의 소속을 가졌다. 하나는 '임시정부'라는 느슨한 관계망이었고, 다른 하나는 그들이 제각각 구성한 정파 중 하나인 '신진당新進黨(1946년 9월 결성)'[9]이라는 중간파 정당이었다. 임정 관계자 다수가 가입한, 김구 중심의 한독당이 아니었다.

신진당은 좌우파 독립운동 세력 모두에게 지원을 아끼지 않던 재미한족연합회, 천도교를 중심으로 한 민족주의 색채의 청우당, 임정 내의 중도파 신한민주당 등 8개 군소정당이 모여 이룬 정당이었다. 말하자면, 김붕준은 큰 틀에서는 임시정부 세력과 함께 가면서도 구체적인 행동에 있어서는 좌우합작 등으로 김구와 다른 길을 걸었다.

이 무렵 김붕준의 행동반경은 미군정이 지원하는 좌우합작위원회를 중심으로 형성됐다.[10] 이것은 임시정부 말기에 임시의정원 의장으로서 좌우합작을 위해 노력하던 일의 연장선상에 있었다. 나름대로 일관된 길이었다. 이 위원회는 임정이 승전국 정부로 인정받지 못하는 상황에서는 국제적 프로세스를 존중하지 않을 수 없다는 현실 인식을 바탕으로, 미군정

---

9 미소공동위원회 미국 측 대표단의 보고에 따르면, '신진당New Progressive Party'의 당원은 '3,000명', 정치적 성향은 '온건 우익Mod. Right'이었다. 정용욱 편, 《해방 직후 정치·사회사 자료집 제5권》, 다락방, 1994, 635쪽 참조.
10 제2차 세계대전 후 한반도 문제 처리 프로세스의 국제적 합의인 모스크바 삼상회의 결정("민주임시정부 수립", "미소공동위원회 설립", "신탁통치")을 실현하기 위해 미군정은 정치적 협상기구로 '좌우합작위원회', 각종 법령의 초안을 마련하는 기구로 '남조선과도정부 입법의원'을 각각 설치했다. 두 기구 모두 극좌와 극우가 배제된 좌우 진영의 온건파 중심이었다. 이 가운데 좌우합작위원회에 민족주의 진영에서는 김규식, 원세훈, 김붕준, 안재홍, 최동오가, 사회주의 진영에서는 여운형, 박건웅, 장권, 강순, 여운홍이 참여했다. 김붕준은 입법의원에서는 '헌법 및 선거법 기초위원장'을 맡았다.

이 마련한 기구 속에서 국민적 합의를 통해 신탁통치를 배제하려는 것이었다. 그러나 극좌와 극우의 원심력이 워낙 강했다. 조선공산당은 이미 불법화됐고, 이승만은 단독정부 수립의 길로 나아가고 있었다. 좌우합작은 난망이었다. 그런 와중에 김붕준은 여운형의 암살(1947년 7월 19일) 이후 중간파의 결집을 위해 김규식이 국민운동체로 구성한 민족자주연맹(1947년 12월)에도 가담했다.

우여곡절 끝에 1948년 5월 10일 남한 지역에서만 제헌의원 선거가 실시되자 김구·김규식을 필두로 임정 요인 상당수는 이 선거에 참여하지 않았다. 김붕준도 '불참' 대열에 섰다. 한반도의 분단을 기정사실화하는 정치 행위를 하지 않겠다는 것이었다. 그런 꼴을 보려고 독립운동을 한 것이 아니었기 때문이다.

이 시기 김붕준의 마지막 정치 행위는 그해 4월 21일부터 5월 5일까지 남북협상을 위해 민족자주연맹 대표로 김구·김규식 등과 함께 평양에 다녀온 일이었다. 그러나 그때는 이미 남한에서의 5·10제헌의원 선거가 기정사실화되어 있던 때여서 소득이 있을 수 없었다.

현실정치란 냉혹한 것이다. 제헌국회와 새 정부가 구성되자 그에 참여하지 않은 사람들은 사실상 정치 낭인의 길로 들어섰다. 그 무렵 김붕준은 서울 성동구 신당동 57-10[11]에 위치한 적산(약 200평)에 살고 있었다. 한강 변의 응봉동에서 왕십리 중심가로 이어지는 연결도로 주변이었다. 크게 보아 '왕십리 권역'이었다. 1948년 여름 정부 수립 이후 김붕준은 이곳에 칩거하다시피 했다. 그 시기에 김구도 암살(1949년 6월 26일)됐다.

---

11 무학봉 아래 난계로 서쪽에 위치한 이 장소는 원래 상수도 수원지(현재 응봉공원) 아래 한적한 경사지로서 '신당동 산16-35'에서 분할된 곳이다. 그러나 지금은 지번이 다시 바뀌고 '동화동 현대아파트' 단지로 정비되어 옛 흔적을 찾을 길이 없다.

낙담은 더욱 깊어 갔다.

이에 비해 지청천은 상당히 다른 길을 걸었다. 광복 직후 그는 새 나라 건설에 광복군이 토대가 되어야 한다고 보았다. '광복군의 10만 확군擴軍', '만주 경유 국내 진입'¹² 등이 그의 계획이었다. 그래서 임정 요인들의 1, 2차 환국 대열에 끼지 않고 상당 기간 상하이에 남았다.

그사이 지청천은 미군정으로부터 '경비대 창설' 참여를 권유받았지만 거절했다. 광복군의 인정 없이 개인 자격으로 귀국해 미군정하의 경비대에 참여하는 것은 굴욕이라는 것이었다.¹³ 이렇게 차일피일 하던 중에 1947년 미국 방문 후 귀국하던 이승만이 마침 상하이에 들러 지청천을 설득했다. "백산白山(지청천의 호)의 힘이 긴요하다"는 것이었다. 그는 결국 장제스가 제공한 비행기 편으로 이승만과 함께 그해 4월 22일 서울 여의도비행장으로 귀국했다. 망명한 지 28년 만의 일이었다. 서른한 살에 떠난 조국으로 쉰아홉에 돌아왔다. 무장武將으로서 그렇게 귀국하는 그의 심정은 허탈했다. 광복 전선에서 산화한 동지들이 떠올라서 슬펐고, 광복군의 진용을 이루어 귀국하지 못하는 안타까움은 이루 말로 다 할 수 없었다.

---

12 '광복군의 확군'과 '만주 경유 국내 진입'은 1945년 광복 이후~1947년 말 중국 국공내전의 추가 마오쩌둥 쪽으로 기울 때까지 김구가 갖고 있던 극우적·전투적인 건국 및 통일 방략의 중요한 기둥들이었다. 김구는 1948년 초 극적으로 남북대화 노선으로 전환하면서 국내정치의 합작선을 이승만에서 김규식으로 바꾸었다. 이 과정에 대해서는 정병준, 염인호 등의 선구적인 연구가 있고, 〈미군정 정보보고서〉(이른바 G-2 보고서) 제14권 중 '주간정보요약보고서' 제112호(1947. 10. 26~11. 2)에 수록된 '김구의 한국전쟁 계획'도 대단히 시사적이다.

13 지복영, 앞의 책, 396~397쪽. 당시 임정 요인들은 이 경비대 참여 문제를 두고 찬반 양론으로 갈려 있었다. 미군정이 지청천의 거절로 그를 대신해 경비대장 격인 통위부장에 임명한 인물은 유동열(1879~?·납북)이었다. 유동열은 군 경력에서 지청천보다 앞선 대한제국 무관 출신으로서 임시정부에서 군무부장 등을 지냈고, 해방 직전 김붕준 등과 함께 신한민주당 소속이었다.

이 무렵 그가 심혈을 기울인 작업은 대동청년단의 창설이었다. 난립한 청년단체들을 미군정의 입김 없이 통합해 자주적인 건군의 구심점으로 세우겠다는 것이었다. 1947년 9월 21일 그를 단장으로 대동청년단이 창설됐다. 기념식 석상에서 김구는 "백산에 협조하지 않는 사람은 배신자"라고 강조하기도 했다.

이렇게 이승만과 김구 사이에 끼어 있던 지청천은 마침내 이승만을 선택했다. 대동청년단을 바탕으로 제헌의원 선거에 참여한 것이었다. 그는 서울 성동구에서 출마해 전국 최다득표의 기록으로 화려하게 정치인의 길로 들어섰다.[14] 뒤늦은 귀국이 충분히 보상받는 것 같았다.

제헌국회에서 그의 역할은 '헌법 및 정부조직법 기초위원'이었고, 전원위원회 위원장으로도 선출됐다. 그러나 제헌국회 시기의 지청천은 이승만과 계속 갈등했다. 지청천은 정부 형태를 내각책임제로 하자는 입장이었고, 주요 기업을 국유화하는 데에도 찬성이었다. 이런 것들은 모두 임시정부의 일관된 입장이었다. 지청천은 비록 김구와 갈라섰을망정 그런 원칙적인 입장들만은 유지하고 있었다. 그러나 이승만은 이런 문제들에서 전혀 달랐다. 그가 제시한 최고국방회의 구상안도 이승민에게 받아들여지지 않았다. 이렇게 동분서주하던 와중에 그는 차남이 1948년 육군 소위로 여수·순천사건 진압에 투입되어 숨지는 아픔을 겪기도 했다.

지청천은 결국 이승만 대통령과 자유당을 견제하기에는 청년 조직만으로는 부족하다고 판단했다. 한독당을 떠난 신익희, 한민당의 김성수 등과 함께 1949년 2월 민주국민당('민국당'으로 약칭)을 결성했다. 한국 정당

---

[14] 지청천은 서울 성동구에서 출마했음에도 불구하고 당시 선거기록에 따르면 거주지는 '서울 동대문구 창신동 649'였다.

사상 최초로 야당을 자임하며 결성된 정당이었다. 그는 야당은 야당이되 김구 계열로는 돌아가지 않았던 셈이다.

이렇게 보면 김붕준과 지청천, 두 사람은 해방 이후 한국전쟁에 이르기까지 5년 동안 대단히 다른 길을 걸었음을 알 수 있다. 전혀 교류한 흔적이 없다.

한 가지 공통점이 있다면 두 사람 모두 김구 곁을 떠났다는 점이다. 김붕준은 김규식 계열로, 지청천은 이승만을 거쳐 신익희와 함께하는 길로 각각 나아갔다. 전혀 다른 길이었다. 그런 과정을 거쳐 지청천은 제헌국회에 진출했고, 김붕준은 단독정부 수립에 반대하며 선거 출마 자체를 거부했다. 더욱 멀어졌다. 그렇게 멀어진 가운데 굳이 한 가지 공통점을 더 찾자면 두 사람 다 그 시기에 정치인으로서 그리 만족스럽지 못했던 것 같다. 지청천도 의회에 진출하고 각종 직책을 맡기는 했지만 그의 뜻이 관철된 흔적은 그리 많지 않다.

맞대결, 누구에게도 만족스럽지 못한 결과

드디어 마지막 국면이다. 1950년 5월 30일 제2대 국회의원 선거 때 두 사람이 같은 지역구에서 맞붙었다. 이것은 예상하기 어려운 일이었다. 역대 선거에서 독립운동가들이 대결한 지역구가 없지 않았겠지만 임시정부의 지도자급 인물들끼리 맞붙은 경우는 여기가 유일했다.

그렇게 된 1차적인 이유는 그 시점에 두 사람이 모두 성동갑구[15] 지역인 신당동에 살고 있었기 때문이다. 김붕준은 앞서 소개한 '신당동 57-10'에, 지청천은 제헌선거 때와 달리 '신당동 304-277'에 거주했다. 지청천이 살던 곳은 김붕준과 마찬가지로 적산이었지만, 위치가 조금 더 도심지에 가까운 광희문 맞은편 언덕 위 광희문교회 뒤편이었다.

그러나 사는 곳이 거기라고 무작정 출마한 것은 아닐 것이다. 게다가 이미 제헌국회 선거 때 지청천이 당선된 곳에, 당초 '현실정치 거부파'였던 김붕준이 생각을 바꿔 뛰어들 때에는 특별한 결심이 있었을 것이다. 현재 우리는 김붕준의 결심 내용을 알 만한 구체적인 자료를 갖고 있지 못하다. 그저 그 시점에 두 사람의 정치적 입지가 출발점을 떠올리기에는 너무도 멀리 떨어져 버렸던 것이 아닌가 생각된다.

지청천은 '민주국민당'을, 김붕준은 '민족자주연맹'을 각각 간판으로 삼았다. 두 정파 모두 이승만 대통령의 노선에 반대하는 야당이었다. 그러나 민주국민당은 한국민주당을 뿌리로 구성된 원내 우파 정당인 반면, 민족자주연맹은 중도우파 정도의 노선이긴 했지만 한국민주당과 달리 좌우합작·남북협상 등 제3의 길을 추구해 온 '장외 정파'였다. 바로 이들 중간파 정치인들이 '제도권 정치'에 진입하기 위해 대거 출마한 것이 바로 제2대 선거였다.

선거는 대단히 복잡하고 혼탁했다. 2024년까지 모두 스물두 차례 실시된 국회의원 선거 가운데 이때의 평균 경쟁률이 10.5 대 1로 가장 높았다. 이 기록은 앞으로도 쉽게 깨질 것 같지 않다. 이때 성동갑구에는 출마자가 무려 14명이었다. 그리고 또 한 가지! 이 중간파 세력이 서울·부산 등 대도시를 중심으로 바람을 일으키는 것에 위협을 느낀 이승만 대통령이 이들을 '공산당', '불순 세력' 등이라 비난함으로써 경찰 당국도 노골

---

15 제헌선거 때의 '성동구'가 제2대 선거 때는 갑구와 을구로 분구되었다. 갑구는 신당동, 금호동, 옥수동 등 주로 광희문 밖에서 한강 변에 이르는 지역이었고, 을구는 그 외의 성동구 모든 지역이었다.

1950년 제2대 국회의원 선거 당시의 《경향신문》 보도들.
위쪽(5월 27일 자)은 선거 직전 이승만 대통령이 "한때의 (미·소)공동위원회니 (좌우)합작이니의 미상迷想도 버리고 굳은 결심으로 합쳐 제정된 헌법을 지키고……"라는 식으로 노골적으로 중간파를 공격한 것이 눈에 띈다. 아래쪽(5월 29일 자)은 선거를 불과 이틀 앞둔 28일부터 서울시 경찰국이 김붕준 등 중간파 정치인 8명을 불러 조사 중이라는 보도다.

적으로 이들의 출마와 선거운동을 방해했다. 한국 정치사에서 '색깔론의 원점'이 바로 이 선거였다. 김붕준이 그 덫에 걸렸다.

당시 서울시경 국장의 발표에 따르면, 김붕준 등은 "표면으로는 애국자처럼 가장하고 그 이면으로 괴뢰집단과 호응하여 좌익 프락치를 국회에 침입시키고자 책동 중에 있는 좌익 계열"이라는 것이었다. 이 발표는 선거에 큰 영향을 미쳤다. 나아가 조소앙에 대해서는 선거 전날 "공산당 자금을 받아 쓴 것이 탄로나 월북했다"는 벽보와 삐라가 나돌아 본인이 투표일 새벽 지프에 확성기를 달고 "내가 여기 있다"고 외치며 선거구를 돌았다. 김붕준에 대해서는 "후보를 사퇴했다"는 흑색선전이 나돌아 마찬가지로 투표일 아침에 차를 타고 선거구를 돌며 '존재 증명'[16]을 해야 했다. 그런 세상이었다.

그렇게 치러진 선거의 결과는 어땠을까? 선거 직전 '조사 중'이라고 발표된 중간파 정치인 8명 가운데 조소앙(서울 성북구)은 전국 최다득표로 당선됐고, 원세훈(서울 중갑구)과 윤기섭(서울 서대문을구)도 악전고투 끝에 당선됐다. 그러나 김붕준이 1,000여 표 차의 2위로 낙선한 것을 포함해 나머지 5명은 결국 난국을 헤어나지 못했다. 명암이 엇갈렸다.

그러면 이 선거에서 민주국민당은 어부지리를 누렸을까? 그것도 아니었다. 전국 210개 선거구에 154명이 출마해 지청천을 포함해 24명이 당선되는 데 그쳤다. 선거가 이승만 대 중간파의 보·혁 대결로 치러지는 가운데 기존 보수정당들의 존재가 부각되지 못한 탓이었다. 조병옥 등 민주국민당의 거물들과 이승만 지지 세력은 "추풍낙엽처럼" 떨어졌다.

---

16 당시 김붕준의 선거 상황과 뒷얘기는 강원룡, 《역사의 언덕에서 2. 전쟁의 땅 혁명의 땅》, 한길사, 2003, 53~54쪽에 조금 더 상세하게 나와 있다.

그 대신 무소속이 126명이나 당선됐다. 전체 의석의 60퍼센트였다. 제헌의회 때의 42.5퍼센트보다 훨씬 많았다. 이 무소속 당선자 기록 역시 앞으로 깨질 것 같지 않다. 요즘 식으로 표현하면 '정치혐오'의 결과였다. 이 무소속 당선자들 중에는 중간파 또는 중도파 성향으로 분류되는 인물이 많았다.

결과적으로, 김붕준은 원내 진출에 실패했고, 지청천은 재선의원이 되었다. 맞대결한 두 사람이 편한 사이일 수 없었다. 그렇다고 노골적으로 대립한 흔적도 별로 없다. 지청천 입장에서는 이승만과 당국이 충분히 김붕준을 공격해 주니 굳이 자신이 나설 필요가 없었을 것이고, 김붕준 입장에서는 지청천보다 이승만 측의 무차별 공세를 막아 내는 데 급급했을 것이다.

두 사람 다 만족스러울 수 없는 선거였다. 차라리 두 사람이 정책과 노선을 놓고 확실하게 승부를 가렸더라면 시원했을지도 모르겠다. 그랬더라면 임시정부 출신들의 노선 분화를 분명하면서도 설득력 있게 보여 주는 기회가 되었을 것이기 때문이다.

그렇게 해서 이 지역을 '새로운 고향'으로 삼아 뜻을 펼쳐 보려던 두 독립투사의 정치 참여는 쓸쓸하게 끝났다. 선거 뒤 한 달이 채 안 돼 벌어진 한국전쟁 때 김붕준은 납북되어 가던 길에 황해도 서흥 인근에서 미군기의 공습에 숨졌다. 지청천은 전쟁 기간 중인 1952년 '대동단결', '정국 수습' 등의 명분 아래 이승만의 자유당에 입당했으나 건강 악화 등으로 특별한 활동을 하지 못했고, 1954년 제3대 국회의원 선거에는 아예 출마를 포기한 뒤 1957년 숨졌다.

두 사람 모두 청춘을 바쳐 이루고자 했던 조국 독립의 완전한 달성, 즉 통합과 통일의 길에 이르지 못한 채 세상을 떠났다. 왜 그렇게 된 것일까? 그 통합과 통일은, 늘 그렇듯이, 칼과 펜, 좌와 우, 남과 북, 명분과

실질 등의 대립을 적극적으로 넘어설 수 있느냐는 문제였을 것이다. 바로 그런 대립항의 갈등과 공존이라는 숙제를 지청천과 김붕준이 이 왕십리 지역에서 우리에게 남겨 준 것은 아닐까? 60여 년 뒤의 우리는 그때로부터 얼마나 나아간 것일까?

[05]

1920년대 막노동자 진 서방, "서울이 도깨비굴이었던가?"

한반도에 닥친 두 가지 모순이 충돌하는 현장
예나 지금이나 술 한잔 마셔야 잘 수 있는 세상
장소의 유전
유령의 장소
가산假山 또는 택견 놀이의 현장
큰길, 당국의 권위가 미치는 곳
'도처개유귀신到處皆有鬼神'
늘 그렇듯 결국 원점으로

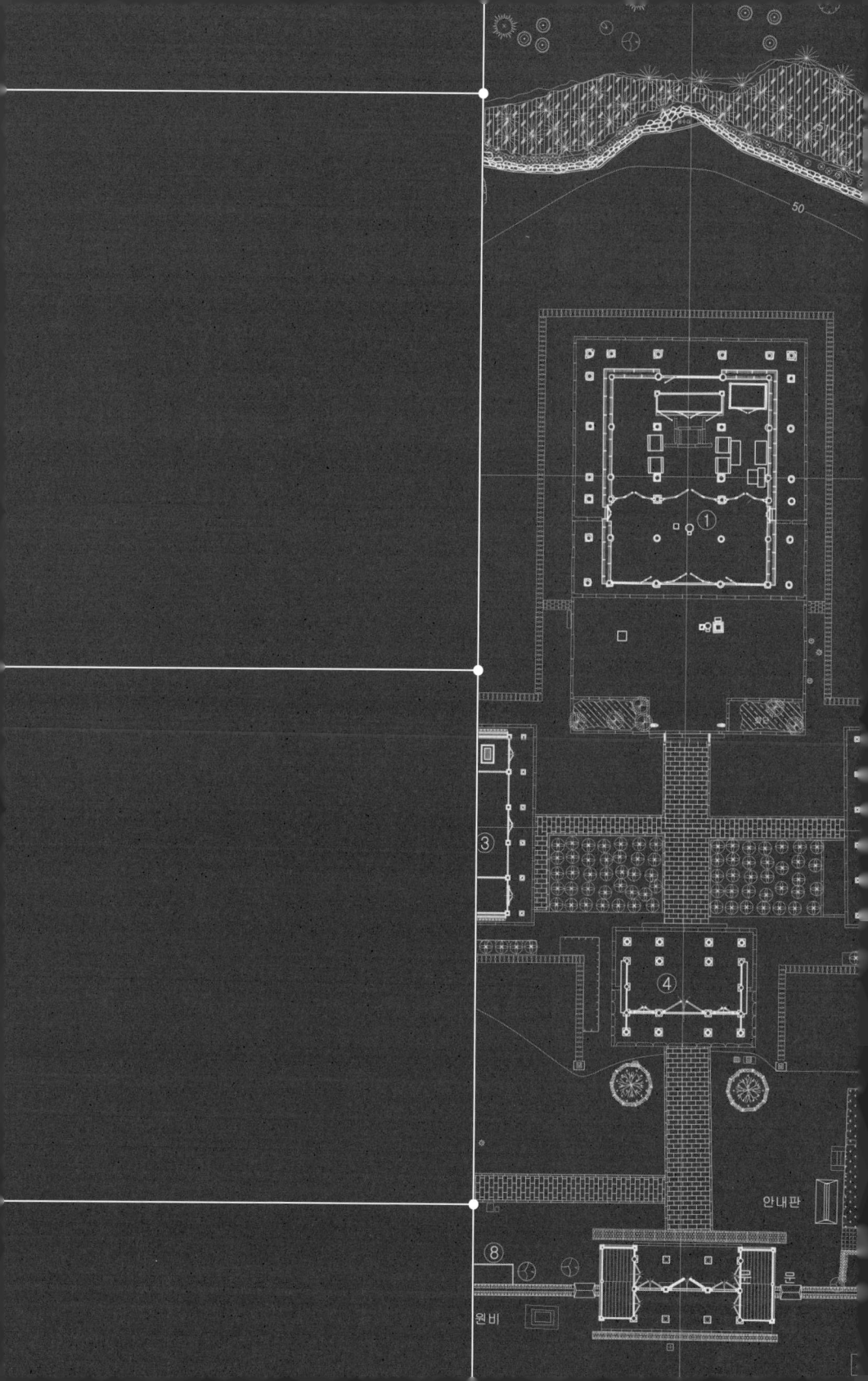

이효석(1907~1942)은 서정적인 문체로 향수鄕愁와 심미審美의 문학 세계를 구축한 것으로 평가되는 소설가다. 그의 일반적인 작품 경향에서는 다소 일탈해 있지만 대표작 〈메밀꽃 필 무렵〉(1936)은 그의 작가적 능력을 유감없이 보여 주는 작품이다. '시로 쓴 소설'이라는 말이 무색하지 않다.

이지러는졌으나 보름을 갓 지난 달은 부드러운 빛을 흐뭇이 흘리고 있다. 대화까지는 팔십 리의 밤길. 고개를 둘이나 넘고 개울을 하나 건너고 벌판과 산길을 걸어야 된다. 길은 지금 긴 산허리에 걸려 있다. 밤중을 지난 무렵인지 죽은 듯이 고요한 속에서 짐승 같은 달의 숨소리가 손에 잡힐 듯이 들리며, 콩 포기와 옥수수 잎새가 한층 달에 푸르게 젖었다. 산허리는 온통 메밀밭이어서 피기 시작한 꽃이 소금을 뿌린 듯이 흐뭇한 달빛에 숨이 막힐 지경이다. 붉은 대공이 향기같이 애잔하고 나귀들의 걸음도 시원하다.

중고등학교 교육을 받은 한국인이라면 한 번쯤 읽어 보았을 대목이다. '짐승 같은 달의 숨소리'라든가 '소금을 뿌린 듯'한 달빛 아래 드러난 메밀밭의 묘사는 한국어 표현의 한 정점을 보여 주는 것이다. 그 이효석이 쓴 다른 소설 작품 가운데 이런 대목이 있다.

> 유령이 적어도 문명의 도시인 서울에 오히려 꺼림없이 나타나고 또 서울이 나날이 커가고 번창하여 가면 갈수록 유령도 거기에 정비례하여 점점 늘어가니 이게 무슨 뼈저린 현상이냐! 그리고 그 얼마나 비논리적, 마술적 알지 못할 사실이냐! 맹랑하고도 기막힌 일이다. 두말할 것 없이 이런 비논리적 유령은 결코 있어서는 안 될 것이다.

이효석의 처녀작 〈도시와 유령〉(1928)의 한 대목이다. 같은 작가의 작품이라고는 도저히 믿어지지 않는 문장이다. 두 작품의 배경이 농촌과 도시로 구별되는 것은 그렇다 치고, 감성적 묘사와 논리적 설득, 낭만적 정서와 모던한 필치의 대립이 너무도 뚜렷하다.

사실 이효석은 등단 초기에 고등학교 및 대학교 1년 선배인 유진오와 함께 '동반자同伴者 작가'로 불렸다. 여기서 '동반'이라는 말은 당시 문단의 한 흐름이던 카프KAPF[1] 계열에 속하지는 않았지만 그에 동조하면서 유사한 작품 경향을 보였다는 뜻이다. 바로 이 작품이 정확하게 그런 경향을 반영하고 있다.

---

[1] 카프KAPF는 '조선프롤레타리아예술동맹'이라는 뜻을 가진 에스페란토어 표기의 약칭이다. 1925년 8월 '일체의 전제 세력과 항쟁한다', '예술을 무기로 조선 민족의 계급적 해방을 목적으로 한다'는 강령 아래 결성되어 활동하다 1935년 5월 해산했다.

여기서 이효석은, 다른 카프 계열 작가들이 주로 노동자와 농민층을 주목했던 것과 달리, 도시 빈민층에 관심의 초점을 맞추었다. 그리고 〈도시와 유령〉에서 '진 서방'이라는 날품팔이 일꾼의 일상을 충실하게 따라간다. 그런데 그가 움직이는 하루의 동선이 서울 도심지 밖, 즉 동대문과 광희문 밖의 청계천 주변 지역에 못 박혀 있다. 쳇바퀴 돌듯이 그 지역에서 일하고, 먹고 마시며, 잠을 잔다. 지금으로 치자면, 청계천 남쪽의 신당동 변두리와 황학동·흥인동, 청계천 북쪽의 숭인동과 창신동 정도일 텐데 한 치도 그 범위를 벗어나지 않는다. 아마도 이 지역을 장소적 배경으로 삼은 몇 안 되는 현대소설들 가운데 하나일 것이다.[2]

그러던 어느 날 진 서방이 이 동네에서 '유령'을 만난다. 오늘이 어제 같고, 내일도 오늘과 같을 수밖에 없던 그의 일상에 일대 사건이 벌어진 것이다. 그날 그의 움직임을 따라가다 보면 과연 이 지역이 어떤 성격의 장소인지, 왜 이 장소에서 유령을 만날 수밖에 없었는지가 자연스럽게 드러난다. 우리도 진 서방과 함께 그 길을 따라가 보자.

한반도에 닥친 두 가지 모순이 충돌하는 현장

동대문 밖에 상업학교가 가제假製될 무렵이었다. 나는 날마다 학교 집터에 미장이로 다니면서 일을 하였다. 남과 같이 버젓하게 일정한 노동을 못하고 밤낮 뜨내기 벌이꾼으로밖에는 돌아다니지

---

2 이효석의 〈도시와 유령〉의 장소적 배경은 정확하게 왕십리는 아니고 '왕십리의 주변 지역'이었다. 왕십리를 배경으로 삼은 소설로 한국문학사에서 거론되는 작품으로는 그로부터 근 반세기 뒤에 나온 조해일의 〈왕십리〉(1974) 정도가 있다.

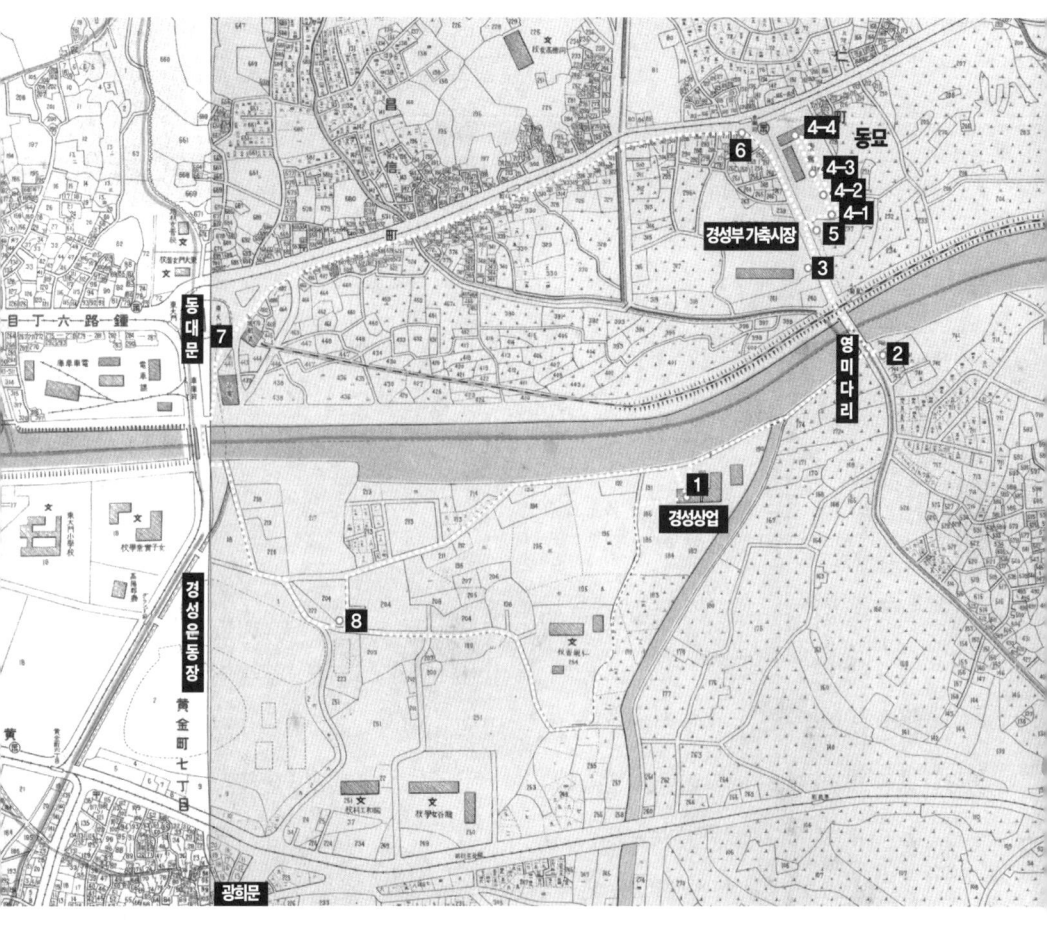

조선총독부가 실측 제작한 〈대경성정도大京城精圖〉(1935)에서 찾아본 '진 서방'의 하루 동선.
1. '경성상업'. 2. 영미다리 남쪽의 행길 가 주점가. 3. '경성부 가축시장. 4. 동묘東廟.
5. 동묘 앞 버드나무. 6. 동묘파출소 앞. 7. 동대문 담 옆. 8. 시구문 밖 등이다. 이 가운데 진 서방이 유령을 만난 장소인 동묘는 정문(4-1), 정문 안 마당(4-2), 중문(4-3), 정전(4-4) 등으로 세분될 수 있다.

못하는 나에게는 그래도 몇 달 동안은 입에 풀칠을 할 수 있었다 마는 과격한 노동이었다.

그러므로 하루라도 쉬어 본 일은커녕 한 번이라도 늦게 가 본 적도 없었다. 원수같이 지글지글 타내리는 여름 태양 아래에서 이른 아침부터 저녁때까지 감독의 말 한마디 거슬리는 법 없이 고분고분히 일을 하였다. 체로 모래를 쳐라, 불같은 태양 아래에 새까맣게 타는 석탄으로 '노리'를 끓여라, 시멘트에다 모래를 섞어라, 그것을 노리로 반죽하여라 하여 쉴 새 없는 기계같이 휘몰아쳤다.

그 열매인지 선물인지는 알 수 없으나 우리들이 다지는 시멘트가 몇백 간의 벌집 같은 방으로 변하고 친구들의 쨍쨍 울리는 끌 소리가 여러 층의 웅장한 건축으로 변함을 볼 때에 미상불 우리의 위대한 힘을 또 한 번 자랑하지 않을 수 없었다.

'나(진 서방)'라는 주인공이 언제, 어디에서 일용직 노동자로 일하고 있었는지 바로 확인되는 대목이다. 이 소설 어디에서도 '진 서방'의 이름은 확인되지 않는다. 굳이 그의 이름을 알 필요도 없다. 도시의 익명성이란 그런 것인가 보다. 그러나 고맙게도 이효석은 이 소설의 시공간적 배경만은 아주 정확하게 특정해 주었다.

우선 1920년대에 '동대문 밖'에 설립된 '상업학교'는 경성부가 설립을 신청하고 조선총독부가 인가한 '경성공립상업학교'뿐이다. 이 학교는 기본적으로 조선으로 건너 온 일본인의 자식들을 위한 중학교 과정의 학교였다. 앞의 지도에는 '경성상업'이라고 표기되어 있다. 일제강점기에 신당동 지역이 한반도로 옮겨 온 일본인들의 집단거주지로 개발되면서 각급 학교들도 여럿 함께 들어섰다. 총독부가 자국민들을 집단 이주시키려면 그 자녀들을 위한 학교는 기본이었기 때문이다. 경성상업도 그중의 하나였다.

이 학교의 위치는 당시 행정지명으로는 '경성부외 경기도 고양군 한지면 신당리'였고, 지금은 '서울특별시 중구 흥인동 1–1'이다. 지금 이 자리에는 성동공업고등학교가 자리 잡고 있다.[3] 이렇게 설명하면 더욱 피부에 와 닿을 수 있겠다. 청계천 남쪽의 청평화시장이 끝나는 지점에서 동쪽의 차도를 건넌 위치로서, 광복 이후 지금까지 반세기 이상 우리나라에서 가장 유명한 중고물품 시장으로 자리를 굳히고 있는 황학동 시장을 끼고 있는 자리다. 장소팔의 동상이 바로 이 학교 담벼락 밖의 청계천 변에 서 있다.

그러면, 바로 이곳에서 진 서방이 경성공립상업학교 신축공사장의 미장이로 일했던 시점은 언제일까? 조선총독부의 관보와 각종 언론보도 내용을 종합하면, 이렇게 추정해 볼 수 있다. 즉, 1922년 6월에 학교 설립이 인가된 뒤 1923년 이곳에 부지가 마련되고 1924년 4월 신축공사가 모두 끝나 교사로 정식 사용되었다니 그가 '원수같이 지글지글 타 내리는 여름 태양 아래' 일했던 시기는 1923년 여름일 수밖에 없다.

그런데 그 뜨거운 여름에 상업학교가 '가제(假製, 임시로 만듦)' 되었다는 것을 보면 이 학교는 아마도 1923년 초 이미 학생을 모집하고 이곳에 임시 교사를 지어 수업을 진행하고 있었던 모양이다. 그런 만큼, 아무리 늦어도 다음 해 신학년도부터는 제대로 된 학교 건물에서 수업을 진행할 수 있도록 공사 일정에 박차를 가했을 것이다.

이때는 일제하에서 서울 근교에 도시 빈민층이 대대적으로 형성되기

---

3   이 학교는 1937년 서울 서대문구 영천동에서 '경성공립공업전수학교'로 개교했으나 종로구 효제동의 가교사를 거쳐 1946년 10월 현재의 위치로 이전했다. 광복 이후 일본인들이 자기 나라로 돌아가고 경성공립상업학교가 폐교되어 학교 부지 및 건물이 적산으로 남게 된 데 따른 일이었다.

시작한 시점이었다. 특히 왕십리 지역의 경우, 조선시대부터 지방 이주민들과 도시 빈민층의 대표적인 거주지로 꼽혀 온 데 이어, 일제강점기에 들어서서는 아예 그 인근 청계천 변의 제방이나 다리 밑 또는 산기슭과 오래된 묘지와 같은 국공유지에까지 '토막민土幕民'이라고 불리는 빈민층이 마구 밀고 들어왔다. 이것은 오늘날까지 이어지는 근대적 의미의 '도시 빈민의 형성'이었다.

그런 곳이 대개 시유지나 국유지이다 보니 식민 당국은 그런 토막민들 가운데 일부를 밀어 내고 이곳에 교육 시설과 일부 관공서 시설을 설치했다. 그중 하나가 바로 이 경성공립상업학교였다.

《매일신보》 1924년 4월 6일 자에 '광희문 밖에 새로 낙성된 경성공립상업학교'라는 제목 아래 소개된 이 학교 신축교사 사진. 정면 35칸, 측면 5.5칸 규모에 당시로서는 첨단 공법인 철근콘크리트조 3층 건물이고, 500명을 수용할 수 있는 강당 건물 등이 별도로 마련되어 있었다고 한다.

그런 점에서 진 서방은 1920년대 사회변화의 가장 중요한 현장에 위치해 있었던 셈이다. 그곳은 한편으로는 일제하 조선 사회의 해체와 새로운 빈민층의 형성, 그리고 다른 한편으로는 일제 식민기관의 설립이라는 대단히 모순된 두 가지 현상이 부딪치는 현장이었다. 바로 그렇게 첨예한 모순을 안고 있는 현장에서 진 서방은 생계를 위해 일제의 식민기관을 건축하는 일에 몸 담고 있었던 것이다. 그가 이런 역사적 상황을 인식했건 아니건 마음이 편했을 리는 없었겠다.

예나 지금이나 술 한 잔 마셔야 잘 수 있는 세상

일을 마치고 정신을 가다듬어 가지고 일인 감독의 집으로 간다. 삯

진 서방이 힘든 하루를 마치고 동료와 함께 '한잔 빨았다'는 '행길 옆' 술집은 이렇게 오늘도 성업 중이다. 영도교(일명 영미다리) 바로 남쪽 황학동 지역의 곱창골목이 바로 그곳이다. 이곳은 지금도 24시간 영업으로 서민들이 불철주야 시름을 달랠 수 있는 곳으로 남아 있다.

전을 얻어 가지고 그 길로 바로 술집에 가서 한잔 빨고 나면 그제야 겨우 제 세상인 듯싶었던 것이다.……그날도 나는 술김에 얼근하였었다. 다른 때와 같이 역시 맨 꽁무니에 떨어진 김 서방과 나는 삯전을 받아들고 나서자마자 행길 옆 술집에서 만판 먹어댔다.

진 서방이 하루의 노동을 마치고 삯전(일당)을 받자마자 "술집에 가서 한잔 빨고 나면 그제야 겨우 제 세상인 듯싶었던 것이다"라는 말이 피부에 와서 닿는다. 그것은 노동이 힘들었기 때문일 수도 있고, 일본인 감독 아래 받은 스트레스 때문이었을 수도 있다. 어느 쪽이 되었건 일제하 빈민의 생활이 오죽했을까?

진 서방이 김 서방과 함께 한잔 걸쳤다는 '행길 옆 술집'은 지금도 성업 중이다. 영도교(일명 영미다리) 바로 남쪽의 황학동 곱창골목이 바로 그곳이다. 그가 일하던 학교 신축공사장으로부터는 200미터도 채 떨어져 있지 않다. 일제강점기의 지도를 보아도 알겠지만 이 학교에서 가장 가까운 '행길(사람이나 차가 다니는 넓은 길)'은 여기밖에 없었다. 현재 성동공고 앞에 놓인 다산로는 1966년에야 놓인 길이다.

반면에 영도교를 건너 남북으로 이어진 길은 이미 고려시대부터 있던 길이고, 조선시대에는 임금이 한강 남쪽으로 행차할 때 이용하던 유서 깊은 길이다. 지금 이 곱창골목은 황학동 중고품 시장의 일부로서 이 시장을 찾는 사람들을 포함해 서민들의 애환을 달래 주는 주점가로 그 명맥을 이어 가고 있다.[4]

---

[4] 이 황학동 곱창골목은 '영미상가 앞 곱창골목'으로도 불린다. 이 골목의 유래와 현황에 대해서는 서울역사박물관, 《황학동: 고물에서 금맥 캐는 중고품시장》, 2015년, 200~201쪽 참조.

장소의 유전

어떻든 김 서방-도 이미 늦었으니 행랑 구석에 가서 빈대에게 뜯기는 것보다는 오히려 노숙하기를 좋아하였다-과 나는 도수장屠獸場께를 지나서 동묘 앞까지 갔었다.

밤늦은 시간까지 한잔 걸쳤으면 그다음에는 어디론가 가서 잠을 청할 순서였다. 그는 아마도 지방 출신인 데다 서울에 집이 없었던 것 같다. 잘 곳이라야 남의 집 행랑채 신세가 고작이었을 텐데 당시 그런 곳은 어디라 할 것 없이 빈대가 들끓었다. 굳이 늦은 시간에 남의 눈치 보며 그런 곳에 비비고 들어가 빈대의 희생물이 되고 싶지 않았을 것이다. 마침 때도 한여름이고 보니 차라리 노숙하는 편이 낫다고 생각했던 모양이다.

그래서 찾은 곳이 바로 영도교를 북쪽으로 건넌 '동묘東廟 앞'이다. 임진왜란 때 출병한 명나라의 요청에 따라 관우를 모시는 사당으로 설립된 동묘는 지금도 여전히 서울 종로구 숭인동 그 자리에 '동관왕묘'라는 이름으로 굳건히 버티고 있다. 이 동관왕묘의 정문은 북쪽의 종로 방면이 아니라 남쪽으로 나 있다.

그런데 작자인 이효석이 이 대목에서 한 가지 오류를 범했다. 1920년대에 영도교를 건너 '동묘 앞'까지 가려면 '도수장(도살장)께'를 지나야 했던 것은 맞다. 앞의 장소팔 이야기에서 우리가 살펴보았던 서울다솜관광고등학교 자리[5]인 종로구 숭인동 242 넓은 터에 그가 이 소설을 발표

---

[5] 이 자리의 유전, 즉 도살장 → 서울숭신초등학교 → 서울다솜관광고등학교의 변화 과정은 이 책의 장소팔 편에서 설명했다.

일제강점기 숭인동에 있던 '경성부 가축시장'의 모습.
《동아일보》1939년 10월 25일 자에 게재된 사진으로서 당시 이 시장에서 열린
'젖소乳牛 품평회'의 장면이다. 뒤에 보이는 긴 한옥 건물이
이곳에 함께 있던 도축장으로 추정되지만, 유감스럽게도
그 도축장의 안팎 모습은 아직 확인되지 않았다.

'동묘 앞'에 형성된 전국 최대의 벼룩시장.
약 100년 전 진 서방이 노숙하기 위해 찾았던 이곳에
이제는 또 다른 진 서방들이 똬리 틀고 앉아
고달픈 삶을 이어 가고 있다.

한 1928년에는 분명히 도살장이 있었다. 그러나 소설의 시간적 배경인 1923~1924년은 유감스럽게도 도살장이 설치되기 전이었다.

그 경위를 짚어 보자. 경성부는 1922년 11월 이 자리의 동양척식주식회사 소유지 7,400여 평을 매수해 '경성부 가축시장', 즉 서울 지역민들을 위한 소시장을 개설했다. 이 가축시장은 30여 년 동안 그 자리에 있다가 1958년 4월 마장동으로 옮겨 갔다. 그런가 하면 경성부는 가축시장이 이곳에 개설된 지 3년 뒤인 1925년, 시장 터의 일부에 새 건물을 마련해 서대문구 현저동의 부영府營 도수장을 이전했다. 이 도수장도 1961년 다시 마장동으로 이전했다.[6]

그렇다면 진 서방이 동묘 앞으로 가기 위해 이 길을 지나던 1923~1924년 무렵은, 장소팔의 아버지가 소를 팔러 가던 우시장은 설치되어 있었지만 그 옆에 도수장은 아직 들어서기 직전이었다. 아마도 이효석은 자신이 소설을 쓰던 시점(1928년 무렵)에 도수장이 있었기 때문에 진 서방 때(1923~1924)에도 있었던 것으로 오인했던 것 같다.

어쨌거나 진 서방이 한밤중에 고달픈 발걸음을 옮기던 그 '도수장께'와 '동묘 앞'은 한 세기가 지난 지금도 여전히 고달픈 인생들이 모여드는 장소다. 우리는 여기서 '장소의 유전流轉'을 본다. 2003년 청계천 복원사업을 위해 청계천 변의 삼일아파트가 철거되고 그 남쪽에 밀집해 있던 노점상들이 쫓겨나면서 그들이 하나둘씩 영도교 건너 북쪽의 '도수장께'와 '동묘 앞'으로 옮겨 온 것이다. 이곳은 2025년 현재 대한민국에서 가장 큰 벼룩시장이다. 이곳에서는 온갖 중고품을 포함해 저가의 생활용품들

---

[6] 이 가축시장과 도수장의 숭인동 설치 및 마장동 이전 경위는 서울역사박물관, 《마장동: 수도권 최대 축산물 단일시장》, 2013년, 53~56쪽 및 73~75쪽에 잘 정리되어 있다.

이 흘러넘친다. 백화점에 갈 형편이 안 되는 서민들을 위한 시장이다. 파는 사람이나 사는 사람이나 모두 또 다른 '진 서방'들이다.

유령의 장소

동묘는 이 소설의 제목대로 진 서방이 '유령'을 만나는 장소여서 상세하게 설명되어 있다. 그는 김 서방과 함께 동묘의 정문 안으로 들어갔지만 그곳엔 이미 노숙자들이 "그득하게 고기새끼 모양으로 오르르 차 있어" 마땅히 잠을 청할 만한 장소가 없었다. 그 당시 정문 안쪽의 마당까지는 암묵적으로 노숙자들에게 개방되었던 모양이다. 그러나 두 사람은 노숙

동묘의 정문을 들어선 뒤 중문 앞에 이르면 '금잡인禁雜人'이라고 쓰인 비석을 만나게 된다. 말하자면 '잡놈은 이 안으로 들어가지 마시오'라는 뜻인데 이렇게 대놓고 '잡놈' 운운하는 비석은 전국을 통틀어 이곳밖에 없는 것 같다. 도대체 누가 언제 왜 이 비석을 세웠는지 궁금하지만 그걸 확인할 수 있는 기록은 아무 데도 없다. 100년 전 진 서방이 하룻밤 잠을 청하기 위해 이 중문 안으로 들어설 때에도 이 비석은 있었을까?

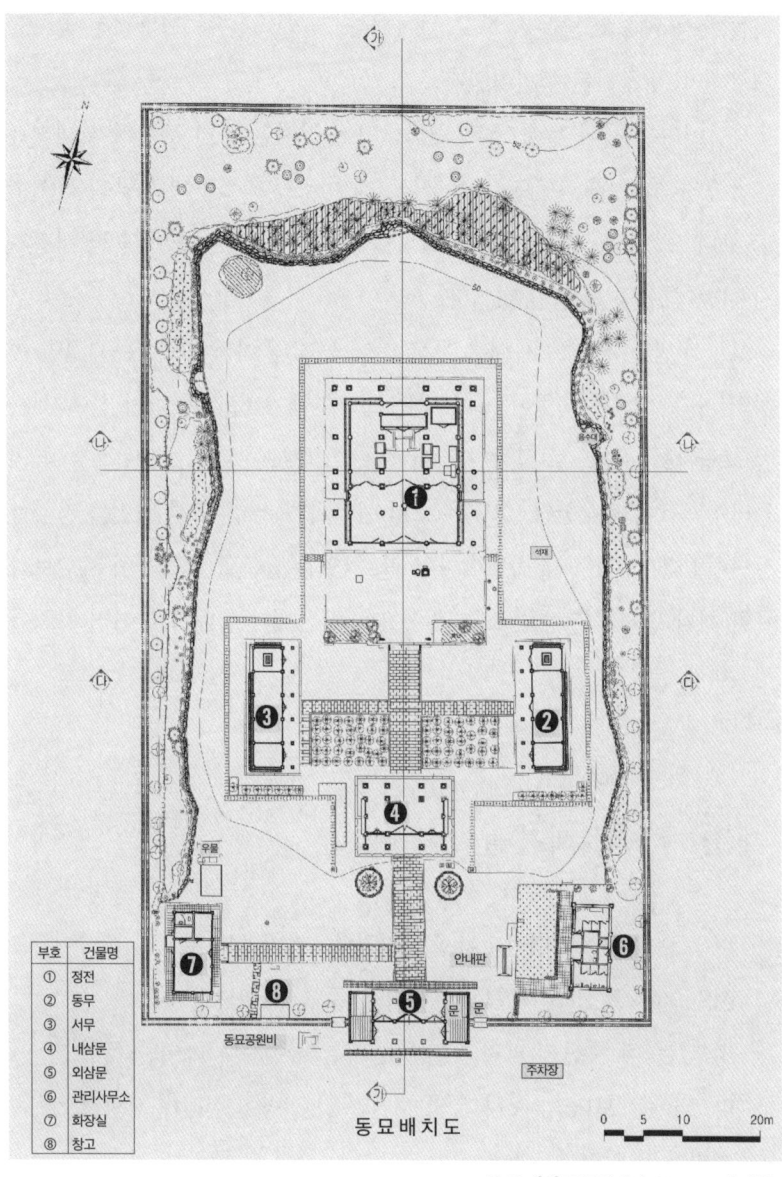

부호	건물명
①	정전
②	동무
③	서무
④	내삼문
⑤	외삼문
⑥	관리사무소
⑦	화장실
⑧	창고

동묘 배치도(문화재연구소 2006년 실측).
남쪽에서 정문(외삼문)을 열고 들어가면 중문(내삼문)이 나오고, 다시 그 안으로 들어가면 정전의 앞마당이다. 진 서방과 김 서방은 정문과 중문 사이에 노숙인들이 들끓는 것을 본 뒤 다시 중문 안으로 들어갔다가 정전 옆에서 '도깨비불'을 보았던 것이다.

자들 틈을 헤치고 중문 안으로 들어섰다. 그 안쪽은 동묘의 정전 앞마당으로 출입이 금지된 구역이었다.

사당이라는 곳이 본래 밝고 쾌적하지는 않지만 마침 보슬비가 내리는 한밤중에 중국 귀신이 깃든 울긋불긋하면서도 우중충한 사당에 들어서고 보니 으스스한 것은 당연한 일이었다. 마침 그런 장소에서 진 서방과 김 서방이 '유령'을 만난 것이다.

이들이 만난 유령은 사실은 동묘 안에 몰래 들어와 밤을 새던 걸인 여성의 가족이었다. 그들이 그어 대는 성냥불에 언뜻언뜻 비친 산발한 사람 그림자를 유령으로 착각한 것이었다. 이 대목이 바로 〈도시와 유령〉의 클라이맥스에 해당한다. 그것은 도시 빈민이 또 다른 도시 빈민을 만나는 장면이었다. 그래도 제 밥벌이나마 할 수 있는 날품팔이 일꾼이 자신보다 못한 처지의 거지를 유령 또는 귀신으로 인식했다는 대목은 여러 가지를 생각하게 한다.

'가산假山' 또는 '택견 놀이'의 현장

나는 순식간에 달팽이같이 오무라졌다. 그리고 또 부끄러운 말이지만 겨우 정신을 차렸을 때에 나는 동묘 밖 버드나무 밑에 쓰러져 있는 내 자신을 발견하였었다. 사실 꿈에서나 깨어난 듯하였다. 곁에는 보나 안 보나 파랗게 질린 김 서방이 신장대 모양으로 벌벌 떨고 있었다.

그다음은 진 서방과 김 서방이 유령의 모습에 깜짝 놀라 동묘 밖으로 정신없이 뛰쳐나가는 장면이다. 유령의 정체를 알게 된 것은 그다음 날 진 서방이 다시 현장을 찾았을 때의 일이고 그 당시에는 이것저것 생각할 겨를도 없이 그 현장을 모면하고자 했던 것이다.

재미있는 것은 그들이 뛰쳐나간 장소로 이효석이 묘사한 곳이 '동묘 밖 버드나무 밑'이었다는 대목이다. '동묘 밖'으로 나갔을 것임은 더 설명하지 않아도 분명한 일인데 왜 하필이면 '버드나무 밑'이었을까?

지금 동묘 앞에는 당연히 버드나무가 없다. 그곳을 찾아가면 왁작왁작한 노점상들 뒤로 '대한적십자사 서울특별시지사 중앙봉사관'이라는 사회복지 시설과 몇몇 중고품 상점들이 있을 뿐이다. 버드나무는 없고 적십자사 봉사관 마당에 조경수로 심은 나무들만 몇 그루 덩그라니 서 있다.

1927년경 촬영되었다는 동묘의 전경. 조선총독부박물관이 소장하고 있던 유리건판 사진으로 '진 서방'이 이곳을 찾았던 무렵의 모습이다. 임학 전문가에게 확인한 결과, 이 사진에 보이는 동묘 정문 앞의 큰 나무는 수형樹形과 앞사귀가 나는 형태 등으로 미뤄볼 때 버드나무라기보다는 회화나무로 추정된다고 한다. 그러나 그 오른쪽으로 가지의 일부만 보이는 별도의 나무가 《조선왕조실록》에 회화나무와 함께 심은 것으로 기록된 수종, 버드나무가 아닐까 생각되기도 한다.

지금 보제원普濟院의 남쪽과 왕심역旺心驛의 북쪽에 작은 산을 혹은 3개나 7개를 만들어 소나무와 회화나무·버드나무[栽松與槐柳]를 심어서 수구水口를 좁게 한다면 매우 다행하겠습니다.[7]

조선 초기 문종 때 한 풍수장이가 이렇게 건의하자 문종은 이 내용을 검토하라고 지시했다. 여기서 보제원은 지금의 대광고등학교 자리이고, 왕심역은 왕십리 뉴타운 지역으로서 서울 도성 바로 밖에서 청계천을 사이에 두고 마주 보는 두 개의 언덕이다. 풍수지리의 관점에서 볼 때, 서울 도성 안의 명당수(청계천)가 흘러나가는 곳(오간수문 및 그 밖의 지역)이 너무 펑퍼짐해 물길이 흩어지니 이곳에 작은 산 또는 제방을 쌓아 물길을 좁히고 그곳에 소나무, 회화나무, 버드나무 등을 심으라는 얘기였다. 이것은 굳이 풍수지리가 아니더라도 당연한 얘기였다. 비가 조금만 와도 도성 밖의 민가와 농경지가 침수되곤 하면 무슨 좋은 일이 있었겠는가?

그렇게 해서 보제원 남쪽 청계천 변에 조성된 '작은 산', 즉 가산假山들 가운데 하나가 동묘 앞의 적십자사 봉사관 자리로 추정된다. 이곳이 주변 지역에 비해 도톰하게 높은 것은 바로 옆의 도수장 자리(서울다솜관광고 터)와 비교해 봐도 금방 알 수 있다. 그렇다면 진 서방 등이 유령에 놀라 뛰쳐나온 뒤 쓰러져 있던 곳의 버드나무는 400여 년 전 문종 때 심은 버드나무 혹은 그 자목子木일 가능성도 있겠다.

그리고 앞서 택견의 계승자 신한승을 소개할 때 언급했던 대로, 왕십리패의 택견 수련터였던 '영미다리 근처에 있었던 까치산 방죽 언덕'도 결

---

[7] 《조선왕조실록》 문종 2년(1452년) 3월 3일 기사.

국은 이 장소를 가리키는 것으로 보인다.[8]

지금 이곳에서 들을 수 있는 노점상들의 호객 소리와 노인용 MP3 판매 노점에서 흘러나오는 〈내 나이가 어때서〉 노랫가락[9]의 떠들썩한 분위기가 일제강점기 초기까지만 해도 이곳에서 벌어지던 봄철 택견 놀이의 흥청거리던 분위기와 얼마나 비슷한지는 잘 모르겠다. 이곳이 '작은 산' 혹은 '방죽 언덕'이었을 수 있다는 사실조차 주변 지형과 맞춰 보고서야 겨우 고개를 끄덕거릴 수 있을 정도이니 택견 놀이의 정경을 떠올리는 것은 언감생심이다.

그럼에도 불구하고 이런 생각을 해 보게 된다. 진 서방 등이 유령에 놀라 뛰쳐나와서 쓰러진 곳이 조선시대 민중들의 호신술로 전승된 택견의 수련 현장이었던 것은 우연이었을까? 진 서방 등은 그 버드나무 밑에서 '이제 살았다' 생각하며 마음이 편안해졌을까?

근길, 당국의 권위가 미치는 곳

밤이 이슥하였는데 집으로 돌아가기도 무엇하니 나머지 밤을 동대문께 가서 새우자고 김 서방이 제언하였다. 비는 여전히 뿌리고 있었다. 뒤에서 무어가 쫓아오는 듯하여 연해 연방 뒤를 돌려보면서 큰 행길에 나섰을 때에는 파출소 붉은 전등만 보아도 산 듯싶

---

8 앞의 '신한승' 편 참조.
9 2010년대 이후 동묘 앞 노점상 거리의 최대 히트 상품들 가운데 하나는 노인용 저가형 MP3 라디오였고, '추억의 뽕짝 5000곡' 등 여기에 내장된 노래들 가운데 단연 최대의 히트곡은 〈내 나이가 어때서〉였다.

었다.

결국 진 서방과 김 서방은 동묘 주변에서 노숙하는 일을 포기하고 다른 곳을 찾기로 했던 모양이다. 아마 그 시절에 동묘뿐만 아니라 종로4가 지역의 종묘도 그런 식으로 노숙자들의 잠자리로 활용되고 있었고, 그런 시설조차 차지할 수 없었던 사람들은 그 사이의 동대문 근처에 몰려들어 노숙하곤 했던 것 같다.

이들의 다음 행선지는 그 '동대문께'였다. 그곳으로 가자면 동묘 북쪽의 종로로 나가서 좌회전해서 큰 길을 따라 500미터만 걸으면 된다. 어른 걸음으로 10분이 채 안 걸리는 거리다. 일제강점기에 종로로 꺾어지는 위치에 동대문경찰서 소속의 동묘파출소[10]가 있었다.

오죽 놀랐으면 "큰 행길로 나섰을 때에는 파출소 붉은 전등만 보아도 산 듯싶었다"는 말이 절로 나왔을까? 귀신이 정말 있다면 경찰인들 보호막이 될 리 없었다. 그럼에도 불구하고 누구든 다급해지면 기성의 권위에 기대고 싶어지는 모양이다. 그리고 그 권위가 하루 종일 진 서방을 괴롭힌 일본인 공사감독과 마찬가지로 식민 질서의 유지를 자신의 업무의 본령으로 삼고 있는 일본인 경찰관이라도 상관없었다. 그토록 부정하고 싶어 하면서도 급하면 가서 안기는 기성의 권위와 질서. 그것은 모순이기도 했지만 연약한 인간의 불가피한 모습인지도 모르겠다.

---

10 《동아일보》 1923년 1월 28일 자 참조.

'도처개유귀신到處皆有鬼神'

허둥지둥 동대문 담 옆까지 갔었다. 고요한 담 밑에는 아무것도 없었다. 모든 것을 집어삼킨 캄캄한 어둠밖에는—물론 파란 도깨비불도 없다.

'애초에 이리로 왔더라면 아무 일두 없었을 걸.'

후회 비슷하게 탄식하고 어디가 어디인지 분간할 수 없어서 "에라 아무 데나" 하고 그 자리에 폭 주저앉았다. 하자, 나는 놀라기 전에 간이 싸늘해졌다. 도톨도톨한 조약돌이나 그렇지 않으면 축축한 흙이 깔려 있어야만 할 엉덩이 밑에—하나님 맙소서!—나는 부드럽고도 물큰한 촉감을 받았다.

뿐이 아니다. 버들껑하는 동작과 함께 날카로운 소리가 독살스런 땡삐 같이 나의 귀를 툭 쏘았다.

"어떤 놈야 이게!"

나는 고무공같이 벌떡 뛰었다. 그리고는 쏜살같이—그 꼴이야말로 필연코 미친놈 모양이었을 것이다—줄행랑을 놓았다.

김 서방도 내 뒤에서 헐레벌떡거렸다.

"제발 사람을 죽이지 마라."

김 서방은 거의 울음 겨운 목소리로 부르짖었다.

"이놈의 서울이 사람 사는 곳이 아니구 도깨비굴이었든가."

이들이 드디어 목적지로 설정한 '동대문 담 옆'에 이르렀다. 동대문의 북쪽 성곽 곁은 언덕배기여서 사람이 눕거나 쉴 만한 장소가 별로 없었다. 이들이 찾은 장소는 동대문 남쪽으로 동대문과 오간수문 사이의 성곽 부근 어딘가였을 것이다.

이들이 맞닥뜨린 상황이 실소를 자아낸다. 겨우 피곤한 몸을 누일 만한 장소를 찾아 앉는 순간 엉덩이 아래에서 그 자리를 미리 차지하고 있던 또 다른 노숙자의 고함소리가 들렸으니 어찌 놀라지 않을 수 있었을까? 되는 일이 없는 밤이었다.

김 서방의 말이 상황을 잘 요약해 준다. "이놈의 서울이 사람 사는 곳이 아니구 도깨비굴이었든가?" 1920년대 초 서울 도처에 빈민들이 널려 있던 상황을 이보다 더 잘 보여 주는 말이 있을까?

늘 그렇듯 결국 원점으로

> 하는 수 없이 보슬비를 맞으면서 시구문 밖 김 서방네 행랑방까지 가지 않으면 안 되었다. 가제나[가뜩이나] 덕실덕실 끓는 식구 틈에 끼어서 하룻밤의 폐를 끼쳤다―고 하여도 불과 두어 시간의 폐일 것이다―막 한잠 자려고 드러누웠을 때에는 벌써 날이 훤히 새었 었으니까.

결국 이들이 한밤중에 보슬비를 맞아 가며 찾아간 곳은 김 서방이 평소에 신세 지던 시구문(광희문) 밖의 행랑방이었다. 도시 빈민 또는 노동자들을 위해 구제기관에서 운영하던 합숙소 같은 곳이었을 것이다. 지금의 동대문역사문화공원과 한양공업고등학교의 동쪽 청계천 변 저지대에 과거 줄지어 들어섰던 판잣집들 가운데 어느 한 곳이었던 것으로 보인다.

술 한잔 마시고 아무 곳에나 쓰러져 적당히 하룻밤 넘기려다 잇달아 봉변을 당하고 결국 원점으로 돌아온 심정이 어땠을까? 스스로 생각해도 한심했을 것이다. 그렇게 해서 진 서방의 하루가 겨우 끝났다. 그는 다음 날 아침 푸석푸석한 얼굴로 일어나 쳇바퀴 돌듯 다시 '동대문 밖 상업학교'의 신축공사장으로 나갔을 것이다.

허겁지겁 진 서방의 뒤를 따라온 우리도 이제 여정을 마칠 때가 되었다. 이렇게 정리하고 보니 그의 행로는 청계천을 가운데 두고 동대문과 광희문 밖에서 영도교에 이르는 지역을 완전히 한 바퀴 도는 것이었다(앞의 지도 참조). 특히 종착점의 풍경은 늘 일탈을 꿈꾸지만 원점으로 되돌아오곤 하는 우리의 일상과 겹친다. 다음 날 아침 늘 그렇듯 잠에서 덜 깬 얼굴로 다시 일터로 나가는 모습도 지금 우리의 판박이다.

그때나 지금이나 수많은 '진 서방'들이 하루하루를 이어 가는 이 동대문 밖 영미다리 근처에 가면 오늘 우리는 어떤 유령을 만나게 될까? 아니, 혹시 우리가 그 유령이 아닐까?

06

영국 화가 엘리자베스 키스, '코리아'를 사랑한 푸른 눈의 여인

20세기 초 동대문 안쪽의 새로운 풍경
한국에 매료된 키스 자매
키스 자매가 동대문 주변에서 본 것
이방인의 눈으로 지켜본 3·1운동
그림으로 표현한 '한국 사랑'
사후에도 전해진 '한국 사랑'

그날 밤 동묘에서 산발한 유령에 놀라 뛰쳐나온 진 서방과 김 서방이 두 번째 잠자리로 요량하고 찾았던 곳이 '동대문 담 옆'이었다. 그곳은 동대문 바깥 지역 중에서도 동대문에서 서울 성곽을 따라 약간 남쪽으로 내려가서 청계천 가까운 평지의 어느 지점이었을 것이다. 그러나 웬걸! 그곳도 이미 노숙자들로 만원이었다. 동대문 밖 지역은 그렇게 1920년경 빈민들로 넘쳐나고 있었다.

그러나 동대문 안쪽의 양상은 꽤나 달랐다. 특히 동대문 안쪽의 성곽에 바로 붙은 북쪽 언덕에는 미국 감리교 선교사들이 세운 교회, 학교, 의료 기관 등 각종 시설이 밀집해 있어 풍경 자체가 많이 달랐다.

20세기 초 동대문 안쪽의 새로운 풍경

이 감리교 선교사들이 당초 한국 선교의 거점으로 잡은 곳은 서울 중심부의 정동이었다. 이곳에 1885년 정동제일교회와 배재학당이, 그다음 해에 이화학당이 각각 들어섰다. 그리고 다시 한 해 뒤인 1887년 이화학당 안에 우리나라 최초의 여성 전용 병원인 '보구여관保救女館'이 설립됐다. 이것은 '여관旅館'이 아니었다. "남자들이 경영하는 병원에 여자들이 갈 수 없는 한국의 전통적인 관습"을 감안해 '부인병원'으로 계획된 것이었고, 그런 뜻을 가상하게 여긴 고종 황제가 그 이름을 지어 주었다.

이 무렵 감리교 선교사들은 정동 지역을 한국 선교의 본부로 삼으면서, 이와 별도로 동대문 지역을 서울 동부 지역의 선교 거점으로 설정했다. 과거 북평관北平館[1]이 있던 자리인 종로6가 낙산 기슭에 1887년 우선 한옥 두 채를 매입한 뒤 정동에서와 똑같이 교회, 학교, 의료기관을 하나하나 마련해 나가기 시작했다.

마침내 1892년 동대문교회와 함께 보구여관의 동대문 분원 격인 '볼드윈 시약소Baldwin Dispensary'가 자리 잡았고, 1908년 그 가운데 교회를 먼저 '현대식'으로 신축한 뒤, 1912년 진료소까지 당시로서는 국내 최대 규모의 현대식 시설로 지어 '릴리언 해리스 기념병원'이라고 명명했다. 이것이 '동대문부인병원'의 시작이었다.[2]

이렇게 해서 1910년대 초 동대문 바로 안쪽의 풍경은 일단 정돈되었다. 종로 남쪽으로는 1898년에 이미 전차 차고와 동대문발전소가, 종로

---

[1] '북평관'은 조선 초기에 여진족 사신들이 머물 수 있도록 설치한 국영 여관이었다. 중국 사신들은 '태평관太平館(지금의 남대문 안쪽 대한상공회의소 자리)'에, 일본 사신들은 '동평관東平館(지금의 서울 중구청 인근 인현어린이공원 자리)'에 각각 머물렀다. 이것들은 모두 '여관旅館'이었다.

북쪽으로는 1912년까지 교회 등 새로운 문화시설들이 각각 들어선 것이다. 모두 국내에 새로 유입된 서양문명의 시설들이었다. 전자가 하드웨어적 문명의 과시였다면, 후자는 소프트웨어적이면서 기독교에 바탕을 둔 문화의 전파였다고 할 수 있겠다. 어느 쪽이건 당시 조선 민중에게는 아주 낯선 풍경이었다.

한국에 매료된 키스 자매

이 동대문부인병원에 1919년 3월 말 두 영국인 여성이 나타났다. 옆의 사진이 촬영되기 불과 3년 전이었으니 이들의 눈에 비친 주변 정황은 사진의 모습과 별반 다르지 않았을 것이다.

이들은 선교사도 아니고, 병원을 찾아온 환자도 아니었다. 언니 엘스펫 키스Elspet Keith와 동생 엘리자베스 키스Elizabeth Keith(1887~1956) 자매였다. 당시 동생 엘리자베스는 32세의 미혼이었고, 독학으로 화가의 길을 걷고 있었다. 언니 엘스펫은 당시 일본에서 발행되는 《뉴 이스트 프레스 New East Press》의 편집인이던 존 로버트슨 스콧John Robertson Scott과 결혼해 도쿄에 살고 있었다. 엘스펫은 호기심 많은 동생을 1915년 도쿄로 불러 5년 동안 함께 거주했는데 동생이 영국으로 귀환하기에 앞서 미지의

2 '동대문부인병원'은 1945년 해방 이후 '이화여대 부속 동대문병원'으로 승계되었고, 2008년 이화여대 부속 목동병원으로 통합되어 폐쇄될 때까지 이 자리에 있었다. 그 이후 동대문교회는 철거되어 그 자리에 동대문성곽공원이 들어섰고, 이화여대 부속 동대문병원 건물은 리모델링되어 현재 서울디자인재단과 한양도성박물관이 입주해 있다. 1912년 준공된 옛 병원 건물은 1974년에 이미 철거되었다. 이제 이곳이 100여 년 전 감리교 선교의 동대문 지역 거점이었음을 보여 주는 단서는 아무것도 남지 않았다.

동대문 안쪽의 종로6가 지역 가운데 북쪽의 낙산 기슭에 들어선 감리교의 각종 시설.
1922년경 흥인지문 2층 문루에 올라가 촬영한 것으로 추정된다. 멀리 오른쪽 뒤편으로
서울 성곽이 이 시설들을 감싸 안듯이 지나가는 모습이 살짝 보인다.
이 사진을 소장한 미국 남가주대학USC 디지털 라이브러리의 설명에 따르면, 언덕 위에
가장 크게 보이는 붉은 벽돌 건물이 1908년 건립된 동대문교회이자
소년교육기관(흥인배재학교)의 교사였다.
그 왼쪽의 나무들 뒤편으로 지붕만 보이는 건물들이
동대문부인병원과 그 부속건물이었던 것 같다.

나라 한국을 둘러보기 위해 함께 서울을 찾았던 것이다.

그들은 3월 28일 일본에서 출발한 뒤 부산에서 배를 내려 철도편으로 서울로 오는 동안 벌써 한국에 매료되었다.

> 부산에서 서울로 가는 야간열차는 각종 설비가 잘 되어 있고 편안하고 깨끗하였으며, 두 겹의 유리창 사이로 아침해가 떠오르는 것을 볼 수 있었다. 창밖으로 펼쳐지는, 나무 하나 없는 야트막한 언덕의 경치는 원시적 아름다움을 드러내고 있었다.
> 아직 봄은 일러서 겨우 나온 볏잎[겨울보리를 오인한 듯하다-필자 주]은 약간의 푸른 빛을 보일 뿐이었고, 동산들은 그 둥그런 모습이 마치 오래된 한국 도자기를 닮아 사람을 매혹시키기에 충분했다. 붉은 해가 올라올 무렵, 달리는 차창 밖으로 보이는 땅은 옛날 도공들이 사용했을 듯하게 질펀했고, 끝없이 이어지는 논밭 사이로 가느다란 농로가 이어졌다 사라졌다 계속되고 있었다. 가끔 여기저기에 초가집들이 모여 있었는데, 기차 안에서 보기에는 사람 사는 집이라기보다는 거대한 버섯들의 군락지 같았다.[3]

한국과 만나는 장면이 매우 솔직한 가운데 조형적으로 그려져 있다. 자매의 눈에 비친 한국의 첫인상은 '원시적 아름다움'과 '소박한 매력'이었

---

3 엘리자베스 키스·엘스펫 K. 로버트슨 스콧, 송영달 옮김, 《영국화가 엘리자베스 키스의 올드 코리아 1920~1940》, 책과함께, 2006년, 35~36쪽. 원저는 언니 엘스펫이 글을 쓰고, 동생 엘리자베스가 그림을 그린 공저의 여행기로서 제2차 세계대전이 끝난 뒤인 1946년 영국 허친슨 출판사에서 *Old Korea*라는 제목으로 출간되었다. 여기 소개된 키스의 작품은 모두 위 책에 수록된 것이다. 별도로 출처를 표기하지 않는다.

다. 이들은 그런 한국을 보다 가까이에서 관찰하기를 원했다. 그런 점에서 이들이 '서양식의 호화스러운 호텔'(1914년에 개관한 철도호텔, 지금의 조선호텔의 전신)을 사양하고 이곳 '감리교 의료선교회관'에 숙소를 정한 것은 정말 훌륭한 선택이었다.

서울에는 일본 정부가 운영하는 서양식의 호화스러운 호텔이 있었는데, 일본 사람들은 그것을 아주 자랑스럽게 생각하고 있었다.

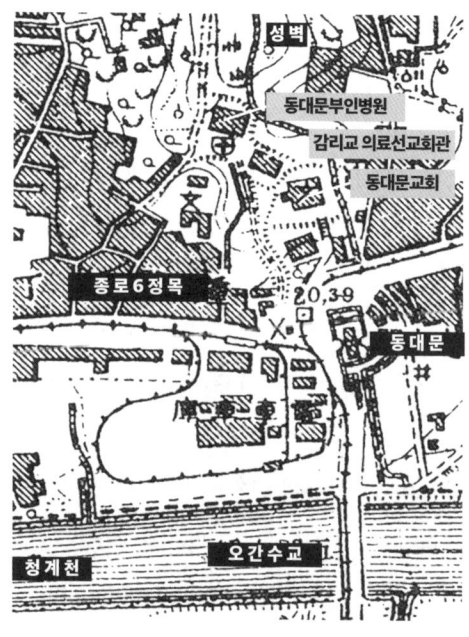

앞의 사진과 거의 같은 시기인 1921년에 제작된 〈경성도〉에서 찾아본 동대문 등의 사진 영역. 언덕 위의 성벽에 인접해 3개의 큰 건물이 들어서 있으며, 그 가운데 오른쪽 건물에 학교 표시가 붙어 있어 앞의 사진 설명에 부합한다. 그렇다면 이 학교(동대문교회) 옆 두 개의 건물 가운데 왼쪽에 병원 표시가 된 건물이 '동대문부인병원'일 터이니 그 병원과 학교 사이의 건물이 키스 자매가 묵었던 '감리교 의료선교회관'이었을 것이다. 현재 서울디자인재단 앞에 잔디마당이 조성되어 있는 위치다.

하지만 우리는 그 호텔을 사양하고 감리교 의료선교회관으로 들어가 한국 방문 기간 내내 그곳에서 지냈다. 우리는 한국을 더 알고 싶은 마음이 강했기 때문에 한국과 한국 문화를 잘 알고 귀중하게 여기는 외국인들과 같이 지내고 싶었다. 또 한국에 체류하는 동안에는 편안한 분위기 속에서 한국인의 일상적인 모습을 있는 그대로 보고 싶은 마음도 있었다.[4]

우리는 키스 자매가 머물던 감리교 의료선교회관의 위치를 어렵지 않게 알 수 있다. 그것은 이미 앞에서 사진을 통해 1912년 동대문 지역에 완성된 선교 타운을 살펴보았고, 거기에 지도 등의 자료를 덧붙이면 그 건물의 위치까지 추정할 수 있기 때문이다. 그 선교회관은 동대문 안쪽의 북쪽 언덕 높은 곳에 들어선 3개의 서양식 신축 건물들 가운데 중앙에 위치한 붉은 벽돌 건물이었음이 분명하다.

키스 자매가 동대문 주변에서 본 것

두 자매가 이곳에 머무는 기간 동안 창문을 통해서 또는 선교회관의 앞마당에 나와서 본 서울의 모습은 어떤 것이었을까? 엘리자베스 키스의 판화 작품 〈해 뜰 무렵 서울의 동대문〉이 그 의문에 대한 답을 제공한다. 이것은 두 자매가 한국에 머무는 기간 내내 언덕 위의 선교회관에서 가장 익숙하게 보던 풍경이었을 것이다.

4 앞의 책, 71~73쪽 참조.

엘리자베스 키스, 〈해 뜰 무렵 서울의 동대문East Gate, Seoul, Sunrise〉(채색목판화, 1921), 30.5×43.8cm. 이 앵글이 엘리자베스 키스에게는 한국에서 가장 익숙하고 편안한 구도였음에 틀림없다. 우리는 뜻밖에도 이 그림에서 19세기 말 택견의 현장을 추론하는 데 결정적 단서가 되었던 〈대쾌도〉상의 서울 성곽 제4치를 확인할 수 있다.

이 그림에서 가장 눈에 띄는 것은 기품 있게 선 동대문과 그 뒤로 실제 지형보다 굴곡이 강조된 남산 줄기다. 주변 건축물들은 서울 성곽과 오간수교, 그리고 전차 차고 등을 제외하고는 과감하게 생략되어 있다. 하긴 그 시절엔 그 밖에 지표로 삼을 만한 구조물도 없었다. 그러니 동대문은 그것대로 더욱 두드러져 보일 수밖에 없었다. 누각의 지붕선이 유난히 짙게 표현된 이유가 거기 있을 것이다.

이 그림에서 동대문처럼 뚜렷하지는 않지만 우리가 결코 놓칠 수 없는 것이 한 가지 있다. 그 동대문의 남쪽으로 낮게 엎드려 이어졌다 사라졌다 하는 서울 성곽! 기억날지 모르겠다. 우리가 동대문과 광희문 밖의 지역에서 전통무예 택견의 흔적을 찾으면서 〈대쾌도〉의 현장으로 살펴봤던 '제4치'의 위치! 여기서도 그 자리가 보인다.

그때 살펴봤던 사진을 찍은 호주인과 이탈리아인, 그리고 지금 우리가 보고 있는 그림을 그린 영국인은 모두 사실상 같은 언덕 위에서 동대문을 내려다본 것이다. 아마 그곳은 외국인들의 왕래가 많기도 했거니와 외국인들이 서울을 관찰하기에 꽤나 인상적인 지점이었던 모양이다.

그러나 세 이방인이 그 지점에서 보는 동대문과 그 주변 상황은 완전히 같지는 않았다. 특히 키스가 앞의 두 사람과 달리 이 지역의 모습을 지켜보던 시점은 서울 성곽과 동대문이 이미 그 기능을 상실한 뒤였다. 전찻길을 낸다는 명분 아래 서울 성곽의 곳곳이 단절되거나 아예 몇 개의 문루가 철거된 뒤였다.[5] 이 그림에서 전차 노선은 생략되어 있지만 동대문의 북쪽 성곽이 잘려 나간 모습이 분명하다.

---

5 남대문 인근에서는 1908~1909년 사이에, 동대문 인근에서는 1910~1911년 사이에, 광희문 인근에서는 1911~1913년 사이에 각각 성벽의 일부가 도로 개설 및 전차선 부설의 명분 아래 파괴되었고, 서소문과 서대문은 각각 1914년과 1915년에 비슷한 이유로 아예 성문 자체가 철거되고 말았다.

그런 식으로 동대문은 왕도의 대문으로서의 권위를, 서울 성곽은 왕성으로서의 기능을 각각 잃어버린 상황이었던 것이다. 두 자매가 그런 내용을 인식하고 있었을까? 그런 사실을 알았더라면 이 그림의 제목을 차라리 〈슬픈 동대문〉이라고 붙이지 않았을까 생각되기도 한다.

이방인의 눈으로 지켜본 3·1운동

키스 자매가 당초 한국에 여행 올 때 특별한 목표를 설정했던 것 같지는 않다. 그저 그때까지 가보지 못했던 은둔의 나라를 찾는다는 정도의 생각이었던 것 같다. 당시 일본 영토의 일부로 되어 있긴 했지만 본래 다른 전통을 가진, 다른 민족의 나라라는 정도는 알고 있었을 것이다. 그러나 공교롭게도 이들이 한국 땅에 발을 디딘 그 시점은 3·1운동이 한창이던 때였다.[6] 키스 자매는 3·1운동의 양상을 직접 보고 들으면서 급속하게 한국에 친화적인 입장을 갖게 되었다. 3·1운동과 한국인의 행농에 대한 그의 관찰기를 보자.

> 그날 아침 내내 서울에는 이상한 기운이 감돌고 있었다. 외국인들은 전혀 소식을 모르면서도 왠지 무슨 일이 일어날 것 같은 기분에 들떠 있었다. 고종의 서거로 인한 국상 때문에 사람들이 많이

[6] '3·1운동'이 1919년 3월 1일 하루에 일어난 일이라고 생각하는 한국인은 없을 것이다. 일본 측 자료에 의하더라도, 그날부터 4월 말까지 꼬박 두 달 동안 전국 212개 군에서 1,200여 회의 만세시위가 열렸고, 110만 명 이상의 조선인이 그 시위에 참가한 것으로 집계되어 있다. 이는 한반도 전체에서 전 민족의 참여 아래 상당히 장기간 진행된, 근대적 의미의 민족독립운동이었다.

움직이고 있었다. 마침내 사람들이 파고다공원에 집합했다. 여기에 신호만 받으면 일제히 한목소리로 '만세, 만세, 독립 만세!'를 부르기로 한 것이다. 군중이 이리저리 몰리면서 신호를 기다리고 있는데 마침내 종이 울리고 한 젊은이의 목소리가 확성기를 통해서 들렸다.

한국인의 자질 중에 가장 뛰어난 것은 의젓한 몸가짐이다. 나는 어느 화창한 봄날 일본 경찰이 남자 죄수들을 끌고 가는 행렬을 보았는데, 죄수들은 흑갈색의 옷에다 조개 모양의 뾰죽한 짚으로 된 모자를 쓰고 짚신을 신은 채, 줄줄이 엮여 끌려가고 있었다. 그 사람들은 6척 또는 그 이상 되는 장신이었는데, 그 앞에 가는 일본 사람은 총칼을 차고 보기 흉한 독일식 모자에 번쩍이는 제복을 입은 데다가 덩치도 왜소했다. 그들의 키는 한국 죄수들의 어깨에도 못 닿을 정도로 작았다. 죄수들은 오히려 당당한 모습으로 걸어가고 그들을 호송하는 일본 사람은 초라해 보였다.

3·1운동은 놀라운 발상이었고 영웅적인 거사였다. 빈손으로 독립을 촉구한 사람들은 그들에게 돌아올 보복이 얼마나 심할 것인지 잘 알고 있었다. 그런데도 서울에서만 20여만 명이 길거리를 메웠고, 그와 동시에 한반도 전국 방방곡곡 어디에서도 똑같은 독립선언서를 낭독하며 애국의 노래를 부르며 시위를 벌였다.

그들은 남녀노소를 막론하고 확성기 소리가 멈추자 숨겨 갖고 있던 태극기를 일제히 휘두르며, '독립 만세, 독립 만세'를 크게 부르

며 춤을 추며 길로 나갔다. 함성이 터지면서 군중은 모이고 헤어
지고 또 모이면서 질서 정연하게 서울의 대로를 행진했다. 양반,
선비들, 교복을 입은 남녀 학생, 상인들, 막노동자, 거지, 심지어
는 술집 여자들까지, 계급의 상하, 남녀노소를 불문하고 모두 독
립 만세를 부르짖었다.[7]

키스 자매가 한국인들의 당시 행동에 얼마나 공감하고 있었는지 잘 드러난다. 두 자매는 심지어 3·1운동으로 감옥에 갇힌 이화학당의 한 학생을 교장과 함께 면회하기까지 했다. 외국인 여행객으로서는 결코 쉽지 않은 행동이었다. 그가 만난 여학생은, 그 이름[Ruth]과 정황 등으로 미뤄볼 때 유관순으로 추정된다.

우리는 투옥된 여학생과 겨우 몇 인치 정도밖에 안 되는 작은 문
구멍으로 대화를 해야 했다. 여학생의 얼굴이 겨우 보였는데, 그
학생은 한국 사람에게는 힘든 자세인 무릎 꿇는 자세로 앉아 있어
야 했다.……학교에서 루스Ruth라고 불리는 이 여학생은 반질거리
는 까만 머리를 등 뒤로 땋아 내렸다. 기품이 고고한 얼굴이었고,
치아는 하얗고 뺨은 불그스레했으며 새까만 눈동자는 반짝거렸
다. 슬픈 표정이라기보다는 오히려 환희에 넘친 표정이었다. 여학
생은 왜 자기가 학교의 명령을 어기고 독립운동에 참가했는지, 또
어떻게 체포되었는지 말했다.[8]

---

7 앞의 책, 152~156쪽의 일부.
8 앞의 책, 157쪽.

그림으로 표현한 '한국 사랑'

위에 소개한 글들은 모두 언니 엘스펫의 관찰기였다. 그렇다고 동생 엘리자베스의 생각이 다른 것은 아니었다. 그는 화가였다. 화가는 작품으로 말하는 법이다. 그가 남긴 작품을 보면 한국과 한국인에 대한 그의 공감도가 어느 정도였는지 알 수 있다. '말'보다 '그림'이 훨씬 선명한 법이다.

앞에 소개한 것처럼 동대문이 등장하는 그림이 상당수다. 물론 구도와 앵글은 모두 다르다. 그렇지만 작품 하나하나는 그가 한국과 한국인에 대해 갖고 있던 페이소스를 바탕에 깔고 있다. 어떤 때는 식민지의 우수 어린 색채가 화면을 지배하다가도, 어떤 때는 그가 만난 한국인들을 신뢰와 애정으로 지켜보는 조용한 시선이 느껴진다. 그런가 하면 그가 접한 한국인들의 일상 속에 녹아들어 가 함께 즐기는 흥겨운 기분이 화면 전체에 배

〈아기를 업은 여인Lady with a Child〉
(채색목판화, 1934), 43.4×37.5cm.
식민지 조선에서 1934년 발행된
크리스마스 실의
원화로 제작된 작품이었다.
동대문을 멀리 배경에 둔 가운데 당시
동대문부인병원에 입원해 있던 한 부인과
그 아들을 따뜻한 시선으로 바라보는 작품이다.
자신의 이름[Keith]을 한자로
'기덕奇德'으로 표기한 것도 재미있다.

위 작품은 〈달빛 아래 서울의 동대문East Gate, Seoul, Moonlight〉(채색목판화, 1920), 39.7×40.0cm. 일본의 전통적인 목판화 제작기법인 '우키요에[浮世繪]'로 제작된 것으로 엘리자베스 키스를 판화가로 입신시킨 중요한 작품이었다. 어스름 달빛 아래 그림자 진 동대문의 모습이 왕조의 그늘과 겹쳐진다.

아래 작품은 〈신부 행차Marriage Procession, Seoul〉(채색목판화, 1921), 25.7×38.0cm. 그가 실제로 지켜본 유쾌한 결혼식 풍경 중의 하나였다. 멀리 동대문이 보이고 신부의 가마 행렬이 청계천에 걸린 다리를 건너는 것으로 보아 이 다리는 서울 성안 영역에서 동대문에 가장 가까웠던 마전교로 추정된다.

어 나오기도 한다. 말하자면 희로애락이 그때그때 적절히 구사되었다.

엘리자베스가 고급 호텔을 사양하고 굳이 동대문 근처의 선교회관에 숙소를 잡은 이유를 우리는 알고 있다. 한국인들의 일상생활을 지근거리에서 관찰하기 위한 것이었다. 그는 매일 스케치 여행을 나갔다. 심지어 언니 엘스펫이 예정했던 기간이 다 차서 석 달 만에 일본으로 돌아간 뒤에도 그해 가을까지 혼자 한국에 남아 한반도의 이모저모를 화폭에 담아 냈다. 그것이야말로 엘리자베스의 표현대로 "내가 사랑하는 한국My Beloved Korea"에 대해 스스로 표현할 수 있는 최대한의 애정 표시였을 것이다.

실제로 엘리자베스는 한국인의 일상생활을 보여 주는 작품을 많이 남겼다. 그중에서도 장소와 일체화된 그림들은 귀중하기까지 하다. 예컨대, 우리는 과거에 광희문을 통해 상여가 나갔다는 사실은 알고 있지만 그런 장면을 본 적도 없고 지금의 광희문 주변에서 그런 정황을 상상하기도 쉽지 않다. 또 관우의 신위를 모신 동관왕묘가 지금까지 남아 있긴 하지만 거기서 우리 조상들이 '발복發福'을 빌던 모습을 머릿속에 그려 볼 수 있

위쪽 그림은 〈장례를 치르고 돌아오며Returning from the Funeral, Korea〉(채색목판화, 1922), 37.5× 23.8cm. 상여가 드나드는 광희문을 저녁 때 밖에서 본 모습이다. 이 그림에서 엘리자베스는 두 가지 실수를 했다. 현판을 '동대문東大門'이라고 표기한 것이 한 가지였고, 장례를 치르고 저녁 어스름에 돌아오는 행렬이 마치 성문을 나서는 것처럼 묘사한 것이 또 한 가지였다. 동양 문화에 익숙하지 않은 화가가 현장을 스케치한 뒤 나중에 판화로 제작하는 과정에서 생긴 오류로 보인다. 이 그림은 작가가 만년에 영국 런던에서 개인전을 열었을 때 출품되어 엘리자베스 2세 여왕이 구입한 작품들 가운데 한 점으로 알려져 있다. 아래 왼쪽 그림은 〈사당 내부Temple Interior〉(수채화). 이 작품은 동대문 밖의 '동관왕묘' 내부를 그린 것이다. 작가는 "사당은 이상한 모양의 조각들로 꽉 차 있었고 내부는 어두컴컴하였다. 얇고 가벼운 치마를 입고 땅에 납작 엎드려 염불하는 여인들은 마치 깊고 어두운 숲속에 떨어진 꽃잎처럼 보였다"는 취재기를 남겼다. 그렇게 '꽃잎'들처럼 묘사된 여인들은 치성을 드리는 사람들이고, 그림 중앙에 촛불을 밝히고 있는 남성은 제물을 배설하는 등 제사를 돕는 관리인으로 추정된다. 1980년경까지 동묘에서 이런 제사가 이뤄졌다. 아래 오른쪽 그림은 〈서당 풍경The School-Old Style〉(수채화). 작가는 이 서당을 '서울 성문에서 멀지 않은 집'이라고 설명했다. 동대문 또는 광희문 밖의 어느 민가였을 것이다.

을까? 지금의 우리는 그렇게 하지 않기 때문이다.

그런 식이었다. 엘리자베스는 우연히 만난 한국을 그런 식으로 사랑했다. 그 사랑을 약 100년 뒤에 되짚어 보는 우리로서는 그에게 감사하지 않을 수 없다.

사후에도 전해진 '한국 사랑'

그럼에도 불구하고 우리는 엘리자베스 키스에 대해 별로 아는 것이 없다. 평생 독신으로 산 그에게는 자식도 없었고, 그의 작품도 외국의 몇몇 미술관에 수장되어 있을 뿐 체계적으로 수집되거나 연구되지 않았다. 최근에 그의 책을 우연히 접한 재미 한국인 학자에 의해 책 두 권이 번역되어 나오고,9 그의 노력을 통해 작품들도 함께 국내에 소개된 정도다.

혹시나 하는 마음에 과거 한국 언론을 통해 그의 작품이 국내에 소개된

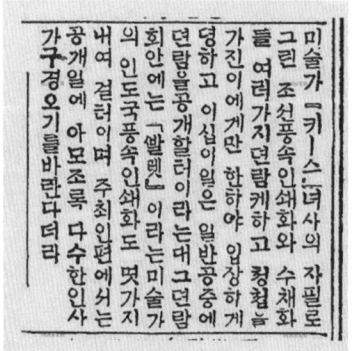

1921년 9월 18일 자 《동아일보》에 소개된 엘리자베스 키스의 국내 전시회 소식.
서울 장곡천정長谷川町(지금의 소공동)의 '은행집회소(지금의 은행연합회관)'에서 열렸다.

적이 있는지 찾아보았다. 엘리자베스가 일제강점기에 두 차례나 국내에서 전시회를 개최했으며, 그때마다 국내 언론이 그 전시회를 소개했다는 사실을 확인할 수 있었다. 1921년 9월에는 《동아일보》가 〈영국 여류의 자작화 전람회〉라는 제목으로, 1934년 2월에는 《조선일보》가 〈영국 여류화가의 손으로 재현되는 조선의 향토색〉이라는 제목으로 각각 보도했다.

이 두 차례의 전시회가 어떤 평가를 받았는지, 당시 그의 작품이 얼마나 팔렸는지는 알 길이 없다.

《경향신문》 1958년 8월 17일 자에 소개된 엘리자베스 키스의 사후 행적. 우리는 그를 기억하지 못했지만 그는 한국에 대한 관심과 사랑을 끝내 버리지 않고 있었음을 이 기사를 통해 확인할 수 있다.

또 당시 그의 작품을 구입한 사람이 누구였으며, 그 작품이 지금 국내에 수장되어 있는지도 전혀 알 수가 없다. 그처럼 조용히 한국을 다녀가며 남모르게 가슴속으로 한국을 사랑했던 한 여인의 흔적을 우리는 100년이 지난 오늘에 와서 다시 살펴보고 있는 것이다.

미안한 마음을 안고 그에 대한 신문기사를 조금 더 검색해 보았다. 뜻밖의 기사가 하나 발견됐다. 이 기사를 읽으면서 가슴이 먹먹해졌다. 엘리자베스 키스가 세상을 떠나고 2년 뒤인 1958년 8월 17일 자 《경향신문》에

---

9 앞의 책과 엘리자베스 키스, 《키스: 동양의 창을 열다》, 책과함께, 2012 등 두 권이 그것이다. 모두 송영달의 번역으로 출판됐다.

〈엘리자베스 키스의 초상화Portrait of Miss Elizabeth Keith〉.
그가 일본에 체류하던 시절 함께 목판화의 길을 걷던 이토 신수이伊東深水가
1922년에 그려 준 초상화다. 그의 고독한 영혼과 속 깊은 정이
만져질 듯하다.

실린 〈영국인 키이스 여사 한국 아동 위해 희사〉라는 제목의 기사다.

> 16일 외무부에서 알려진 바에 의하면 영국인 제씨 키이스 여사가 한국 아동들의 구호사업을 돕고자 30파운드의 돈을 주한영국대사관을 통하여 외무부로 보내왔다고 한다.
> 동 여사는 이에 앞서 타이프라이터 1대를 영국에 있는 한국 유학생회에 기증한 바 있는 독지가라고 한다. 이와 같은 동 여사의 여러 가지 호의는 동 여사의 누이인 고 엘리자베스 키이스 여사의 유지遺志에 의한 것이라고 하는데 그의 누이는 널리 알려진 동양화가로서 우리나라에도 오랫동안 거주한 일이 있는 사람이다.
> 한편 키 여사는 그의 누이를 기념하기 위하여 누이의 유산으로 한국 유학생 장학사업을 하기로 작정하고 '엘리자베스 키이스 기념 장학기금'을 발족시키려고 애쓰고 있다고 한다.

영국대사관에 성금을 보내 온 제시 키스Jessie Keith는 엘리자베스의 또 다른 언니들 중의 한 사람으로서 마찬가지로 독신이었기 때문에 1932년부터 한때 일본의 도쿄에서 엘리자베스와 함께 살기도 했던 인물이다. 우리는 엘리자베스를 기억하지 못했지만 그와 그의 자매들은 한국을 결코 잊지 않았음을 이 기사를 통해 뒤늦게 확인할 수 있었다. 한국 유학생들을 돕기 위한 장학기금이 성립되었다는 소식은 그 뒤에 찾을 길이 없다.

엘리자베스 키스에 대한 미안한 마음과 고마운 마음을 함께 담아 그의 초상화를 소개한다. "Thank you, Elizabeth! 당신 덕분에 우리는 100년 전 우리의 모습에 대해 아주 많은 것을 알게 되었어요. 그것은 전적으로 당신의 따뜻한 마음 덕분입니다."

[07]

'농부' 이성문,
'스스로 낮아진 사람'의
후손이 되어

'왕십리 입향조'가 '경성 이씨' 된 사연
재판을 통해 굴러들어 온 선물
이승훈, 그의 죽음은 '순교'인가 아닌가
동생 이치훈의 생존 전략
'이치훈 자진 몰락'의 진실

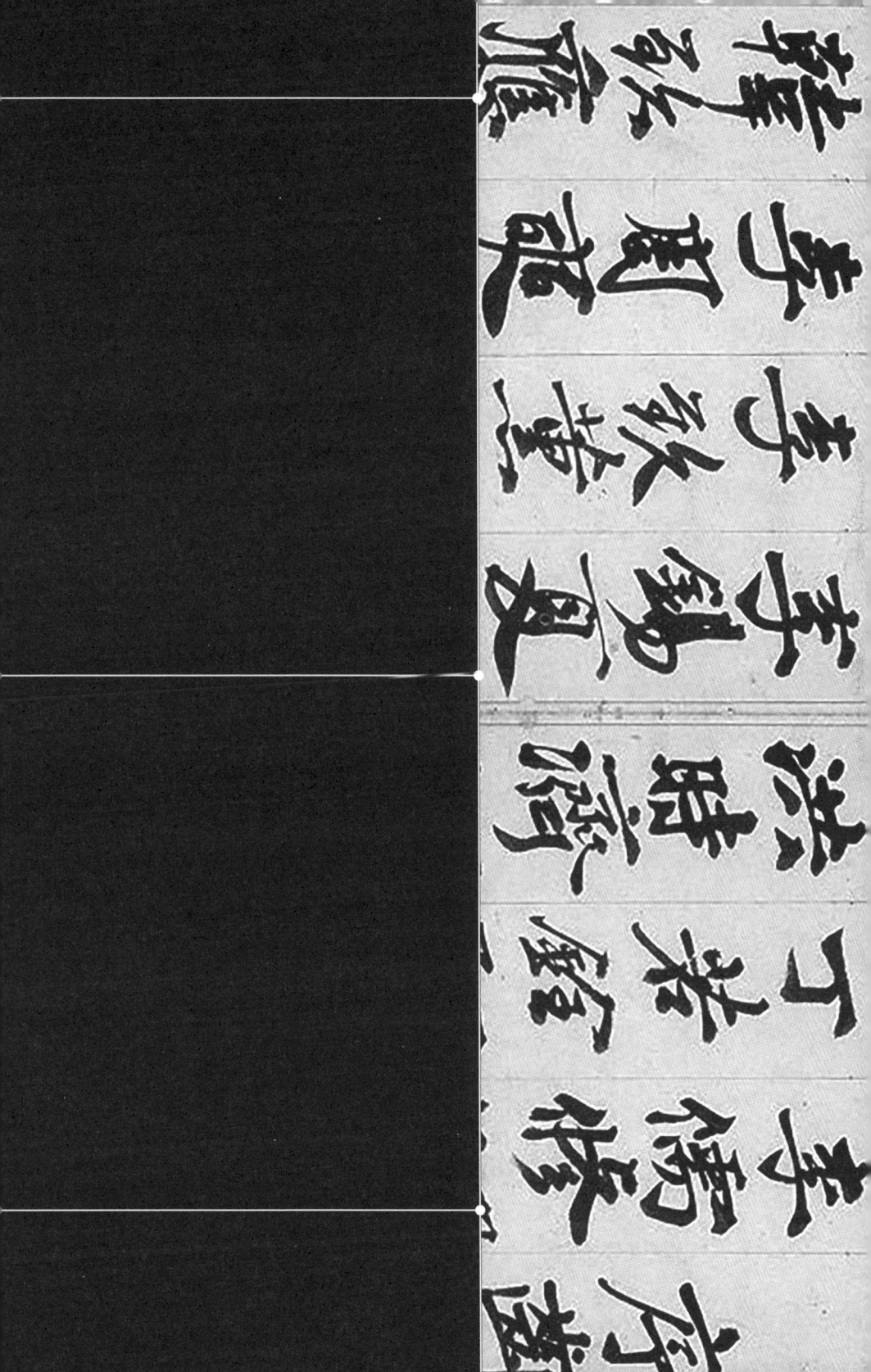

1896년 한 사나이가 왕십리로 이사 들어왔다. 그 당시는 근대적 지번 제도가 도입되기 전이어서 그가 이사 온 집의 위치를 어떻게 특정했으며, 어떤 방식으로 관청에 등록했는지 알 길이 없다. 그러나 10여 년 지나 일제 식민지 시기에 그의 집은 '하왕십리 696번지'라는 지번을 부여받았다. 지금은 옛 지형이 완전히 지워져 평지화된 왕십리 뉴타운의 한복판이지만 뉴타운 개발 이전까지만 해도 왕십리 언덕 위의 '큰 우물' 바로 앞집이었다.

그의 후손들도 이 집에서 계속 살았다. 후손이 번성해 1950년대 후반에는 증손자까지 이 집에서 출생했다. 그사이에 장자와 장손이 아닌 자손들은 분가해 나갔지만 대부분 멀리 가지 않고 왕십리 지역에서 새 살림들을 차렸다. 시대적으로 전근대와 근대의 경계에 살았던 그는, 후손들의 입장에서 볼 때, '왕십리 입향조入鄕祖'였던 셈이다. 당연히 후손들 모두의 본적은 지금까지 '서울시 성동구 하왕십리동 696'이다.

'왕십리 입향조'가 '경성 이씨' 된 사연

그의 이름은 이성문李聖文(1873~1932)이다.[1] 우리 나이로 스물넷에 결혼하면서 부인과 함께 이곳 왕십리에 자리 잡았다. 그전에는 서울 도성 안의 옛 단성사 극장 근처 봉익동(종묘광장공원 서쪽의 종로 귀금속거리 일대)쯤에 살았다고 한다. 꽤나 그럴듯한 기와집이었다. 아버지가 무슨 직업을 가졌었는지 알 길이 없지만 당대에 자수성가해 살림이 풍족했던 모양이다.

그런데 이성문이 불과 세 살 때 어머니 광주 노씨光州 盧氏가 세상을 떠나고 젊은 계모 김해 김씨金海 金氏가 들어오면서 문제가 생기기 시작했다. 계모는 이성문보다 불과 여덟 살 위였다. 흔히 그렇듯이 이성문은 계모나 이복형제들과 잘 맞지 않아 집안에서 따로 돌았다. 결국 그는 1896년 결혼과 함께 집을 떠날 수밖에 없었다. 이성문의 아버지는 이유야 어떻든 장남이 본가를 떠나는 것이 꽤나 가슴 아팠던 것 같다. 그래서 왕십리에 초가집이나마 집을 한 채 마련해 주었다. 앞서 언급한 하왕십리의 바로 그 집이다. 그리고 그곳에서 멀지 않은 뚝섬에 일정한 규모의 농지도 마련해 주었다.

이렇게 본가와 일정한 거리를 두게 되면서 이성문은 이제 모든 일을 알아서 해결해야 했다. 농사를 지어 스스로 생계를 해결하는 것은 물론이고, 새 가정의 호주가 되어 집안의 대소사도 스스로 주관하고 진행했다. 아들 4형제도 농사꾼이 되거나 숯장사 또는 구멍가게를 운영해 열심히 살았다. 다행스러운 것은 아들과 손자들이 대부분 건강하고 자기 앞가림

---

[1] 이성문과 그 후손들의 이야기는 그의 증손자인 이춘성(종손, 1948년생) 및 이진성(이춘성의 사촌동생, 1957년생)과의 두 차례 인터뷰(2014년 8월 8일과 28일)를 통해 확인된 내용들이다. 여기 등장하는 이성문과 조상 및 후손들의 기본적인 인적 사항은 《평창 이씨 세보(권지3)》에 의존했다.

을 잘하며 살아간 일이다. 이성문이 세상을 떠난 뒤의 일이지만 손자와 증손자 중에는 머리가 뛰어나 남부럽지 않게 교육받고 자기 사업 하며 사는 후손도 여럿 있다.

사실 여기까지는 그저 그런 얘기다. 이런 이야기는 세상에 널려 있기 때문이다. 자식이 여럿이면 불가피하게 하나를 제외하고는 분가하는 게 전통시대의 이치였으니 본가를 떠난 아들의 이야기는 수도 없이 많고, 그 상당수는 성공담으로 포장되어 있는 게 사실이다.

그런데 이성문에게는 한 가지 고민이 있었다. 우리나라에 근대적 호적 제도가 시행되었을 때 자신의 본관을 창시해 '경성京城'이라고 신고한 일이었다. '경성'이라는 도시 이름 자체가 일제강점기 이후의 것이니 '경성 이씨'라는 건 전통시대에 없던 성이었다. 그 시절의 표현을 빌자면 이것은 "나는 근본이 없는 사람입니다!"라고 선언하는 것이나 마찬가지였다. 이것이 이성문과 그 후손들의 공통된 고민이었다.

왜 그렇게 된 것일까? 족보만 있었더라면 간단하게 해결될 일이었는데 그가 분가하면서 족보를 가지고 나오지 않았던 것일까? 설사 그렇더라도 호적을 만들 때 아버지를 찾아가 확인받기만 했어도 자신의 본관을 찾을 수 있지 않았을까?

그렇게 된 데에는 나름대로 이유가 있었다. 그의 아버지를 포함해 집안에 족보 자체가 전하지 않았다. 그것이 원천적인 문제였다. 19세기 후반이면 우리나라 인구의 대부분이 무슨 수단을 쓰든 양반 가문의 족보를 갖게 된 마당에 그것도 기이한 일이었다. 이성문의 아버지는 그 정도는 해결할 수 있을 정도의 재산도 갖고 있었던 모양인데 왜 그렇게 되었을까?

그의 집안에 조상이 본래 '평창 이씨平昌 李氏'였다는 말이 전하긴 했다. 그중에서도 과거 급제자와 학자를 상당히 많이 배출한 파라는 것이었다.

그러나 이성문 자신이 들어서 아는 것도 딱 거기까지였다. 그 이상으로는 가문의 연원을 모르다 보니 후손들에게 구체적으로 전할 말도 없었다. "우리 본관은 본래 다른 것이었다"고 말하는 것은 "옛날에 우리 집에 금송아지가 있었다"고 말하는 것만큼이나 공허한 이야기였을 뿐이다.

이성문의 증손자 한 사람은 "내가 철들고 나서부터는 한동안 어디 가서 본관 얘기를 해본 적이 없다"고 털어놓았다. 아무리 세상이 바뀌었다 해도 내놓고 말하기 창피했다는 이야기다.

재판을 통해 굴러들어 온 선물

1968년, 이성문의 후손들은 전혀 예상하지 못했던 송사에 휘말렸다. 이성문은 물론이고 그의 장자 이귀석(1897~1964)까지 세상을 떠난 뒤였다. 송사의 피고는 이성문의 장손인 이원신(1923~1997)이었고, 원고는 뜻밖에도 이성문의 이복동생의 후손들이었다. 물론 이원신과 그 가족들이 한 번도 만나 본 적이 없는 사람들이었다.

그 배경은 이런 것이었다. 이성문의 아버지 이동근(1849~1932)은 세상을 떠나기 직전 자신의 산소 자리를 마련해 놓았었다. 그의 할아버지와 아버지가 워낙 여러 지방을 전전하는 바람에 변변한 선산이 없었기 때문이다. 그곳은 한강이 잘 내려다보이는 아차산 기슭으로 지금의 장로회신학대학교 뒤편 아차산생태공원 인근이었다. 당시에는 아차산이라는 이름보다 '광나루'라고 불리던 곳이었다. 이동근이 마련한 산소 터는 2,500여 평. 묫자리로는 아주 훌륭했다.

이동근은 이 아차산 기슭에 유택을 마련한 뒤 두 해 만에 세상을 떠나

본인 뜻대로 이곳에 묻혔다. 장례식은 성대하게 치러졌다. 따로 살았지만 장남인 이성문도 물론 이 장례식에 참석했다. 후손들에게 전하는 이야기로는 "당시 서울에 있던 택시 40여 대가 모두 동원되어서 장례를 치렀다"고 한다. 그렇게 1932년 3월 이동근이 세상을 떠난 뒤 이성문도 넉 달 만인 그해 7월에 세상을 떠나 이곳 아버지의 산소 아래 묻혔다.

이렇게 되고 보니 자연스럽게 이 두 산소는 이성문의 후손들이 관리하게 되었다. 무슨 연유가 있었는지 모르지만 구등기부 등본을 살펴보면 이 가족묘지는 이동근이 숨진 바로 그달, 아들 이성문을 건너뛰어 손자인 이귀석에게 상속되어 있었다. 아마도 이동근이 장남의 가계에서 자기 산소를 돌보게 하려는 의도가 있지 않았나 추측된다. 그 밖에 다른 재산을 이성문에게 물려준 흔적은 별로 없다.

그렇게 30년도 더 지난 뒤 이성문의 이복형제의 후손들이 소송을 제기한 것은 바로 이 가족묘지가 아차산공원으로 수용된다는 공고를 보았기 때문이었다. 자신들도 이곳에 연고가 있으니 일부 소유권을 인정해 달라는 것이었다. 그러나 이 가족묘지에는 이동근과 이성문 외에는 아무도 산소를 쓰지 않고 있었다. 이성문의 이복동생 후손들은 이곳에 산소를 쓰기도 껄끄러웠을 것이다. 1년 가까이 끈 재판은 '원고 패소'로 결론이 났다.

이 가족묘지의 소유권이 원상회복된 것이었다. 그런데 이성문의 후손들은 이 재판 과정을 통해 전혀 예상하지 못했던 '선물'을 한 가지 얻었다. 원고 측이 자신의 연고를 주장하며 재판부에 제시한 증거물들 가운데 한 가지가 이성문과 자신들이 함께 기재된 족보였다. 그것은 '평창 이씨 익평공파翼平公派'의 세보였다. 이들은 이성문의 분가 이후에 평창 이씨 족보에 복귀했던 것 같다. 당연히 그 족보에는 이성문 아래의 후손들은 기재되어 있지 않았다.

이성문의 후손들로서는 집안에 말로만 전하던 '평창 이씨'라는 자신들의 연원을 처음으로 물증을 통해 확인하는 순간이었다. 이들은 그 족보를 들춰 보며 "집안에서 할아버지와 아버지로부터 듣던 이야기가 단순한 '전설 따라 삼천리'가 아니었구나!"라고 새삼스럽게 감탄했다. 이 족보를 접하고서 이들이 처음으로 한 일이 무엇이었을까? 자연히 '왕십리 입향조' 이성문 할아버지의 윗대를 살펴보았다. '과연 그들은 누구였을까?', '우리 조상은 어디에서 무슨 일을 하고 산 사람들이었을까?' 이런 기대감과 궁금증 속에 족보를 한 장 한 장 조심스럽게 앞으로 넘겨 갔다.

이성문의 아버지 이동근까지는 이미 알고 있었고, 계속 윗대로 올라갔다. 할아버지와 증조할아버지를 거쳐 고조할아버지에 이르렀다. 그때까지는 기재사항이 한 인물당 서너 줄로 끝나는 경우가 대부분이었는데 갑자기 긴 설명이 나타났다. 그 옆을 보니 고조할아버지의 형님은 훨씬 더 길었다. 우선 고조할아버지에 대한 설명은 이랬다.

> 치훈致薰 자字 자화子和. 영종英宗[2] 기묘己卯(1759)생.[3] 기유己酉(1789) 사마司馬,[4] 임자壬子(1792) 감제柑製[5]에 수석을 해 전시殿試[6]를 치렀다. 누차 형에게 배교背敎를 권유하였으며, 신유박해辛酉迫害(1801)

---

[2] '영종英宗'은 조선조 제21대 국왕 영조英祖(1724~1776 재위)의 원래 묘호廟號다. 1890년(고종 27)에 '영종'에서 '영조'로 바뀌었다.
[3] 족보에는 '을유乙酉(1765)생'이라고 기록되어 있으나, 뒤에 살펴보겠지만 이치훈이 살았을 때 기록된 것으로 보이는 죽란시사첩에 '기묘己卯(1759) 11월 11일'생으로 기재되어 있어 이를 따랐다.
[4] '사마司馬'는 생원과 진사를 뽑던 소과小科를 가리킨다.
[5] '감제柑製'는 해마다 제주도에서 진상하는 황감黃柑(귤)을 임금이 성균관과 사학四學의 유생들에게 내려주며 실시하던 과거다.
[6] '전시殿試'는 조선시대에 복시覆試에서 선발된 사람에게 임금이 친히 치르게 하던 과거다. 문과 33명, 무과 28명의 합격자를 재시험해 등급을 결정했는데, 특별한 사유가 없는 한 떨어뜨리지 않았다.

때 마지막 형장에서 형의 배교를 권했으나 듣지 아니하매 충청도로 낙향하여 은거. 임오王午(1822) 7월 6일 졸. 배配 숙인淑人 안동 권씨安東 權氏 부父 참판參判 이강以綱.

이치훈李致薰(1759~1822)은 도대체 누구인가? 위의 기록 가운데 언제 어떻게 과거를 보아서 단계적으로 급제했다는 이야기는 그저 알아 두면 될 일이고, 중요한 것은 조선시대 가톨릭 신자들에 대한 최초의 본격적인 탄압으로 꼽히는 신유박해 때 형님에게 배교를 권유했다는 대목이다. 그러면 그 형은 또 누구인가? 그는 조선에서 최초로 영세를 받은 이승훈李承薰(1756~1801)이었다. 중고등학교 국사교과서에도 등장하는 인물이다. 이렇게 되면 이성문의 가계에 갑자기 눈이 번쩍 뜨인다.

이승훈, 그의 죽음은 '순교'인가 아닌가

잘 알려져 있다시피, 이승훈을 빼고서는 한국 가톨릭교회의 초기 역사를 설명할 길이 없다. 그는 초기 가톨릭교회 지도자 중의 한 사람으로서 1783년(정조 7) 동지사의 서장관인 아버지를 따라 북경에 가서 40여 일간 머무르며 북천주당에서 필담으로 교리를 배운 뒤 프랑스인 그라몽Louis de Grammont 신부로부터 영세를 받고, 1784년 3월 수십 종의 가톨릭 교리서와 십자가상, 묵주 등을 가져와 한국 가톨릭교회의 토대를 놓은 장본인이다.[7] 그 이전에도 조선 사회에 남인들을 중심으로 가톨릭 공동체가 형성되어 있었으나 그것은 어디까지나 막다른 골목에 이른 전통적 유교 사회를 혁신할 새로운 단서로서의 '서학西學'을 받아들인 것뿐이었다. 가톨릭이 '신앙'으로서 수용되고, 나아가 '신앙공동체'로서의 '교회'가 성립된 것은 이승훈 귀국 이후의 일이었다.

그렇게 해서 한국 가톨릭교회에서 중요한 인물로 추앙받는 이승훈에게 동생 이치훈이 배교를 권유했다니······. 또 이승훈은 그런 권유를 받고서도 순교의 길을 택했는데 현재 수백 명에 이르는 한국인 '성인' 또는 '복자'의 명단에서 그의 이름을 발견할 수 없는 이유는 무엇일까? 뭔가 상당히 복잡한 과정이 개재되어 있었던 것 같다. 우리는 지금 한국 가톨릭교회사를 연구하거나 따지는 것은 아니니, 그 긴 이야기를 짧게 줄여 보자.[8]

이승훈은 1785년(을사乙巳 추조 적발사건), 1791년(신해辛亥 진산사건), 1795년(을묘乙卯 주문모 신부 입국사건) 등 가톨릭과 관련된 문제가 벌어질 때마다 연루되지 않을 수 없었다. 그것은 이승훈이 수행한 역할에 따른 숙명 같은 것이었다. 그럴 때마다 평택 현감직에서 파직당하는가 하면 충청도 예산으로 유배되는 등 각종 처벌을 받았다. 그러나 목숨만은 부지할 수 있었다. 여기에는 남인을 보호하려던 정조의 배려가 크게 작용했다. 동시에 이승훈 스스로 〈벽이문闢異文(이단을 물리치는 글)〉(1785), 〈유혹문牖惑文(미혹을 바른 길로 인도하는 글)〉(1795) 등을 지어 자신이 가톨릭을 떠났음을 적극적으로 변론한 것도 큰 역할을 했다.

---

7 이승훈은 1784년 초 중국에서 귀국한 뒤 서울 청계천 수표교 근처 이벽李檗의 집에서 여러 사람에게 세례를 베풀어 신앙공동체를 형성했으며, 이들 초기 교회 구성원들은 그해 늦가을부터 명례방에 있던 역관 김범우金範禹의 집(지금의 명동성당 자리)을 아예 정기적인 예배의 장소로 삼았다. 한국 가톨릭교회는 이 해를 창설 기점으로 삼아 1984년 '한국 천주교 200주년 기념행사'를 크게 열었고, 그해 5월 방한한 교황 요한 바오로 2세는 서울 여의도 광장에서 한국 순교자 103위에 대한 시성식을 집례했다.

8 이승훈의 가톨릭 전래 및 그 이후의 변심 과정은 조광, 〈신유교난과 이승훈〉, 《교회사연구》 제8집, 한국교회사연구소, 1992, 59~85쪽 참조.

우리는 이 책의 '들어가는 말'에서 정약용의 1787년 작 〈동성음〉이라는 시를 살펴본 바 있다. 그 무렵 정약용은 과거科擧와 신앙信仰 사이에서 심하게 흔들리는 중에도 바로 이승훈과 함께 천주교 모임을 꽤나 열심히 갖고 있었던 것으로 알려져 있다. 그러나 정약용은 그런 고심의 끝단에서 마침내 신앙을 버렸다.

이승훈도 정말 가톨릭 신앙을 포기했을까? 그것은 그 자신만이 알 수 있는 일이다. 우리가 200여 년 전 그의 마음속에 들어가 보지 않는 이상 그의 결단을 확인할 길은 없다. 다만 여러 가지 드러난 정황으로 볼 때 그가 많이 흔들렸던 것만은 사실인 것 같다. 특히 양반계급 출신에 지방 수령으로서 조상 제사 문제를 넘어서기는 어려웠을 것이다.

마침내 결정적인 순간이 왔다. 남인 세력의 배경이 되어 주던 정조가 승하하고 그 아들 순조가 등극했다. 1801년(순조 1) 노론 세력이 정순왕후 김씨(영조의 계비)를 등에 업고 '신유박해'를 일으켰다. 이승훈은 다시 잡혀 갈 수밖에 없었다. 이번에는 혐의가 훨씬 노골적이었다. '구서전법購書傳法(가톨릭 서적을 구입해 들여와 신앙을 전파함)', '자위교주自爲敎主(스스로 교주가 됨)', '밀통양인密通洋人(은밀하게 서양인과 왕래함)', '잠모가환潛謀家煥(몰래 외숙 이가환과 모의함)' 등이었다. 이 가운데 어느 한 가지만으로도 사형을 면할 수 없었다.

그는 "신해년(1791) 이후에는 진실로 (가톨릭 신앙을) 영원히 끊었다"[9]며 자신이 가톨릭교회와 무관함을 필사적으로 변론했으나 소용없었다. 그는 이미 바뀐 정세 아래에서 가톨릭 국내 전파의 원흉으로 지목되어 있었기

---

9 전주대학교 한국고전학연구소 옮김, 〈신유년, 사악한 천주학 죄인 이가환 등 심문기록〉, 《추안급국안 73》, 흐름출판사, 2014, 113쪽.

때문이다. 그는 결국 그해 2월 26일 서울 서소문 밖 형장에서 참수됐다.

그러면 이제 생각해 볼 문제가 있다. 이승훈의 죽음은 '순교殉教'인가, 아닌가? 유감스럽게도 가톨릭교회는 그의 순교를 인정하지 않고 그가 '배교背教'한 것으로 보고 있다.[10] 배교라고 단정하기 부담스러울 경우 '기교棄教'라는, 다소 작위적인 표현을 쓰기도 한다.[11] 그러나 일반인의 눈으로 볼 때, '배신'과 '포기'가 얼마나 다른 것인지는 이해하기 어렵다. 중요한 것은 그가 당시 조선 사회와 가톨릭교회 양측으로부터 모두 부정당했다는 사실이다. 가톨릭교회가 그를 이미 떠나간 사람으로 보았다면, 전통적인 유교 질서는 그의 귀환을 받아들이지 않았던 것이다. 그는 살아서는 물론이고 죽어서도 설 땅이 없었다.

동생 이치훈의 생존 전략

이제 '왕십리 입향조' 이성문의 직계 조상인 이치훈의 이야기로 돌아가자. 그는 세 살 위의 형 이승훈과 달리 가톨릭에 관심을 갖지 않았던 것 같다. 그가 가톨릭 신앙을 가졌거나 가톨릭공동체에 다가갔다는 기록은 어디에도 없다.

물론 그는 남인 계열 지식인이었다. 그는 청년 시절부터 같은 당색의 동년배들과 적극적으로 어울렸다. 1796년에 개혁적 재상 채제공(1720

---

10 샤를르 달레, 안응렬·최석우 옮김, 《한국천주교회사(상)》, 한국교회사연구소, 1987, 448~449쪽은 이승훈의 죽음에 대해 "그가 순교자들과 함께 죽음을 향해 나아갔으되 순교자는 아니었다. 그는 천주교인이라고 참수당하였으나 배교자로 죽었다"고 단정했다.
11 조광, 앞의 글, 85쪽 참조.

~1799)의 후원과 정약용(1762~1836)의 주도 아래 비슷한 연배의 남인 출신 초급관료 15명이 결성한 '죽란시사竹欄詩社' 활동이 바로 그것이었다.¹²

살구꽃이 처음 피면 한 번 모이고, 복숭아꽃이 처음 피면 한 번 모이고, 한여름에 외가 익으면 한 번 모이고, 초가을 서늘할 때 서지西池에서 연꽃 구경을 위해 한 번 모이고, 국화가 피면 한 번 모이고, 겨울철 큰 눈이 내리면 한 번 모이고, 세모歲暮에 분매盆梅가 피면 한 번 모이되, 모임 때마다 술·안주·붓·벼루 등을 설비하여

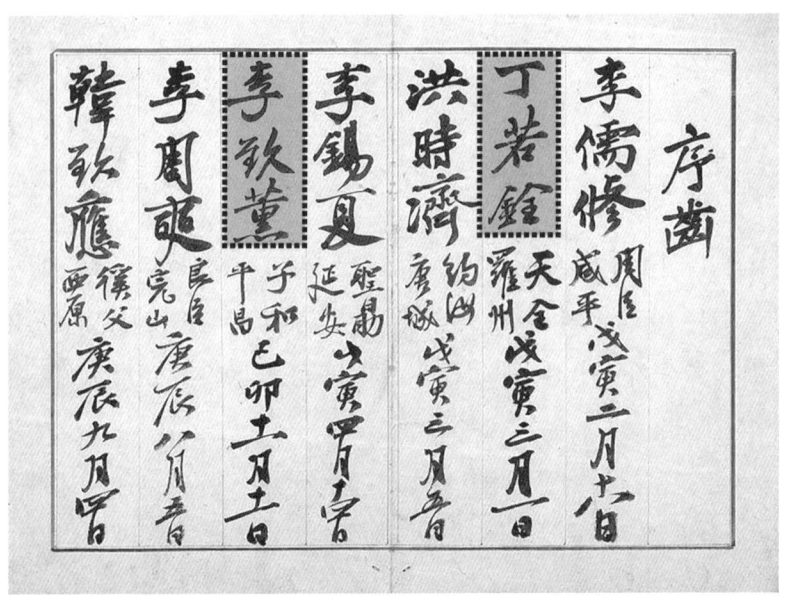

현존하는 '죽란시사첩'의 유일한 실물로 확인된 《익찬공서치계첩》(28.9×18.3cm)의 일부.
이 시사의 회원 15명의 명단을 나이순으로 적은 '서치'에서
오른쪽으로부터 두 번째에 정약용의 형 '정약전', 다섯 번째에 '이치훈'의 이름이 보인다.
2012년 서울 예술의전당 서예박물관에서 정약용 탄생 250주년 기념 특별전으로 열린
'천명, 다산의 하늘'에 출품되었다.

술 마시며 시 읊는 데에 이바지한다.¹³

모임의 규칙부터 아주 매력적이었다. 실제 이들이 시사 모임에서 읊었던 작품들이 확인되지 않았지만 이런 정도의 정서를 공유하고 운치를 즐길 줄 아는 청년들이라면 그 작품들 역시 만만치 않았을 것 같다. 아무튼 이치훈을 포함해 이들 모두는 남인의 미래였다.

그가 가톨릭에 관심을 갖지 않았다고 해서 유교적 질서의 경계를 아슬아슬하게 걸어가는 형을 배척한 것 같지도 않다. 앞서 족보 기록에서 살펴보았듯이 그가 형에게 마지막 순간까지 '배교'를 '권유'했다는 표현이 눈에 밟힌다. 이것은 신념과 신앙의 문제를 넘어서서 지극한 가족애의 발현이었을 것이다. 말하자면 '할 만큼 했으니 이젠 가족을 보전할 방도를 찾으라'는 취지였겠다.

족보 기록 중 "형(이승훈)이 배교 권유를 듣지 않았다"는 대목은 다소 자의적인 기술로 보인다. 이승훈은 이미 당국의 조사 과정에서 진심이든 아니든 여러 차례 자신의 신앙을 부정한 사실이 확인되기 때문이다. 동생의 권유 내용과 마찬가지로 외형적으로는 배교의 길을 걸었던 것이다.

그럼에도 불구하고 끝내 이승훈이 1801년 신유박해 때 형장의 이슬로 사라지자 이치훈은 '충청도로 낙향하고 은거'해 20여 년 살다 숨진 것으

---

12 정약용은 채제공의 양아들 채홍원과 함께 죽란시사의 결성을 주도했고, 시사첩의 서문 말미에 굳이 채제공의 훈계의 말을 기록함으로써 그의 영향력 아래 있음을 분명히 했다. 아직 이 시사첩의 본문이 발굴되지 않아 작품을 직접 확인할 수 없으나 구성원 및 주변 사람들의 성격으로 미루어 작품의 경향도 짐작해 볼 수 있다. 이 모임이 당시 명례방에 있던 정약용의 집 '죽란사竹欄社'에서 주로 열려 '죽란시사'라는 이름을 갖게 됐다.

13 정약용의 《다산시문집(제13권)》에 실린 〈죽란시사첩서〉의 일부 내용이다. 한국고전번역원의 홈페이지 http://db.itkc.or.kr/에서 확인할 수 있다.

로 되어 있다. 이와 관련해 이치훈의 후손들, 특히 그의 고손자인 이성문의 왕십리 지역 후손들 사이에 구전되는 집안의 내력과 행적은 이렇다.

> 이치훈 할아버지는 충청도와 강화도 등지로 전전했다고 합니다. 특히 자식들을 전혀 교육시키지 않았다고 해요. 공부를 하게 되면 과거를 보려 할 것이며, 그렇게 되면 결국 집안의 조상이 거명되지 않을 수 없고, 자연히 정쟁과 신앙의 문제가 재론될 수밖에 없을 것이기 때문에 아예 그럴 가능성을 차단해 버린 거지요. 집안의 보전을 위해서 말입니다. 몇 대를 그렇게 땅만 파먹고 살다가 이성문 할아버지의 선대(이치훈의 증손자인 이동근)에 겨우 집안을 다시 일으켜 서울로 들어왔다가 이성문 할아버지가 다시 서울 도성 밖 왕십리로 나오게 된 거랍니다. 집안 어른들로부터 그렇게 들었어요.[14]

말하자면 이치훈과 그의 후손들은 '자발적인 몰락'의 길을 걸었다는 것이다. 풍비박산 났을 망정 남은 가족이나마 보전하겠다는 일념이 눈물겹다. 그렇게 결단하지 않았더라도 조선시대에 국사범으로 사형에 처해진 죄인의 경우, 직계 가족은 물론이고 형제·자매와 그 자식들까지 서울 도성 안에서 살 수 없었다. 그럼에도 불구하고 다시 서울로 돌아가려는 지향성은 또 무엇인가? 그런 '서울 복귀'의 염원을 겨우 이루는가 싶더니 본인의 뜻과 상관없이 다시 서울을 벗어나 왕십리에 자리 잡게 된 이성문

---

[14] 이성문의 증손자인 이춘성의 2014년 8월 8일 인터뷰. 이치훈이 충청도 등지에 은거했다는 족보 및 가전 내용에 대해서는 이 글의 후반부에서 재론한다.

의, 대를 이은 유전流轉은 어떻게 이해해야 할까?

사실 이승훈-이치훈 형제의 가계는 대단한 문벌이었다. 친가 쪽이 대대로 각종 벼슬을 한 것은 두말할 필요도 없다. 두 형제의 외삼촌은 당대의 천재로서 정조 치세 후기에 남인 영수 채제공의 후계자로 꼽히던 이가환(1742~1801)이었고, 외할아버지는 주자학적 권위에서 벗어나고자 몸부림치던 18세기 문단에서 박지원과 쌍벽을 이루던 이용휴(1708~1782)였다.[15] 또 이용휴는 조선 사회에 실학의 길을 열어젖힌 이익(1681~1763)의 조카로서 그에게서 글을 배웠다. 이들은 여주 이씨였다. 그런가 하면 이승훈의 부인은 정약용(1762~1836)의 누나였다. 모두 남인의 테두리 안에서 맺어진 떠그르르한 혼맥이었고, 시대를 아파하는 인물들이었다.

그런 가문의 맥락을 포함해 세상사와 완전히 절연해 초야로 돌아간 일파가 바로 이치훈의 후손들이었던 것이다. 그런 행동은 여러 가지 시각으로 볼 수 있다. 세인의 눈에는 '몰락'이었겠지만 가문의 처지에서는 '생존의 전략'이었다. 현실을 중시하는 입장에서는 '멸문滅門'으로 보였겠지만 당사자들에게는 뼈저린 아픔을 딛고 이뤄 낸 '후세의 보전'이었다.

이런 생존 전략이 성공했는지는 결국 후손들이 스스로 판단할 일이다. 그것을 대신 판단해 줄 사람은 없다. 어쩌면 그사이에 세상이 달라져 가문의 보전이라는 관념 자체가 흐려지고 보니 그런 걸 따지는 것 자체가 덧없는 일이 되고 말았다. 우리가 눈여겨볼 것은 이치훈 후손들의 '세상에 나서지 않고 끈질기게 살아가기' 과정이 아닐까 생각된다. 우리는 과연 그렇게 끈질기게 살고 있을까?

---

15 이용휴가 외손자인 이치훈의 관례 때 지어 준 〈외손이치훈관례일서증外孫李致薰冠禮日書贈〉이라는 글이 그의 문집에 남아 있다. 이용휴, 조남권·박동욱 옮김, 《혜환 이용휴 산문전집(상)》, 소명출판, 2007, 110~111쪽 참조.

'이치훈 자진 몰락'의 진실

남은 이야기 하나 더! 지금까지 이치훈과 그 후손들의 행적을 집안 내에서 전하는 기록과 구전을 바탕으로 살펴보았지만, 역사 기록은 그것과는 좀 다르다. 그의 후손들이 존재감 없이 살아온 것이야 객관적인 사실이니 큰 줄기가 달라질 것은 없다. 다만, 이치훈 당대의 행적만은 조금 복잡하고 고통스러운 것이었던 데다 가까운 후손들 가운데 문자생활을 한 사람

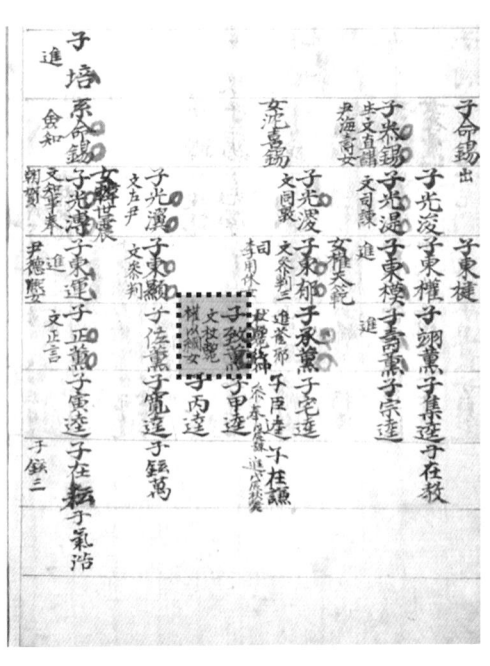

《조선왕조실록》에는 이치훈이 무슨 사안으로인가 조사를 받다가 죽어서[物故] 죄인 명부에서 삭제했다[停啓]는 기록이 남아 있다. 의금부 조사 과정에서 매질이 상당했음을 유추할 수 있다. 순조 23년(1823) 8월 5일의 기록이다(왼쪽). 19세기에 필사된 《만가보萬家譜》는 이치훈의 죽음에 대해 '장폐杖斃'라고 적시함으로써 그의 죽음이 조사 과정에서의 매질에 의한 것임을 보다 분명히 보여 주고 있다(오른쪽).

도 거의 없다 보니 구전이 거듭되면서 다소 간소화되고 약간의 윤색도 이뤄졌던 것 같다.

단편적이긴 하지만 이치훈에 대한 역사 기록이 없는 것은 아니다. 우선 19세기에 기록된 《만가보萬家譜》의 '평창 이씨' 대목에 당연히 이치훈의 이름이 포함되어 있다. 이름 옆으로는 '문과 급제'라는 경력과 부인이 '권이강權以綱의 딸'이라는 설명에 덧붙여 뜻밖에도 '장폐杖斃'라는 기록이 있다. 곤장에 맞아 죽었다는 뜻이다. 그것은 최종판결이 나오기 전에 조사 과정에서의 매질에 목숨을 잃었다는 얘기다. 이것만으로는 무슨 사안으로 조사 받았는지 알 수 없지만 조사 과정의 가혹함을 간접적으로 엿볼 수 있다. 《조선왕조실록》도 "이치훈의 일은 물고物故(죄인의 죽음)로 인하여 정계停啓(죄인 명부에서 삭제)했다"(순조 23, 1823년 8월 5일)라고 기록해 앞뒤가 맞는다.

왜 이렇게 된 것일까? 이치훈은 형의 죽음을 보면서 자신과 자신의 후손들은 그렇게 되지 않도록 숨어 살기로 작정했다는데 왜 그것조차 마음대로 되지 않았던 것일까? 도대체 무슨 요인이 그로 하여금 숨어 사는 일조차 불가능하게 만들었던 것일까?

그 과정을 살펴보자. 이치훈은 우선 형이 사형당한 지 두 달 만인 1801년 4월 21일 사헌부로부터 탄핵을 받는데 그 이유가 애매하기 짝이 없다.

> 아! 저 이치훈은 이승훈의 아우로서 마음이 바르지 못하고 간사하여 만악을 모두 갖추고 있는 자입니다. 따라서 지금 그 형이 정형正刑(사형)된 후에 조금도 두려워하여 꺼리는 마음이 없이 자못 무고한 자와 같이 도성에 의젓이 거처하며 여얼餘孽(망한 사람의 자손)과 체결하여 그 행적이 섬홀閃忽(빛이 번쩍함)한 데다가 당파

를 두둔하고 나라를 원망하는 정상이 낭자하게 전해지고 있습니다.……이치훈 등을 아울러 왕부王府(의금부)에 나치拿致(죄인을 잡아 가둠)해서 엄중하게 추국하여 실정을 알아내야 한다고 생각합니다.¹⁶

이것만으로는 탄핵의 사유가 전혀 드러나지 않는다. 이른바 범죄 혐의가 하나도 특정되어 있지 않은 것이다. 읽기에 따라선 정적의 가문을 말살하겠다는 치사한 배경이 느껴지기도 한다. 어쨌거나 이치훈은 그 뒤 파직되고¹⁷ 5월 23일 서울 도성에서 쫓겨났다.¹⁸ 서울을 떠난 일이 꼭 그의 자의에 의한 것은 아니었던 셈이다.

정적들은 그것으로 부족하다고 생각했던 것일까? 이치훈이 서울에서 쫓겨난 지 넉 달 뒤인 9월 19일에는 그를 기어이 '거제부'로 유배시키는 데 성공했다.¹⁹ 아마 다른 일만 없었더라면 이쯤에서 일이 끝났을지도 모른다. 그런데 이치훈이 거제부로 떠난 지 불과 열흘 만인 9월 29일, 황사영 (1775~1801)이라는 젊은 가톨릭 신자가 잡히고 그의 옷 속에서 비단에 쓴 편지가 둘둘 말린 형태로 발견되면서 조선 사회가 발칵 뒤집혔다. 이른바 '황사영 백서帛書사건'이라는 메가톤급 폭탄이 조선 사회에 떨어진 것이다.

이 편지는 조선의 가톨릭 신도들이 중국 북경의 구베아A. de Gouvea 주교에게 신유박해의 참상을 호소하며 교회의 재건을 호소하는 내용이었

16 《조선왕조실록》 순조 1년(1801) 4월 21일.
17 《조선왕조실록》 순조 1년(1801) 4월 24일.
18 《조선왕조실록》 순조 1년(1801) 5월 23일. 여기는 이치훈이 조사 결과 사교邪敎에 오염된 현저한 증거가 없으므로 '방축향리放逐鄕里'한다고 기록되어 있다
19 《조선왕조실록》 순조 1년(1801) 9월 19일. 여기는 넉 달 전과 반대로 이치훈이 "사학邪學에 물들어 그것을 옹호하였다"고 유배의 이유를 설명하고 있다.

다. 그것만으로도 외국인과 '밀통'했다 해서 충분히 사형시킬 만한 내용이었지만 내용은 더욱 가관이었다. 서양의 배 수백 척과 군대 5만~6만 명을 조선에 보내 신앙의 자유를 허용하도록 조정에 압력을 넣어 달라고 요청했던 것이다. 노론 세력은 무릎을 쳤다. 남인의 씨를 말릴 단서를 잡았기 때문이다.

전국 각지에 귀양 가 있던 남인 세력들, 즉 정약전·정약용 형제와 이치훈, 이학규, 신여권 등을 서울로 불러올려 국문하고 이들을 황사영 백서 사건에 엮으려 했다.[20] 이치훈이 갑자기 남인 혹은 가톨릭 '잔당'의 대표격으로 떠오른 것이다. 그러나 아무리 털어도 밝혀 낼 것이 없었다. 그 사건은 황사영과 몇몇 사람이 만든 일이었기 때문이다. 그해 11월 5일 결국 이들은 더욱 먼 곳으로 유배 가는 것으로 결론이 났다. 이치훈의 새 유배 처는 '제주목'이었다.[21]

바다 건너 제주도까지 유배 갔으니 이쯤 해서는 조정에서도 이치훈의 존재를 잊어버렸을까? 그렇지 않았다. 사헌부[22]가 요청하고 영의정 심환지[23]까지 나서서 이들을 다시 국문할 것을 요청했지만, 억지였을 뿐이다. 마침내 이들이 반년여 만인 1802년 6월 '새로운 증거'를 내세웠다.

> 비변사에서 아뢰기를······평택平澤에서 원통하게 죽은 사람 권위權瑋는 이승훈이 성묘聖廟(문묘. 공자를 모신 사당)에 절하지 않을 때에

---

20 《조선왕조실록》 순조 1년(1801) 10월 13일과 같은 달 15일.
21 《조선왕조실록》 순조 1년(1801) 11월 5일. 이날 자로 황사영은 서소문 밖 형장에서 능지처참되었다. 정약용 형제와 이치훈, 이학규 등이 황사영과 함께 처형되지 않았다는 사실만으로도 이들이 그와 무관했음을 알 수 있다.
22 《조선왕조실록》 순조 1년(1801) 11월 7일.
23 《비변사등록》 순조 1년(1801) 11월 13일.

대학(성균관)에 통문을 보내어 매우 엄하게 성토하였는데 이승훈의 아우 이치훈이 이 현의 재임齋任(향교의 일을 맡아보던 유생) 및 고을의 아전과 뇌물로 결탁하여 증언하게 해서 질하지 않은 것을 절했다고 하고서 이어 무고하였다고 상언上言하였으며, 임자년(1792)에 어사 김희채金熙采가 몰래 채제공 집 사환배들의 은밀한 부탁을 받고 타살해서 입을 막았는데 권위처럼 사학邪學을 배척하다가 원한을 품고 죽은 자가 억울함을 펴서 드러내지 못한다면 공의公議의 억울함이 어떻게 되겠습니까?[24]

이미 참수당한 이승훈이 10여 년 전 평택 현감(1789년 6월~1791년 11월)으로 있을 때 그 지역 향교의 문묘에 배향하지 않았으며, 이승훈의 파직 직후인 1792년 권위權瑋 등 지방 유생들이 이를 상소함에 따라 조사가 이뤄졌으나 이번엔 그 동생인 이치훈이 조사를 방해하고, 나아가 이들 형제의 친척인 암행어사가 당대 남인의 영수 채제공 측과 결탁해 상소자인 권위를 무고죄로 때려죽였다는 얘기였다. 이른바 '문묘 불배不拜사건'이었다.

우리는 이승훈이 정말 공자 신위에 절하지 않았는지, 이치훈이 형을 위해 평택 사람들을 매수해서 조사를 방해했는지 알 길이 없다. 그러나 추측해 볼 수는 있다. 이와 같은 집권당의 끈질긴 재조사 요청이 순조에 의해 받아들여졌음에도 불구하고《조선왕조실록》에 사건 처리 결과에 대한 기록이 전혀 없고, 그렇다고 유배에서 풀렸다는 기록도 없다. 그런데 세월이 또다시 10년 이상 흐른 뒤 이치훈이《실록》에 두 차례 다시 등장하는 것을 보면 적어도 문묘 불배사건이 그의 목숨을 앗아가지는 못했지만 여전히

---

24 《비변사등록》순조 2년(1802) 6월 12일.

유배에 묶인 상태에서 무엇인가 새로운 사건에 연루되었던 것 같다.

그 마지막 두 차례 가운데 한 번은 1818년 "이치훈·이학규[25]의 지속支屬(후손)들이 방자하게 징을 치며 호소했다"는 기록[26]이고, 다른 한 번은 앞에서도 언급한 바 있는 이치훈의 1823년 사망 기록[27]이다. 이로 미뤄 볼 때, 이치훈은 후손들이 알고 있는 것과는 달리 말년까지 충청도나 강화도가 아니라 제주도에서 귀양살이를 하였으며, 이 무렵 다시 서울로 불려 올라와 조사받게 되자 후손들이 그 억울함을 호소하기 위해 격쟁擊錚(임금의 거둥 때 징을 치며 억울함을 호소하는 일)을 했던 것 같다. 다시 조사받게 된 사안은 1792년 문묘 불배사건의 재탕이었을 수도 있고 우리가 알지 못하는 새로운 사건이었을 수도 있다. 노론 측의 집요함이 대단하다. 아무튼 그는 이 사건으로 마침내 목숨을 잃은 것으로 보인다.

이렇게 됨으로써 이치훈은 마침내 정치 무대에서 완전히 자취를 감추었고, 그의 후손들의 이야기도 '격쟁' 이후 다시는 역사에 흔적을 남기지 않았다. 충청도와 강화도로 숨어들어 간 것은 아마도 이치훈의 아들 또는 손자 대의 일이었을 것이다. 세상이 이들을 버리자 이들도 세상을 버린 것이다. 그렇게 세인들의 눈에서는 사라졌지만 땅에 더욱 깊숙이 뿌리내리고 살아가던 이들 가운데 한 집단의 흔적을 우리는 그때로부터 약 200년이 지난 21세기에 뜻밖에도 옛 서울의 외곽 왕십리에서 만나게 된 것이다. 멀리 가지는 못한 셈이다.

---

25 이학규李學逵(1770~1835)는 이승훈·이치훈 형제의 삼종질(9촌 조카)인 동시에 이종사촌 동생이기도 하며 부인이 정약용의 나주 정씨 가문이어서 이승훈과는 본가, 외가, 처가가 모두 동일하다. 그러나 그는 가톨릭과 직접 관련이 없어서 능주를 거쳐 김해에서 긴 유배생활을 한 끝에 1824년 유배에서 풀렸다.
26 《조선왕조실록》 순조 18년(1818) 9월 22일.
27 《조선왕조실록》 순조 23년(1823) 8월 5일.

[08]

창덕궁 무수리 고대수, 청무밭에서 스러진 혁명가

'바지랑대에 옷 입혀 놓은 것 같던' 무수리
갑신정변에 결정적 역할을 하다
의문의 인물 '이우석'
왕십리 청무밭에서 맞은 최후
'일생에 단 한 번 하늘을 날아 봤던 그 기억'

왕십리 지역을 거쳐 간 많은 사람이 그렇듯 그녀의 이름도 정확하게 알려지지 않았다. '고대수顧大嫂'(1842?~1885?)라는 호칭은 별명일 뿐 그녀의 본명이 아니다. 그 별명 가운데 '고顧' 자가 쓰인 연유와 관련해서는, 키가 대단히 크면서도 외모가 추해 지나가던 사람들이 다시 한번 돌아보기(顧, 돌아볼 고) 때문이라는 설명이 있다. 그럴 수도 있지만, 그것보다는 중국의 전통소설 《수호지》의 등장인물에서 그 이름을 따왔다는 설명이 더 그럴듯하다. 그 고대수는 양산박 108명 호걸 가운데 한 사람으로서 키가 크고 힘이 센 여장부다. 남편을 쥐고 사는 캐릭터로 그려져 있다. 여기서 '대수大嫂'란 우리나라에서는 잘 쓰이지 않는 표현으로 '큰누님' 또는 '큰언니' 정도의 뜻이다.

'바지랑대에 옷 입혀 놓은 것 같던' 무수리

일단 키가 껑충하게 크고 기골이 장대한 가운데 얼굴은 박색이며 매력이라고는 찾아볼 길이 없는, 그래서 외모가 우스꽝스럽기까지 한 19세기 여성의 모습을 한번 머릿속에 그려 보라. 21세기의 우리로서는 만화의 등장인물 이상으로 구체적인 모습을 상상하기가 쉽지 않다. 그런데 신기한 것은 그녀가 궁중의 무수리였다는 사실이다.

> 무수리 고대수는 키가 너무 커서 바지랑대(빨랫줄을 받치는 장대)에 옷을 입혀 놓은 것처럼 여자로서의 아름다운 자태를 지닌 데가 전혀 없고 궁중의 액막이로 뽑혀 입궐했는데 속칭 '7척 장승'이니 '왜장녀'니 하고 불리기 일쑤였다. 신체의 건장함이 남자 이상 가고, 팔의 힘이 세어서 보통 5, 6명의 남자를 거뜬히 당해 냈을 정도다. 그 기녀奇女가 처음 대궐 안에 들어왔을 때는 나이 어린 항아姮娥들이 기겁을 해서 달아났다.[1]

'왜장녀'는 몸집이 크고 힘이 장사인 데에다 부끄러움이 없는 여성을 가리키는 말이다. 특히 양주나 송파의 산대놀이에서는 자기 딸인 애사당으로 하여금 파계승들에게 몸을 팔게 하는 천한 신분의 뚜쟁이로 등장한다. 외모가 비슷하다 해서 고대수를 한껏 비하한 말이다. 그런가 하면 궁중(여기서는 창덕궁)의 '액막이'라는 것은 구체적으로 어떤 역할인지 모르

---

[1] 최은희, 〈바지랑대 같은 창덕궁 무수리: 여성 최초의 개화 선구자 고대수〉, 《한국 개화여성 열전》, 조선일보사 출판국, 1991, 66쪽.

겠지만 무속의 관점에서 왕실의 화禍를 미리 대신 받는 존재였던 것 같다. 이것 역시 천한 존재이기는 마찬가지였다. 요즘 같으면 여성 격투기 선수로 각광을 받으며 일세를 풍미했음직하지만 그 시대에는 허드렛일을 시킬 때 외에는 누구도 상종하고 싶어 하지 않는 가장 가련한 존재였다.

갑신정변에 결정적 역할을 하다

그렇게 아무도 상대해 주지 않고 자신이 찾아갈 곳도 없던 고대수가 어느 날 혁명의 주역들 가운데 한 사람으로 화려하게 등장했다. 자신의 한계를 깨는 데에는 혁명 외에는 방법이 없다고 생각했기 때문이었을까? 김옥균은 1884년 갑신정변의 경과를 기록한 《갑신일록》을 통해 그녀의 존재를 후세에 남겼다. 우리가 고대수에 대해 알게 된 것은 오로지 김옥균 덕분이다.

  그는 함께 거사를 벌인 급진개화파(당시 스스로 '충의계忠義契'라고 불렀다) 구성원들이 사전에 할당받은 역할들을 설명하는 가운데 "궁녀 모씨가 화약을 대통에 조금씩 넣어 가지고 있다가 외간에 불이 일어남을 신호로 삼아 통명전에서 불을 붙이기로 한다"[2]라고 기술했다. 통명전通明殿은 당시 고종과 명성황후가 머무르고 있던 창덕궁에 인접한 창경궁의 전각들 가운데 하나로 주로 국가의 상례喪禮가 있을 때 사용하는 장소여서 평소 사람의 왕래가 많지 않은 곳이었다. 이어서 김옥균은 '궁녀 모씨'에 대해 이렇게 설명을 달아 놓았다.

---

2 김옥균, 조일문 역주, 《갑신일록》, 건국대학교출판부, 1977, 78쪽.

나이 지금 42세인데, 신체가 남자처럼 건장하고 힘이 남자 5, 6인은 당해 낼 만하다. 그래서 본디 '고대수顧大嫂'로 불렸다. 별호는 중전이 파위罷位 당했을 때 가까이 모셨으므로 얻어진 것이다. 10년 전부터 우리 당에 붙어 이따금 비밀을 통보해 온 자다.[3]

이 설명은 고대수에 대해 상당히 중요한 정보를 많이 담고 있다. 체격 조건에 대한 것은 다시 반복할 필요가 없겠고, 나이가 갑신정변 당시 42세였고, 김옥균 일파와는 10년 전부터 기맥을 통해 왔으며, 고대수라는 별명은 그로부터 2년 전인 1882년 임오군란 당시 명성황후가 고향 여주를 거쳐 장호원으로 피신한 뒤 시아버지 대원군에 의해 파위당했을 때 어떤 계기에서인지 지근거리에서 그를 보필함으로써 얻게 된 칭호라는 것 등이다.[4]

이어서 김옥균은 갑신정변 당시 고대수의 활약을 이렇게 기록했다. 김옥균이 1884년 10월 17일(양력 12월 4일) 밤 우정국 낙성식 축하연에서 수

---

3 김옥균, 소일분 역주, 앞의 책, 같은 쪽.
4 훈련도감 소속의 구식 군인들은 1882년 음력 6월 9일 차별대우에 불만을 품고 민씨 일파의 정권에 대항해 임오군란을 일으켰다. 당시 반란군인들은 호리모토(별기군의 일본인 교련관) 등 일본인 7명과 이최응(흥선대원군 이하응의 형으로 흥선대원군과 대립), 민겸호(선혜청 당상으로 구식 군인들에게 모래와 겨가 섞인 쌀을 급료로 지급해 임오군란의 계기를 제공), 김보현(경기도 관찰사, 전 선혜청 당상) 등을 살해한 뒤 민씨 척족정권의 핵심 명성황후를 겨냥해 창덕궁의 내전으로 몰려갔다. 이때 명성황후가 창덕궁을 빠져나간 경위는 분명치 않으나 흥선대원군의 부인 민씨가 타고 입궐했던 가마를 이용해 아슬아슬하게 반란 군인들을 따돌렸다는 설이 유력하다. 고대수가 명성황후를 직접 보필했다면 이렇게 창덕궁을 빠져나가 고향 장호원으로 피신하는 과정 또는 장호원에서 머물던 기간 중의 일이었을 것이나, 이에 대해서는 기록이 분명하지 않다. 반란 이튿날인 6월 10일 반란군인 등이 명성황후를 찾아내 처단할 것을 계속 주장하며 창덕궁에서 물러나지 않자 조정에서는 명성황후가 반란군의 흉기에 찔려 죽었고 그 시신은 잃어버린 것으로 간주해 국상國喪을 선포함으로써 이틀에 걸친 반란을 겨우 가라앉힐 수 있었다. '파위罷位'란 이 같은 명성황후의 '사망 선포'를 가리키는 것이다. 국사편찬위원회, 《신편한국사》 http://db.history.go.kr/item/level.do?itemId=nh&setId=551998&position=39와 정교, 변주승 옮김, 《대한계년사(권1)》, 소명출판, 2004, 79~89쪽 등 참조.

구파 민영익 등을 살해한 뒤 창덕궁 내 왕의 침전인 대조전으로 달려가 고종과 명성황후를 깨운 뒤 변고가 일어났으므로 경호를 위해 인근 경우궁景祐宮[5]으로 옮길 것을 권유했다. 이는 국왕 부부를 수구파의 손아귀에서 빼내 자신들의 수중에 두기 위한 것이었다. 그러나 깐깐한 명성황후가 경황없는 중에도 사정을 꼬치꼬치 따져 묻는 바람에 일이 마음먹은 대로 흘러가지 않았다.

> 곤전[명성황후]이 비밀히 나에게 묻기를 "이 변이 청국 측으로부터 나왔오? 일본 측으로부터 나왔오?" 하신다. 내가 미처 대답하지 못하고 있을 때에 동북 간에서 홀연히 하늘을 울릴 듯한 포 소리가 들려온다(이것은 모씨가 통명전에서 터뜨린 것이다). 이로 인하여 모두들 놀라서 편전의 후문으로 뛰쳐나갔다. 나는 급히 윤경완 등을 불러서 호위하며 가게 하였다.[6]

창경궁 통명전은 창덕궁 대조전으로부터 동쪽으로 언덕 너머 100여 미터밖에 떨어지지 않은 곳이었다. 거기서 고대수가 맡은 바 자신의 소임대로 폭약을 터뜨렸던 것이다. 이에 2년 전 임오군란 때와 마찬가지로 신변의 위협이 코앞에까지 왔다고 느낀 명성황후는 뭔가 미심쩍어하면서도 더 이상 캐묻지 못하고 김옥균을 따라 창덕궁을 나섰다. 이것은 갑신정변

---

5 정조의 후궁이며 순조의 생모인 수빈 박씨의 사당으로 당시 창덕궁 인근 원서동 206번지에 있었다. 경우궁은 1896년 옥인동 순화병원 자리로 옮겼다가 1908년 궁정동의 육상궁(숙종의 후궁이며 영조의 생모인 숙빈 최씨의 사당)에 합사되었다. 그 뒤 경우궁 자리에는 휘문고등학교가 들어섰으며, 현재는 현대그룹 사옥이 자리 잡고 있다.
6 김옥균, 조일문 역주, 앞의 책, 88쪽.

이 당초의 계획대로 진행되어 김옥균 일파가 정권을 잡는 데 중요한 고빗길이었다. 이렇게 고대수는 겉에 드러난 혁명의 주역은 아니었으나 그 진행에 결정적인 역할을 했다.

의문의 인물 '이우석'

그 뒤 갑신정변의 진행은 우리의 관심사가 아니다. 김옥균 등은 개화파 세상이 3일천하로 끝나자 일본으로 망명해 버렸고,《갑신일록》도 그 이후 고대수의 행적을 기록으로 남기지 않았다. 고대수는 더 이상 혁명가들의 관심 대상이 아니었는지도 모르겠다. 혁명에는 그렇게 이름 없이 숨어

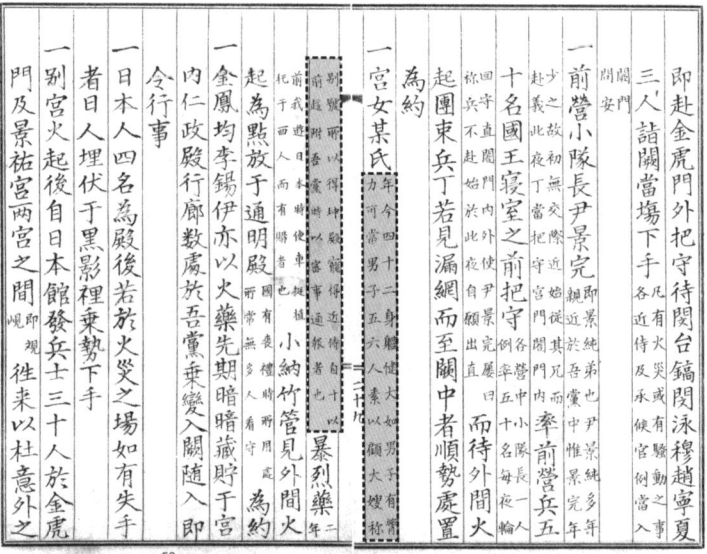

《갑신일록》중 '고대수'를 설명하는 대목. 본문에서 '궁녀 모씨'라고만 언급해 놓고서 곧바로 작은 글씨의 주석으로 '고대수'라는 이름과 그의 인적 사항을 자세히 소개했다.

있는, 그리고 끝끝내 밝혀지지 않은 주역들이 많은 법이다.

고대수, 그녀는 아마도 통명전에 불을 붙이는 순간 긴장된 가운데에도 일생일대의 희열을 맛보았을 것이다. 세상 사람들로부터 멸시받고 웃음거리였던 그녀가 이제 세상을 바꾸는 일에 한몫하고 있는 것이었다. 장차 오는 세상이 어떤 모습일지는 잘 모르지만 적어도 지금과 같지는 않으리라고 확신했으리라. 어쩌면 '무수리'에 '액막이'로 살아온 그녀에게는 궁궐 전각에 불을 놓는 일 자체가 혁명이었을지도 모른다.

그러나 고대수에게는 대단히 유감스럽게도 그 뒤에 세상은 별로 바뀐 것이 없었다. 혁명 동지들은 사흘 만에 잡혀 죽거나 망명을 떠나고 수구파 정권이 다시 들어섰다. 엄혹한 현실, 지극히 일상적인 현실로의 곤두박질! 그때 그녀의 심정이 어땠을까? 실패한 혁명은 안 하느니만 못한 것이었을까?

고대수는 그 이후 잊혔다. 아니, 그녀는 세상에 드러난 일이 없었으니 잊혔다는 말도 가당치 않다. 그녀에게는 아무 일도 없었던 것이나 마찬가지였다. 고대수의 역할을 아는 사람들은 모두 죽거나 일본으로 건너갔다. 적어도 조선 천지에는 그녀가 무슨 짓을 했는지 아는 사람이 없었던 것이다. 그래서 고대수는 다시 아무도 관심을 두지 않는 존재로 돌아갔다. 그때 그녀는 불안한 가운데 조마조마한 심정이었을까? 아니면 혁명의 여진 속에 남모르는 희열을 안고 살았을까?

우리는 세월이 1년 2개월쯤 흐른 뒤 조선 왕조의 공식 기록에서 의문의 사실 한 가지와 마주치게 된다.

> 의정부에서 아뢰기를 "좌·우변 포도청의 초기草記에 '차비문差備門 (궁궐 편전의 앞문) 안에 침입한 죄인 이우석李禹石을 잡아다가 엄하게 심문하니 나인內人 송 여인宋女人의 방에 출입한 지 지금 5년이

되었으므로 그 죄상을 따진다면 사형을 시행해야 합당하니 우선 본청에 가두고 처분을 기다리겠습니다'라고 한 데 대한 비지批旨(상소에 대해 임금이 내리는 답)에 '묘당廟堂(의정부)에서 품처하도록 하라'고 명을 내리셨습니다. 깊숙하고 엄숙한 궁궐의 궁녀 방에 여러 해 동안 난입하였으니 매우 흉악합니다. 실정을 자백하기는 하였지만 사형을 용서해 줄 수는 없으니 갇혀 있는 죄인 이우석에게 본청에서 형률을 시행하는 것이 어떻겠습니까?" 하니 윤허한다고 답하였다.[7]

일견 고대수와 아무런 관계가 없는 기사로 보인다. 그뿐만 아니라, 여기서는 '이우석'이라는 사람이 남성인지 여성인지도 분명하지 않다. 그 같은 이름은 남성으로 볼 수도 있고, 여성으로 볼 수도 있다. 나인 송 여인의 방에 출입한 일도 그 목적이 사통私通하기 위한 것이었는지, 아니면 다른 밝힐 수 없는 목적이 있었던 것이었는지 알 수가 없다. 조선 왕조의 기록 가운데 이렇게 범죄 혐의를 분명하게 특정하지 않은 경우도 드물다. 뭔가 숨기는 것이 있어 보인다.

그래서 후대의 사람들은 대개 여기 등장하는 이우석이 바로 고대수라고 본다.[8] 물론 직접적인 증거는 없다. 어떤 경위를 거쳐 진상이 드러났는지는 모르지만, 이우석이 고대수가 맞다면 포도청 입장에서는 1년여 전의 '통명전 폭파'라는 미제사건 하나를 해결했던 셈이다. 다만 그가 명성황

---

7 국사편찬위원회, 《국역 비변사등록》, 시사문화사, 1989, 고종 22년(1885) 12월 22일조.
8 박석분·박은봉, 《인물여성사—한국편》, 새날, 1994, 20쪽; 신명호, 《궁궐의 꽃 궁녀》, 시공사, 2004, 53쪽; 이이화, 《한국사의 아웃사이더》, 김영사, 2008, 49쪽 등은 모두 이우석이 고대수라고 단정하거나 추론하고 있다.

후의 측근이라는 사실을 고려해 혐의를 가린 것이 아니었을까 추측된다.

왕십리 청무밭에서 맞은 최후

어쨌든 공식 역사 기록자의 관심은 여기까지였다. 누군가에게 사형 선고가 내려졌으니 그다음에 사형이 집행되었겠지만 그런 것까지 구체적으로 기록한 공식 기록은 별로 없다. 그렇게 하고서 고대수는 정말 잊혔다. 이제는 그 누구도 고대수의 이름을 기억하거나 입에 올릴 이유가 없었다. 그러다 한참 세월이 흐른 뒤 뜻밖에 다시 호명되며 그의 최후가 알려졌다.

> 《갑신일록》에도 기록되어 있듯이 그녀는 책임을 완수하였다. 갑신정변이 3일천하로 실패한 후 붙잡혀 대역죄인이라는 명패를 목에 걸고 형장으로 끌려 나가지 않을 수 없게 되었다. 그녀가 육모전 거리[종로]를 지날 때 길에서 구경하던 여인들이 달려들어 할퀴고 쥐어뜯어 옷이 발기발기 찢어졌다. 상여가 빠져나가는 수구문(광희문)을 벗어날 때는 머리에서 피가 흐르고 앞을 가릴 수 없을 정도로 치마폭이 떨어져 나갔다. 왕십리 청무밭쯤에서는 잔인한 여인들이 빗발치듯 돌멩이를 던져 골이 깨지고 뼈가 부서지고 유혈이 낭자하여 그대로 숨져 버렸다. 한때 궁녀들을 소름 끼치게 했고 악몽처럼 무서워했던 고대수의 이 이야기는 1964년경 조하서趙霞棲 상궁으로부터 직접 전해진 이야기이다.[9]

---

9 최은희, 앞의 책, 66~67쪽.

이는 원로 여기자 최은희(1904~1984)의 저서로 그의 사후 1991년에 출간한 책의 일부이니 갑신정변으로부터 100년 이상 세월이 흐른 뒤의 글이다. 만약 그가 조하서 상궁(1880~1965)에게서 들은 직후에 어디엔가 이 이야기를 소개했다면 그것만 해도 약 80년 뒤의 일이다. 그렇지만 조 상궁은 네 살 때 '애기 나인'으로 입궁해 일생을 거의 궁궐 안에서 지내다시피 했고, 대단히 총명한 지력과 기억력을 소유했던 인물이었다고 하니 그의 증언은 엄청난 세월을 건너뛴 것임에도 신뢰가 간다. 다만 고대수가 갑신정변 관계자로 체포된 상황을 "갑신정변이 3일천하로 실패한 후 붙잡혀……"라고만 언급하고 구체적인 경위를 설명하지 않은 것이 아쉽다. '이우석'에 대한 언급이 없는 것도 마찬가지다.

그럼에도 불구하고 고대수의 최후가 얼마나 비참했는지는 충분히 눈앞

왕십리와 뚝섬 지역에는 반세기 전만 해도 배추밭, 무밭이 끝없이 펼쳐져 있었다. 고대수가 숨진 곳도 이런 밭고랑의 어디쯤이었을 것이다. 사진은 1959년 뚝섬의 배추밭. ⓒ서울역사아카이브.

에 그려진다. 우포도청(종로1가 무역보험공사 또는 광화문우체국 자리) 또는 좌포도청(종로3가 옛 단성사 극장 자리)에서 끌려 나와 종로 거리를 지날 때 이미 성난 백성들에 의해 잔인하게 폭행을 당했다. '대역죄인'이라는 죄명과 그녀의 기이한 외모가 군중심리의 밑바닥에 자리 잡은 야수성을 불러 일으켜 희생제물이 된 것이었다.

광희문을 나와 왕십리의 청무밭에 왔을 때 이미 고대수는 여인네들의 돌팔매에 산목숨이 아니었다. 그렇게 해서 숨이 끊어졌으니 굳이 사형을 집행할 이유도 없었다. 그가 숨진 장소는 구체적으로 알 길이 없다. 왕십리에는 무밭과 배추밭이 지천으로 널려 있었기 때문이다. 여기서 나는 신선한 채소는 조선 후기 이후 서울 도성 안 사람들을 먹여 살리고 그들의 건강을 책임지는 역할을 했다. 이제는 그 삶의 마지막 순간까지 받아 주는 것인가?[10] 고대수의 시체는 아마 그 밭뙈기 곁의 언덕배기 어딘가의 공동묘지에 내쳐졌을 것이다. 비천한 신분으로 태어나 비참한 최후를 맞은 것이다.

'일생에 단 한 번 하늘을 날아 봤던 그 기억'

최후의 순간을 맞는 그의 희미한 의식 속에는 불우한 40여 년의 일생이 주마등처럼 스쳐 갔을 것이다. 그 가운데 통명전에 불을 지르던 혁명의 순간은 어떤 모양새로 반추됐을까? 일생에 단 한 번 하늘을 날아 봤던 그

---

[10] 왕십리 지역의 서울 도성 안 사람들의 삶과 죽음을 받아 주는 양상은 이 책의 '예덕선생' 부문에서 상세하게 다룬다.

기억은 아주 강렬한 형태로 그의 최후의 의식 속에 함께했을 것이다.

 아무도 그에게 수심을 일러준 일이 없기에
 흰 나비는 도무지 바다가 무섭지 않다.

 청무우밭인가 해서 내려갔다가는
 어린 날개가 물결에 절어서
 공주처럼 지쳐서 돌아온다.

 삼월달 바다가 꽃이 피지 않아서 서글픈
 나비 허리에 새파란 초생달이 시리다.
 —김기림, 〈바다와 나비〉 전문

고대수가 살아서 왕십리와 어떤 인연을 맺었는지는 알 수 없다. 그러나 삶의 마지막 순간에 과거 최고조의 희열을 떠올리며 그녀는 왕십리에서 스러졌다. 그의 최후의 장소가 조 상궁의 전언처럼 정말 청무밭이었는지, 아니면 원래 나비처럼 맵시 있는 공주였던 고대수가 청무밭이라고 잠시 착각해서 내려갔다가 이내 피곤한 몸을 이끌고 비상한 속세의 바다 어느 한 지점이었는지도 알 길이 없다.

[09]

'선달' 김장손, 임오군란의 불을 당기다

그들은 왜 그날 집으로 돌아오지 못했을까
'선혜청 도봉소 사건'으로 투옥된 4명
아들 구명을 위해 '장두狀頭'가 되다
나는 듯이 동교와 서교로 통문이 돌다
김장손은 어디에 있었을까
상황이 만들어 낸 '반역 우두머리'
형장의 이슬로 사라진 김장손의 아들

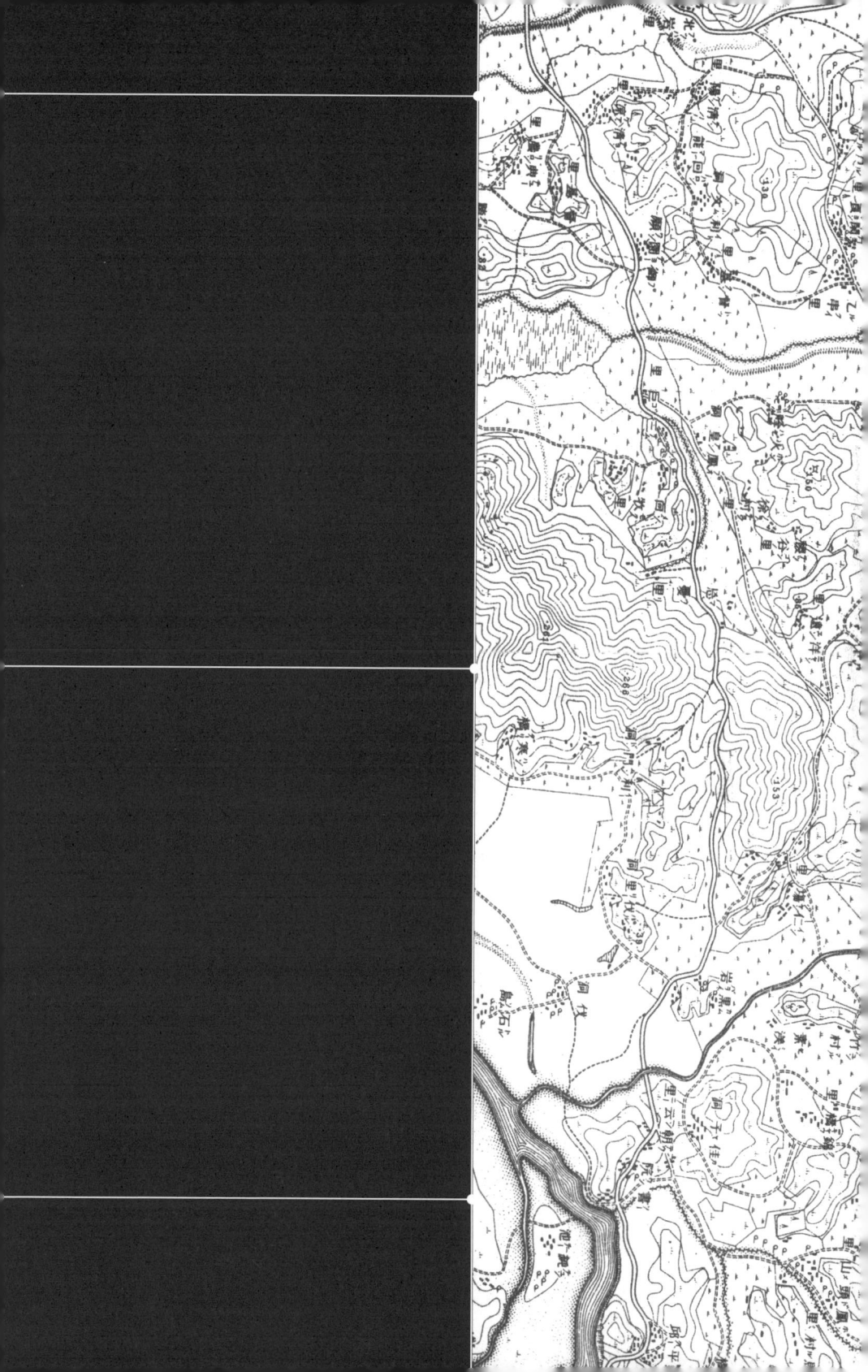

그해 여름 김장손金長孫(1820~1882)은 우리 나이로 예순세 살이었다. 이미 살 만큼 살았다고 생각했다. 병들어 몸도 성치 않았다. 이제 남은 일은 오직 하나, 아들 춘영을 포함해 감옥에 갇힌 젊은이들을 구해 내는 일이었다. 그것은 그저 옥리에게 달려가 호소해서 될 일이 아니었다. 목숨을 걸어야 했다. 물론 처음부터 그렇게 각오하지는 않았다. 그렇지만 어느 순간 장손은 결심했다. 누군가의 목숨이 필요하다면 기꺼이 자기 것을 내어놓겠다고. 그래서 "살아도 내가 책임지고 죽어도 내가 책임진다"[1]고 말했다.

---

[1] 이 말은 김장손의 의금부 심문 기록 중 결안結案에 "生我當 死亦我當"이라고 기록되어 있다. 전주대학교 한국고전학연구소 옮김, 〈임오년, 대역부도죄인 김장손 등 국안〉, 《추안급국안 89》, 흐름출판사, 2014, 310쪽 참조.

그들은 왜 그날 집으로 돌아오지 못했을까

1882년 음력 6월 5일, 사흘 전의 일이었다. 그날 장손은 왕십리 신촌[2]의 집에서 오후 내내 아들을 기다렸다. 모처럼 월급을 받는다며 들뜬 기분으로 나간 아들을 기다리는 것은 비단 장손뿐이 아니었다. 그의 가족은 물론이고 무위영[3] 군총軍摠(하급 병사)이 포함된 이웃들은 모두 똑같은 심정이었다. 무려 13개월 동안 월급이 밀려 있던 중에 전라도에서 세곡선이 올라와 우선 한 달 치를 준다는 기별이 왔던 것이다. 그래서 아침 일찍 선혜청 도봉소(창고)[4]로 나간 아들 또는 남편을 기다리는 심정들이 오죽했을까? 그 들뜬 심정은 월급 받으러 나간 병사들이나 이들을 기다리는 가족들이나 마찬가지였을 것이다.

그러나 이날 저녁 장손은 아들의 웃는 낯을 볼 수 없었다. 그에게 돌아온 것은 뜻밖에도 아들 춘영이 동별영[5] 감옥에 갇혔다는 청천벽력 같은 소식이었다. 감옥에 갇힌 건 춘영을 포함해 모두 4명의 무위영 병사들이라고 했다. 도대체 무슨 일이 일어났던 것일까?

---

2 '왕십리 신촌新村'은 지금의 서울 성동구 응봉동이다.
3 '무위영武衛營'은 조선 후기에 짧은 기간(1881. 11~1882. 6) 존속했던 수도방위부대 성격의 군영이다. 종래의 군영들 가운데 훈련도감, 용호영, 호위청은 무위영으로, 금위영, 어영청, 총융청은 장어영壯禦營으로 각각 통합되었다. 그러나 임오군란으로 대원군이 집권하면서 무위영과 장어영은 본래대로 환원되었다.
4 '선혜청宣惠廳 도봉소都捧所'는 지금의 서울 중구 남창동(남대문시장 영역)에 있었다.
5 '동별영東別營'은 조선 후기 훈련도감의 본영으로서 서울 종로구 인의동 서울혜화경찰서 자리(2025년 현재 신축 중)에 있었다.

'선혜청 도봉소 사건'으로 투옥된 4명

이날 모처럼 선혜청을 찾은 병사들이 흥분한 것은 당연했다. 문제는 이들이 급여로 받은 쌀이 형편없었다는 점에 있었다. 쌀에 겨와 모래가 섞인 것은 물론이고 지급된 양도 규정에 미치지 못했다. 선혜청 창고지기 또는 지휘관들의 농간이 개재된 것이 분명했다.

한껏 부풀었던 기대가 순식간에 실망을 넘어 분노로 뒤바뀌어 폭발했다. 병사들은 선혜청 관리들과 말다툼을 벌이다 끝내 이들을 구타하기에 이르렀다. 당국은 당국대로 이런 일을 그냥 넘길 리 만무했다. 선혜청 당상 민겸호는 사건을 보고받자마자 주동자 김춘영 등 4명을 잡아 가두도록 했다.

선혜청 도봉소 사건의 주동자 4명과 그 가족

	연령	직책	거주지	추국/사형일자	가족 관련자
김춘영金春永	39	좌별취수 左別吹手	동부 왕십리 신촌	1885. 8.	부친 김장손
정의길鄭義吉	37	좌별취수 左別吹手	동부 왕십리 두정동	1882. 8.	형 정쌍길
강명준姜命俊	34	우별취수 右別吹手	서부 청파	1882. 8.	–
유복만柳卜萬	28	취고수 吹鼓手	동부 왕십리 사근절리	1882. 8.	동생 유춘만

* 인적 사항은 《좌우포도청등록》의 공안供案(심문 기록)을 따랐다. 여기에 직책은 이들의 당시 소속인 무위영이 아니라 훈련도감 시절을 기준으로 표기되어 있었다. 연령은 임오군란이 일어난 1882년 기준으로 환산했다.
* '좌별취수'는 '좌별장 예하의 취수'이니 정확한 직책은 '취수'인 셈이다. '취수'와 '취고수'는 모두 군영에 소속된 군악대에서 타악기 또는 관악기를 다루는 병사의 직책이었다.
* 4명 모두 '군기시軍器寺(지금의 서울시청 자리) 앞길'에서 '능지처사陵遲處死(사지와 머리를 자르는 사형 방법)'의 극형을 받았다.

이것이 임오군란의 도화선 역할을 한 이른바 '선혜청 도봉소 사건'의 대강이었고, 김장손이 사건 당일 저녁 때 들은 소식이었다. 답답하기 짝이 없었다. 어쩌자고 말단 관리일망정 기세가 하늘을 찌르는 선혜청 고지기들을 때렸단 말인가? 게다가 선혜청의 책임자는 이미 형조, 병조, 이조, 예조의 판서를 모두 지낸, 민씨 척족의 핵심인물이 아닌가? 아들이 목숨을 부지하는 일은 거의 절망적이었다. 다음 날도, 그다음 날도 한숨만 내쉴 뿐 그가 할 수 있는 일은 아무것도 없었다.

아들 구명을 위해 '장두狀頭'가 되다

그 소동이 있고 나서 사흘째 되는 6월 7일, 유춘만이 김장손을 찾아왔다. 그는 김춘영과 함께 옥에 갇힌 유복만의 아우였다.[6] 그는 하소연부터 시작했다.

> 그 급료미는 불완전하게 돌이 있는 채로 지급되었다네요. 마침 여러 달 급료가 없던 때여서 더욱 억울하고 원통할 수밖에 없었납니다. 그래서 여러 군사가 일제히 야료惹鬧를 부리게 된 것이지요. 게다가 김 선달님[7]의 아드님과 저의 형님이 우두머리로 주창하다가 잡혀 가서 목숨이 경각에 이르렀으니 장차 이 일을 어찌해야

---

6 유춘만柳春萬은 임오군란 주요 관계자들 가운데 유일하게 끝내 붙잡히지 않은 인물이다. 따라서 그의 나이와 직업 등 정확한 인적 사항과 직접 진술은 남아 있지 않다. 그의 말은 모두 다른 임오군란 관계자들의 진술에 포함된 것들뿐이다.

7 '선달先達'은 본래 과거에 급제하고도 벼슬을 받지 못한 사람을 가리키는 말이다. 그러나 김장손은 기껏해야 상민常民이었을 테니 과거를 볼 수 있는 자격을 원천적으로 갖고 있지 못했다. 그럼에도 불구하고 김장손을 가리켜 '선달'로 호칭한 것은 노인이자 글을 읽고 쓸 줄 아는 김장손에 대한 예우였을 것이다.

하겠습니까?[8]

유춘만은 김장손에게 매달렸다. 이미 벌어진 일은 다시 설명하지 않아도 피차 알고 있었다. '어떻게 해야 하겠느냐?'고 상의하는 형식으로 말했지만, 요는 도봉소 사건으로 잡혀간 사람들의 '구명운동' 방법을 찾자는 제안이었다. 그리고 김장손에게 오기 전 이틀 사이에 이미 탄원서[고소告訴]를 집단적으로 훈련도감에 전달하자고 왕십리 사람들과 의논이 되어 있었다.

> 훈련도감의 군사들이 바야흐로 사또使道(이경하 무위대장)에게 소원을 올리고자 하는데 그 소장에 장두狀頭(소장의 앞머리에 이름을 적는 사람)가 없을 수 없으니 김 선달님과 제가 장두가 되고, 동교東郊(서울 도성의 동쪽 교외)와 서교西郊(서울 도성의 서쪽 교외)에 통문을 돌려 잡혀 있는 사람들을 구하는 것이 어떻겠습니까?

드디어 그가 김장손을 찾아온 목적이 분명해졌다. 함께 상의한 사람들 가운데 그 소장을 쓸 줄 아는 사람이 마땅치 않았던 것이다. 그래서 김장손을 찾아와 자신과 김장손을 '장두'로 삼아 글을 써 달라고 부탁하는 것이었다. 이것은 부탁이기도 했지만 유춘만 본인의 목숨을 내어놓을 테니 당신도 목숨을 걸라는 압박이나 다름없었다. 그는 아예 글을 쓸 종이까지 사 가지고 김장손을 찾아왔던 것이다.[9]

8 이이화 엮음, 〈김장손 공안〉, 《포도청등록(中)》, 보경문화사, 1985, 36쪽. 이 등록은 아직 번역 및 해제가 이뤄지지 않아, 김문택 박사(전 서울역사박물관 학예연구관)의 도움을 받아 일부 번역했다.
9 전주대학교 한국고전학연구소 옮김, 《추안급국안 89》, 흐름출판사, 2014, 274쪽.

이에 대해 김장손이 처음에 어떤 반응을 보였는지는 알 수 없다. 그렇지만 젊은 사람들이 상의했다는 내용에 기꺼이 호응했을 것이다. 본인의 포도청 진술로 "그래서 저도 자식을 구하려는 마음에서 난만爛熳하게('충분히'라는 뜻) 상의해 통문을 냈습니다"라는 기록이 남아 있다.

이때 김장손이 작성한 통문(소장의 내용을 알리는 글)의 실물이 전하지 않아 장두가 몇 명이며 누구였는지는 정확하게 알 수 없다. 지금 확인되는 것처럼 김장손과 유춘만 두 명뿐이었다면 사발통문沙鉢通文은 아니었을 것이다. 그랬을 가능성이 크다. 그러나 그 두 사람 외에 지금 우리가 알지 못하는 다른 몇 사람도 동참했다면 사발통문이었을 수도 있겠다.[10]

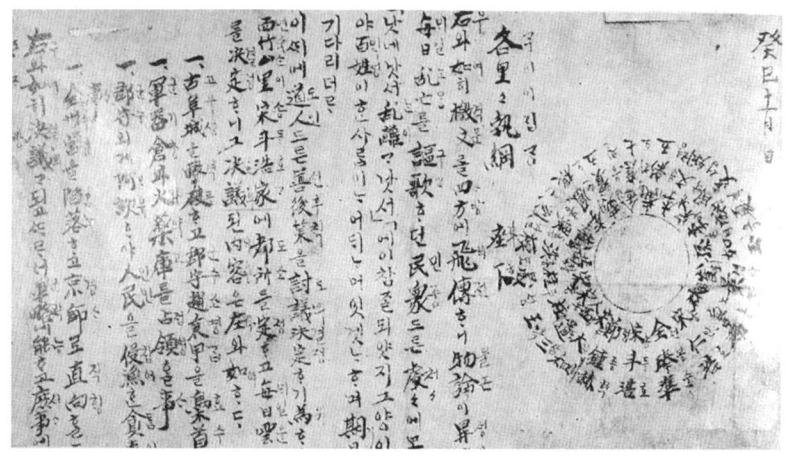

'사발통문'의 모습.
이는 둥그런 사발沙鉢을 종이 위에 엎어 놓고 그 둘레를 따라 원을 그린 뒤 그 원 밖에 장두들의 이름을 돌아가며 적어 넣음으로써 특정한 인물이 주동한 것이 아님을 보여 주는 통문의 방식이었다. 이 사발통문은 1894년 동학농민혁명 당시의 것으로서 1882년 임오군란 때의 것은 실물이 확인되지 않았다.

10 《승정원일기》 고종 19년(1882) 8월 21일의 기록("백낙관을 처분하여 전형을 바룰 것 등을 청하는 전 정언 김재봉의 상소")을 바탕으로 임오군란 당시의 통문을 사발통문으로 보는 시각도 있다.

203

나는 듯이 동교와 서교로 통문이 돌다

아무튼 이렇게 몇몇 사람의 결단에 따라 가족을 구하려는 절실한 심정이 담긴 통문이 즉석에서 여러 통 작성됐다. 동교의 여러 마을은 물론이고 서교에도 보내야 했기 때문이다. 감옥에 갇힌 4명 가운데 3명은 동교의 왕십리 출신이었지만, 한 명(강명준)은 서교의 청파青坡[11] 출신이었다. 다음엔 이것을 누가, 어디로, 어떻게 전하느냐가 문제였다.

당시 김장손이 살던 신촌은 왕십리의 변두리(응봉동)였기 때문에 우선 왕십리의 중심지(지금의 왕십리 뉴타운 지역)로 전해야 했다. 그 일은 김장손이 불편한 몸을 이끌고 스스로 맡았다. 그때 유춘만이 김장손과 동행했는지, 아니면 자기 동네인 사근절리(사근동, 지금 한양대 및 그 동쪽 청계천 변 지역)로 가기 위해 따로 길을 잡았는지는 분명하지 않다.

아무튼 김장손은, 지금의 지도를 기준으로 설명하면 그다음 날인 6월 8일, 금호로를 따라 북쪽으로 가다가 난계로로 옮아간 뒤 논골사거리(과거 지도상의 진포리進浦里. 과거 땅이 질어 '진펄' 또는 '진뻘'이라고 불렸으며, 왕십리 지역에서는 예외적으로 논농사가 이뤄진 동네다)를 거쳐 무학봉 기슭의 서쪽을 지나고 성동고등학교 동쪽을 지나쳐 지금의 교통공단 사거리(지도상에 큰길과 작은 길이 마주치는 곳)에 도착했을 것이다. 꽤 높은 고갯길을 두세 개쯤 넘어야 했지만 아들을 구하겠다는 일념에 힘든 줄도 몰랐다.

일단 왕십리에 도착한 통문은 여러 마을로 분배됐다. 현재 남아 있는 임오군란 관계자들의 수사 기록만 보아도 당시 왕십리에는 두정동斗井洞(말우물께), 감정동甘井洞(단우물께), 양지촌陽地村, 사근절리沙斤節里, 마장리

---

[11] '청파'는 지금의 서울 용산구 청파동과 원효로1~3가 일대다.

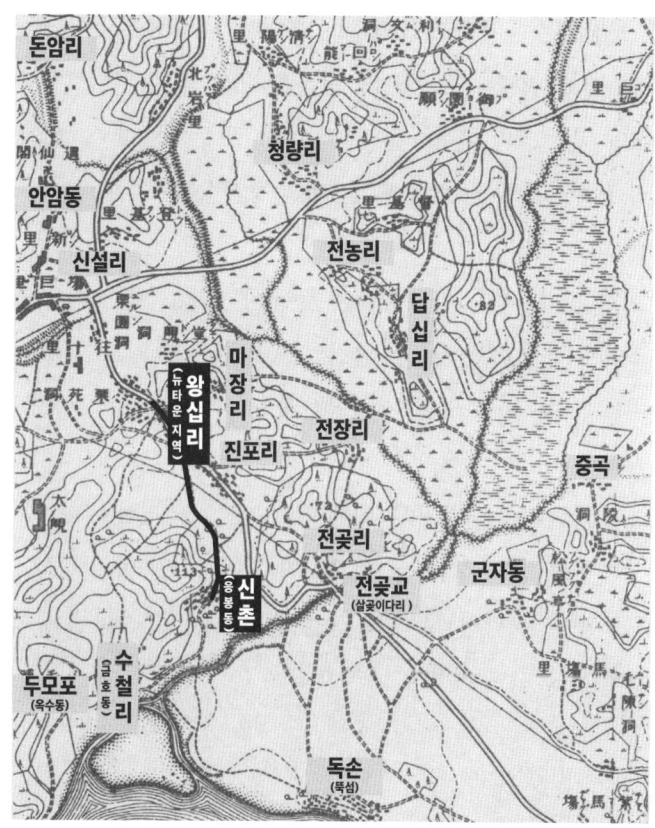

〈구한말 한반도 지형도〉(1895)에서 찾아본 당시 신촌(응봉동)에서 왕십리 중심가에 이르는 길. 여기서 통문은 다시 왕십리의 여러 마을로 분배됐을 것이다. 이 지도상의 '전장리'가 유춘만이 살았던 사근절리 (지금의 사근동)로 추정된다.

馬場里, 소곡小谷 등 크고 작은 마을이 적어도 10여 개 이상 됐던 것 같다. 그 가운데 '양지촌'으로 김장손이 직접 가서 통문을 전한 상황이 기록으로 남아 있다. 그곳은 지금 왕십리 뉴타운의 동쪽 경계인 무학로 중간의 양지 사거리 근방이었다. 과거 이곳엔 양지시장도 있었다. 사건 당시 양지촌의 행수行首(촌장)는 문창갑이었다.

문창갑은 통문이 자신의 집에 전해지던 6월 8일 낮 청무밭[12]에 씨를 뿌리기[播菁] 위해 나가 있었다. 통문을 직접 받지는 못했던 것이다. 그러나 집에 있던 그의 아내가 양지촌의 이웃인 두정동(말우물께)의 주민이자 마침 감옥에 갇혀 있던 정의길의 형인 정쌍길에게 이 통문을 서교로 전하도록 건네주었다.

정쌍길은 이를 서교로 '나는 듯이 재빨리' 전했다[비전飛傳].[13] 정쌍길이 그렇게 열심을 낸 데에는 약간의 배경이 있었다. 그는 문창갑 행수의 집에서 만난 김장손으로부터 "당신도 장두狀頭가 되어야 좋겠다"는 권유를 받았다. 동생이 감옥에 들어가 있으니 함께 장두가 되는 것이 자연스럽겠다는 판단이었을 것이다. 이에 대해 정쌍길은 뜻밖에도 "내 동생이 이미 감옥에 들어가 있는데 굳이 형제가 같이 참여해야 한다는 말이냐?"면서 뒤로 뺐다. 유춘만과는 대조적인 행태였다.[14] 그러나 그게 마음에 걸렸던 것일까? 그는 통문에 자신의 이름은 올리지 않는 대신 그것을 전파하는 일만은 기꺼이 맡았다.

---

12 갑신정변에 참여한 무수리 고대수가 앞에 소개한 것처럼 왕십리에서 숨진 곳도 '청무밭'이었다. 그것은 문창갑이 씨를 뿌린 때로부터 2, 3년 뒤인 1884년 또는 1885년 겨울이었다. 그녀가 '고대수顧大嫂'라는 별호를 얻게 된 것도 임오군란 때 명성황후를 보필했기 때문이었고, 그녀가 마지막 숨진 곳도 명성황후를 표적으로 삼았던 임오군란의 발생지였던 것은 우연이라고 해야 할까? 전주대학교 한국고전학연구소 옮김, 《추안급국안 89》, 흐름출판사, 2014, 305쪽 참조.
13 전주대학교 한국고전학연구소 옮김, 앞의 책, 301쪽.
14 전주대학교 한국고전학연구소 옮김, 앞의 책, 306쪽.

김장손은 어디에 있었을까

이렇게 해서 통문이 돌고, 드디어 그다음 날인 6월 9일 아침 수많은 하급 군사들과 그 가족들이 동별영으로 몰려갔다. 무위대장 이경하에게 이 탄원서를 전달하면서 부디 이곳 감옥에 갇힌 4명을 풀어 달라고 호소했다. 당연히 김장손도 그 대열에 있었고, 가장 앞장서서 읍소했다.

그러나 이경하는 자신에게 아무 권한도 없으니 문제의 발단이었던 선혜청의 당상 민겸호를 찾아가 호소하라고 물리쳤다. 무책임한 처사였다. 첫 단추부터 잘못 꿰이기 시작했다. 무리는 안국동의 민겸호 집으로 몰려갔다. 김장손은 그때에도 선두에 있었다. 민겸호는 집에 없었다. 마침내 군중이 호소할 곳을 잃어버린 것이었다. 드디어 분노가 폭발했다. 때마침 도봉소 사건 때 문제가 됐던 선혜청 고지기가 민겸호 집으로 들어서는 것을 이들이 보았다. 군중은 자연스럽게 민겸호의 집 안으로 난입해 집기를 때려 부수고 마침내 불을 질렀다. 이게 임오군란의 '무력행사'의 시작이었다.

그 뒤 무리는 안국동에서 멀지 않은 운현궁으로 흥선대원군을 찾아갔다. 그는 실각해 있었지만 당시 세도의 핵심이던 명성황후와 대척점에 서 있었고, 게다가 당시 이들 하급 군사들이 '찬밥' 신세가 되도록 만든 개화정책에도 반대하는 입장이었기 때문에 막연하게나마 그에게 기대고 싶었을 것이다. 그것은 전혀 사전에 계획된 일이 아니었다.

김장손과 유춘만이 과연 운현궁까지 갔는지, 또 그곳에서 대원군을 만났는지는 분명하지 않다. 적어도 유춘만은 갔을 것이며, 이 무리의 지도자 중 한 사람으로서 대원군을 만났을 것이다. 후세 사람들은 이때 대원군이 이중 플레이를 했다고 본다. 표면적으로는 무리를 다독이면서, 내밀하게는 무장봉기를 지도하거나 최소한 고무했다는 것이다.

무리는 이제 누구에겐가 호소하는 것이 아니라 스스로 도봉소 사건의 관계자 4명을 감옥에서 풀어 주기에 이르렀다. 평소 같으면 상상도 못할 일이었다. 이제 평소의 그들이 아니었다. 하루 뒤인 6월 10일, 이 난이 어떻게 한층 더 고양되었는지는 잘 알려져 있다. 여러 실력자가 군중들에게 맞아 죽었고, 이들 군사들이 푸대접받게 되는 계기를 만들었던 별기군의 일본인 교관을 포함해 일본인 여럿도 성난 무리에게 맞아 죽었다. 마침내 병사들을 필두로 무장 대오는 명성황후를 찾기 위해 창덕궁으로 달려갔다. 그것은 그녀가 모든 사태의 핵심이라고 보고 그녀를 죽이려는 것이었다. 그녀는 간신히 무리를 피해 화를 입지는 않았다.

그렇게 하고서 그날부터 서울 장안의 치안은 사실상 이들 무장 세력의 손아귀에 들어갔다. 그것은 청나라 군사들의 개입으로 대원군이 중국으로 납치되어 다시 실권하는 7월 13일까지 무려 한 달 이상 계속되었다.

여기서 우리의 관심사는 김장손의 행방이다. 유감스럽게도 그는 이 임오군란이 초기 '비무장 단계'를 넘어서는 순간 자취를 감추었다. 혹시 그 무장 대오의 어딘가에 포함되어 있었을지 모르겠다. 그러나 그가 그 대오를 지휘했다든가, 혹은 어떤 역할을 했다는 흔적은 전혀 발견할 수 없다. 나중에 이루어진 그의 심문 때에도 무장 단계의 일에 대해서는 질문조차 나오지 않았다. 이것은 그의 역할이 아들을 살리기 위한 구명운동 단계의 비무장 시기에 국한되었음을 시사하는 것이다. 말하자면 그는 '장두狀頭'로서 임오군란의 '초기 지도자'라고는 할 수 있을지언정 전 시기를 통틀어 '지도자'라고 하기는 어렵다는 얘기다.

상황이 만들어 낸 '반역 우두머리'

김장손의 행적이 나타난 것은 한참 뒤였다. 청군이 7월 15일과 16일 임오군란의 진원지이자 군병들의 집단거주지인 왕십리와 이태원을 공격해 오자 이 일대 주민들이 조총을 쏘고 돌을 던지며 저항했지만 그 현장에 김장손은 없었다. 마침내 많은 사람이 죽고 도망간 가운데 이 지역이 평정돼 170여 명의 주민과 군사들이 잡혀갈 때 거기에도 포함되어 있지 않았다. 체포된 사람들 중 11명이 7월 23일 참수형을 받았지만 당연히 거기에도 포함되지 않았다.

이 피비린내 나는 진압 작전 속에 왕십리와 이태원은 완전히 초토화되며 '반역의 장소'로 낙인찍혔다. 살아남은 가족들도 더 이상 그 동네에 살 수가 없었다. 지방으로 뿔뿔이 추방되었다. 동네의 주민 구성 자체가 바뀌었다. 그러나 진압 작전의 내용을 전해 들은 일본인들은 불만을 터뜨렸다. 잡히거나 처형당한 사람들은 이번 사건의 진범이 아니라는 것이었다. 일본인 교관 등이 타살당한 데 따른 원한이 있었던 것이다. 대대적인 색출 작전이 벌어졌다.

드디어 7월 27일 김장손이 잡혔다. 주요 인물들 가운데 첫 검거였다. 그 뒤 정의길(7월 27일), 강명준(8월 4일), 유복만(8월 8일) 등 도봉소 사건으로 감옥에 갇혔다가 6월 10일 동료들에 의해 풀려났던 인물들이 줄줄이 검거됐고, 서교에 통문을 '나는 듯이 재빨리' 전했던 정쌍길(8월 18일)도 잡혀 들어왔다. 물론 무장 시위에서 중요한 역할을 했던 다른 인물들도 여럿 잡혔다.

이 가운데 김장손의 검거 경위를 《좌우포도청등록》의 〈김장손 공안〉은 이렇게 전하고 있다.

본월[7월] 25일 문창갑의 진술에 따라 우변 포도대장 이교헌은 포교 백관욱, 이중흥 등 포졸 10명에게 탐문하여 잡아 오는 일을 맡겼다. 김장손은 동월 27일 양주楊州 조운리釣雲里에서 잡혀 포도청에 갇혔다.

여기서 눈길을 끄는 것은 두 가지다. 우선 김장손이 잡혔다는 '양주 조운리'의 위치다. 그곳은 지금 경기도 남양주시 가운동의 일부로서 중앙선 도농역에서 차도 건너 남양주체육문화센터와 석실서원 터 사이 지역이다. 그가 살던 왕십리 신촌(응봉동)으로부터 직선거리로 13킬로미터 남짓 되는 위치다. 멀리 가지 못한 것이다.[15] 조선시대의 육로 교통노선으로 따지자면, 그곳은 서울에서 한강을 따라 강원도, 충청도 또는 경상도 지역으로 갈 때의 첫 역인 평구平丘(지금의 남양주시 삼패동)에 이르는 길목이었다.

이왕 도망을 가려면 좀 멀리 가고, 숨으려면 대로에서 멀찌감치 떨어진 곳에 자리를 잡을 일이지 하필이면 서울에서 멀지도 않고 사람의 통행도 가장 빈번한 마을에 가서 고작 열흘 남짓 있다가 잡혀 온 것이었다. 그것은 서울 변두리에서 일생을 보낸 사람의 지리적 상상력의 한계였는지도 모르겠다.

두 번째로 눈길이 가는 것은 그가 '문창갑의 진술'에 따라 잡혔다는 점이다. 문창갑이 김장손의 도피처를 알고 있다가, 자의에 의해서건 마지못해서건, 당국에 알려 주었던 것 같다. 문창갑이 누구인가? 김장손으로부터 가장 먼저 통문을 전달받았던 왕십리 양지촌의 행수다. 두 사람은

---

15 앞에 소개한 이치훈의 후손 이성문 등이 멀리 가지 못한 것과 마찬가지다.

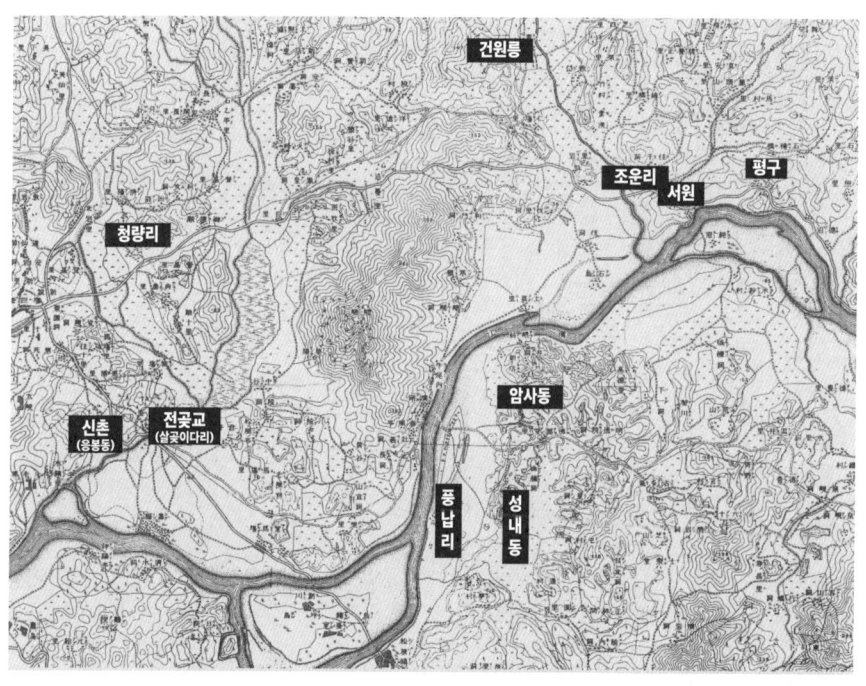

〈구한말 한반도 지형도〉에서 찾아본 김장손의 도피로.
김장손이 숨어 있던 양주 조운리는 서울 기준으로 평구역 직전의 동리였다.
지명의 한자 표기가 '新村'은 '新春'으로, '釣雲里'는 '朝云里'로, '平丘'는 '平邱'로
각각 다름에도 불구하고 위치는 분명하다. 서울에서 그곳으로 가는 길은 조선 초기에 임금들이
건원릉(태조 이성계의 묘소)에 가기 위해 개설한 종로→청량리→동구릉의 '능행로陵幸路'와
자신이 살던 왕십리의 변두리 신촌에서 뚝섬을 거쳐 한강 연안을 타고 가는 '옛길' 등 두 가지가 있었다.
그는 사람의 눈을 피해 옛길로 갔을 것이 틀림없다.
이 옛길은 지금도 희미하게나마 남아 있다.

평소에도 잘 아는 사이였을 것이다. 그래서 김장손은 왕십리 지역이 청군에 의해 진압되기 직전 몸을 피하면서 문창갑에게는 자기가 가는 곳을 귀띔했던 모양이다. 멀리도 가지 못하면서, 가는 곳까지 알린 김장손의 행동이라니!

아무튼 문창갑은 당국에 협조한 덕을 톡톡히 입었다. 그는 행수라는 그의 직책과 지역 사정 등으로 미뤄볼 때 18세기 이후 왕십리 지역에서 번성한 상업적 농업[16]의 중요한 당사자 중의 한 사람이었을 가능성이 크다. 또 그렇기 때문에 평소 행정 당국과 상당한 유대를 갖고 있었을 수도 있다. 그는 비록 자신이 청무밭에 씨를 뿌리러 나가 있어 통문을 직접 받지 못했고, 해당 통문을 서교로 전하도록 정쌍길에게 넘겨 준 것도 자신이 아니라 부인이라고 슬쩍 책임을 넘겼음에도 불구하고 사실 책임을 면하기는 어려웠다. 그의 집이 각지를 연결하는 결절이었다는 사실만은 부인할 수 없었기 때문이다. 그렇지만 그는 무죄 방면됐다. 비록 추국청에서 곤장을 7대 맞기는 했지만 그는 아주 이례적으로 "사전에 모의한 흔적이 없다"는 이유로 그대로 석방되었다.

이렇게 붙잡힌 김장손은 8월 23일과 24일 이틀에 걸쳐 정국庭鞠(왕명에 따라 의금부 또는 사헌부에서 죄인을 국문하는 일)에 불려 나갔다. 정국의 장소는 옛 금위영禁衛營의 본영[17]이었다. 자고로 정국에서 살아 나간 사람은 손꼽을 정도였다. 김장손도 그 정도는 알고 있었다. 게다가 그는 군란의 도화선이 된 통문의 작성자이자 장두가 아닌가?

---

16 왕십리 지역의 '상업적 농업' 양상에 대해서는 이 책 후반의 '예덕선생' 장에서 더 살펴본다.
17 임오군란 당시는 금위영이 어영청, 총융청과 함께 장어영으로 통합된 상태였지만 옛 이름으로도 많이 불렸다. 당시 금위영의 본영은 창덕궁의 서남쪽(지금의 서울 종로구 운니동 98번지 삼환기업 자리)에 있었고, 통상 '신영新營'이라고 불렸다.

그는 모든 혐의를 순순히 시인했지만 유춘만 이외의 어느 누구의 이름도 진술하지 않았다. 모든 책임을 자기가 지기로 결심했기 때문이다. 심문관은 그가 "변란으로 가는 사다리[亂之階]"라느니 "반역의 우두머리[亂逆魁]"라는 등으로 소추했지만 그는 단 한마디도 변명하지 않았다. 그저 "죽을죄[死罪]를 지었고 달리 할 말이 없다"는 말만 되풀이했다. 이때 그는 통문을 작성하기로 결단하는 순간 죽을 결심을 했던 것을 다시 떠올렸을 수

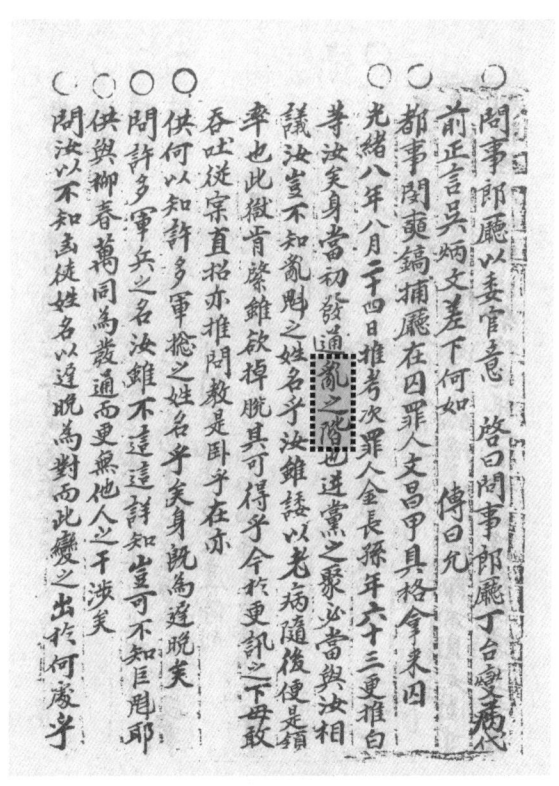

〈대역무도 죄인 김장손 등 국안〉의 일부.
김장손에 대한 심문 내용 중 오른쪽으로부터 다섯째 줄에 '변란으로 가는 사다리[亂之階]'라는 흥미로운 표현이 보인다.

213

도 있다.

그는 6월 9일 민겸호의 집이 그의 동료들의 손에 부서지고 불타는 순간 마음을 비웠을 것이다. 그때 사태는 돌아올 수 없는 다리를 건넜다. 그다음에도 무리를 따라다니기는 했으나 망연했다. 그가 생각했던 것은 이런 상황이 아니었기 때문이다. 그러면서 그는 아주 자연스럽게 이 움직임—그것이 난이 됐든, 혁명이 됐든—의 지도자 위치에서 스스로 내려왔다.

그날로 아들 춘영이 풀려나긴 했다. 그렇게 해서 김장손은 아들의 목숨을 살리겠다는 당초의 목적을 이룬 것이었을까? 풀려난 춘영이 무리와 함께 서울 장안을 휘젓고 다니다 마침내 창덕궁까지 들어가서 명성황후가 탄 가마에 손을 댔다는 사실을 알고는 어떤 심정이었을까?

그는 혁명아가 아니었다. 그가 저지른 첫 번째이자 가장 중요한 잘못은 결코 혁명아가 될 수 없는 체질의 사람이 혁명적인 방법을 선택했다는 사실에 있었는지도 모른다. 그가 작성한 통문은 심문관의 표현대로 '변란으로 가는 사다리'일 수밖에 없었기 때문이다. 그 사태의 대가는 죽음뿐이었다.

형장의 이슬로 사라진 김장손의 아들

후일담 두 가지. 첫째, 김장손의 아들 춘영은 어떻게 되었을까? 적어도 김장손이 잡히고 사형을 당하는 그 시점까지는 잡히지 않았다. 그가 어딘가로 꽁꽁 숨어들어 연명하기만 했더라면 김장손은 죽어서도 안도의 한숨을 내쉬었을지 모르겠다. 아들을 살리는 것이 그의 목표가 아니었던가. 그러나 아버지의 사형 집행으로부터 꼭 3년 뒤 그는 포도청에 자수했다.

아버지와 마찬가지로 그 역시 배포가 그리 크지는 못했던 것 같다. 이로써 임오군란의 도화선이 된 도봉소 사건의 관계자 4명 가운데 마지막 인물이 저세상으로 갔다.

둘째, 김장손과 함께 통문의 장두가 되었던 유춘만은 어떻게 되었을까? 그는 임오군란의 뒤처리 과정에서 전혀 존재를 드러내지 않았다. 무려 사건 이후 10년이 지난 1892년까지 당국의 추적이 계속되어 관계자들의 상당수가 처벌을 받았지만 그만은 오리무중이었다. 꼭 한 번, 그의 이름이 공식 기록에 언급된 적이 있었다. 바로 김장손의 아들 춘영이 1885년 자수해 조사받을 때였다. 춘영과 함께 조사받던 사람이 유춘만의 행방을 묻는 심문에 "충주忠州 목계牧溪에 있다고 들었다"고 진술했다. 그러나 그 이후 7년이 지난 1892년까지도 그가 잡혔다는 기록은 없다. 현재 남아 있는 구한말의 사법 기록은 그때가 끝이었다.

유춘만이 어디로 숨어들었는지는 아무도 모른다. 어쩌면 그는 통문을 작성해 달라고 김장손에게 가는 그 순간부터 김장손과는 달리 이 일이 어떻게 전개될지 머릿속에 그리고 있었는지도 모르겠다. 만약 그랬다면 김장손은 그저 '변란으로 가는 사다리'였을 뿐이고 유춘만이야말로 진정한 '반역의 우두머리'였다고 할 수 있겠다. 그는 잡혀 죽는 대신 사라짐으로써 임오군란의 신화가 되었다.

[10]

염동이와 채생,
청계천에서
도깨비를 만나다

도깨비 덕에 치부한 천민
귀신과의 황홀한 하룻밤
청계천은 도깨비 루트?

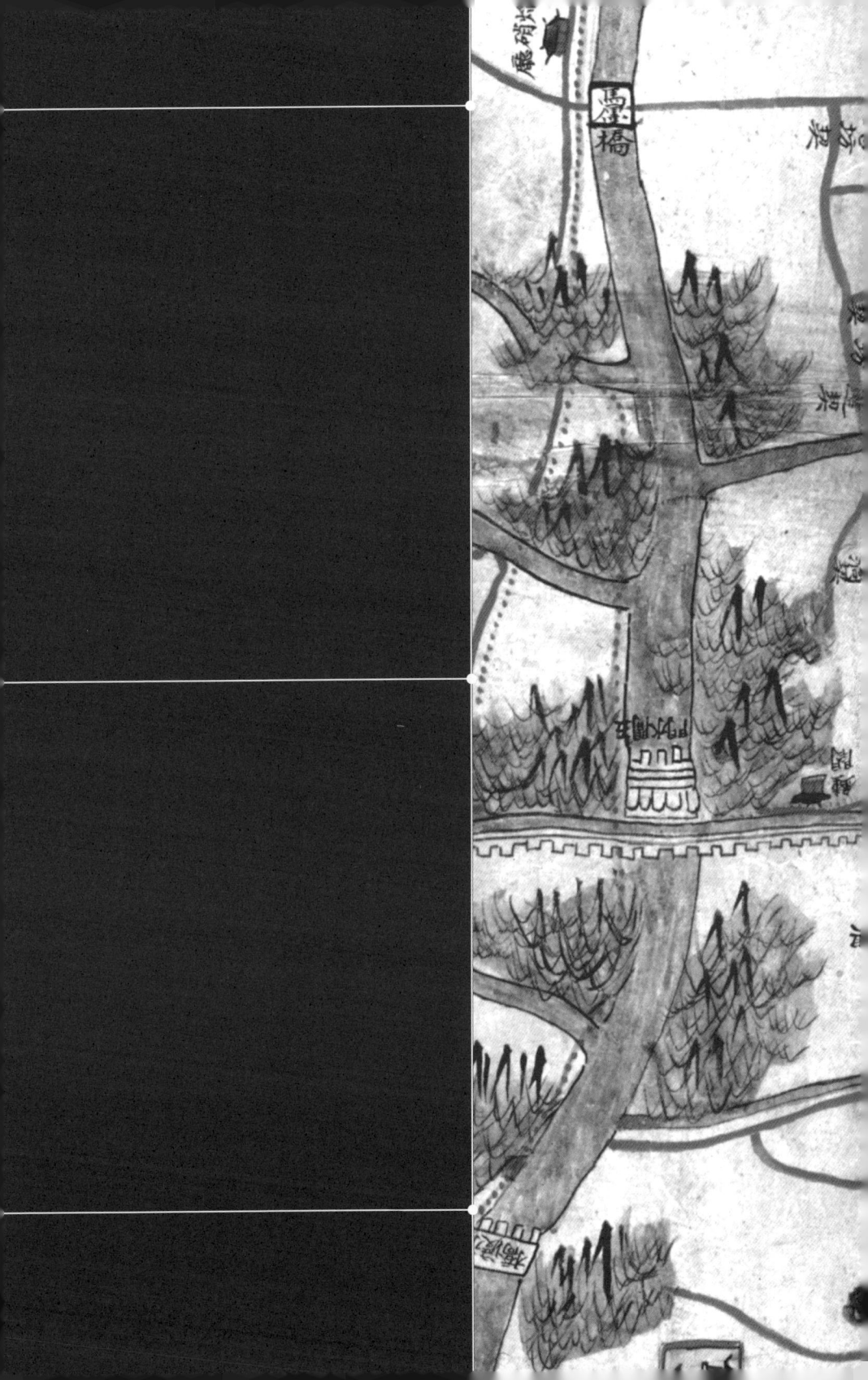

조선 말기에 '염동이'라는 사람이 있었다. 성이 염廉씨였던 모양인데 '동이同伊'라는 이름은 요즘 말로 하자면 '개똥이'나 '쇠똥이'와 같은 것이었다. 아마 그의 이야기를 전하는 사람이 정확히 몰라 적당히 붙인 이름이었을 것이다. 그도 그럴 것이 그는 승정원[1]의 심부름꾼인 '사령使令'에게 예속된 '수행자隨行者'였다. 심부름꾼의 심부름꾼이었다는 얘기다. 사령이 품계 밖의 천민이었으니 그에 딸린 염동이의 신분은 더 말할 나위가 없었다. 이름이 제대로 알려질 리 없었다.

분명치 않은 것은 그것만이 아니었다. 염동이가 산 시대는 조선 왕조는 물론이고 민중 역시 연명하는 일조차 힘들던 19세기 중반쯤으로 추정될

---

[1] 조선시대의 승정원은 왕이 거주하는 궁궐 안에서도 정전과 편전의 지근거리에 있으면서 왕명의 출납을 맡아 보는, 지금의 대통령 비서실과 비슷한 부서였다. 따라서 경복궁이 중건된 고종 대 이후에는 경복궁 안에 있었고, 그 이전에는 창덕궁과 경희궁 안에 있었다. 이날 염동이가 출발한 장소와 귀환하는 장소도 바로 그곳이었을 것이다.

뿐 정확하게 알 길이 없다. 그의 고향도, 주인도, 나이도…… 아무것도 알려지지 않았다. 하긴 염동이는 한갓 이야기[2]의 주인공이었을 뿐이니, 정확하게 말하자면 그런 인물이 실제로 있었는지도 분명하지 않다.

그러나 염동이의 이야기만은 대단히 구체적이다. 조선시대를 통틀어 대단히 많은 도깨비와 귀신 이야기가 있지만 염동이가 만난 도깨비가 가장 사실적이고, 정감이 가며, 심지어 읽는 이로 하여금 그의 편에 서게 만드는 공감력이 뛰어나다.

도깨비 덕에 치부한 천민

어느 날 염동이가 평소 일하던 대로 승정원의 심부름으로 남산골에 편지를 전하고 돌아오는 길에 장악원[3] 앞에서 낯선 이를 만나는 것으로 이야기는 시작된다. 음력 7월 보름날 3경(밤 11시~새벽 1시 사이)에 사신을 '김 첨지'라고 소개하고 키가 8척이나 되는 거한이 염동이 앞에 나타나 다짜고짜 곧 허참(신입식)을 치러야 하니 탁배기(막걸리) 열 말에 살쾡이고기 다섯 마리 분량을 준비해 달라고 부탁했다. 물론 공짜는 아니었다. 그렇게 하면 1,000냥을 갚겠다는 것이었다.

염동이가 수락하자 김 첨지는 "오간수 수문 밖 영도교 위에서 모일 테

---

[2] 이 '염동이' 이야기는 지은이와 엮은이를 알 수 없는 19세기 중반의 야담집 《기관奇觀》에 〈연귀취부宴鬼取富(귀신에게 잔치를 베풀어 주고 부를 얻는다는 뜻)〉라는 제목으로 실려 있다. 염동이 이야기는 지금까지 다른 야담집에서 확인된 바 없다.

[3] 조선시대에 궁중의 음악과 무용에 관한 모든 업무를 맡아 보던 관청. 구리개銅峴, 즉 지금의 을지로2가 하나금융그룹 명동사옥 자리에 있었다.

니 형님은 혼자 어둔 밤에 거기서 기다리면 좋겠소!"라고 장소를 구체적으로 지정했다. 모양은 바뀌었지만 지금도 청계천 남쪽의 황학동 시장과 북쪽의 동묘 앞 노점상 거리를 연결하는 영도교가 옛 자리를 굳건히 지키고 있다. 큰 시각으로 보자면 광희문 밖의 왕십리 권역과 동대문 밖의 창신동·숭인동 권역을 연결하는 영도교이고, 우리가 앞에서 살펴본 내용으로 얘기하자면 우리 시대의 예인藝人 장소팔과 고춘자가 오가던 다리이고, 이효석 소설의 주인공 진 서방과 김 서방이 하루의 노동을 마치고 고단한 몸을 누이기 위해 동묘 쪽으로 가려고 건너던 바로 그 영도교다.

> 이에 동이는 집안사람을 속여서 손님을 전송한다 핑계 대고 술과 고기를 거판으로 차렸다. 사람을 시켜 살쾡이 30여 마리를 구해서 양념을 치고 잘 삶아 쪘다. 그리고 동대문 밖으로 운반해 놓고 천변에서 기다리고 있었다. 물새는 숲에 깃들고 풀숲에 이슬이 구슬처럼 드리웠는데, 이윽고 구름 사이로 달이 나왔다간 들어가곤 했다. 만물이 고요한 삼경인데 반딧불만 숲 앞으로 넘나들어 사람으로 하여금 수심을 자아내게 했다. 동이는 일어섰다 앉았다 하다가 밤이 장차 늦어졌는데 좌우를 둘러보아도 아무런 형체도 나타나는 것이 없었다.
> 심히 무료하여 속으로 탄식하기를 '내가 취중에 허망한 것들과 서로 약속을 했지. 그게 만약 도깨비라면 필야 신의가 있을 텐데 어찌 사람과 약속을 어기는 일이 있을까? 참 이상도 하다' 하고 긴가민가 잔뜩 망설이는 즈음 홀연 눈을 보내 바라보니 광희문 밖에 들불 수십 자루가 환하였으며, 또 영도교 아래에도 들불 수십 자루가 환히 비치었다. 양편의 들불이 서로 호응하여 꺼졌다 밝아졌

다 하면서 동쪽 서쪽으로 내달으며 변화무쌍이더니 멀리서부터 점차 가까이로 일제히 몰려드는 것이었다.⁴

동이는 몸을 감추고 엎드려서 그 하는 양을 엿보았다. 기기괴괴한 형상의 무려 40여 귀것들이 둘러싸고 앉았는데 그중 상석에 앉은 귀것은 머리에 뿔이 하나 돋쳤고, 붉은 털에 푸른 몸뚱이를 한 야차夜叉라 하는 물건이었다. 야차가 좌우를 돌아보고 부르기를 "적각赤脚이 어디 있느냐?" 하니, 한 귀것이 달려 나오는데 바로 장악원 앞길에서 만났던 김 첨지라던 자였다.

야차가 말하기를 "너의 허참은 어떻게 하려느냐?" 하니, 적각이 "이제 곧 음식을 날라 오겠습니다"라고 답했다.

야차가 다시 물었다.

"주인은 어떠한 사람이냐?"

"염공廉公 동이라는 분이올시다."

적각은 곧 물러나와 "염 형 어디 있수?" 하고 불렀다. 동이가 곧장 대답하고 나가자 적각이 아주 반가워하며 바로 함께 여러 귀것들 앞에 나가 섰다.

"사람들이 다 우리들을 꺼리는데 이 사람은 유독 혐오하지 않으니 주인으로 정할 만하겠는 걸."

귀것들의 말이었다. 술과 안주를 벌여 놓자 살쾡이고기를 보고 대단히 기뻐하는 것이었다.

---

4 이 이야기에서 들불 또는 도깨비불이 나타난 '광희문 밖'에서 '영도교 아래'에 이르는 장소는 이효석이 1928년에 발표한 소설 〈도시와 유령〉의 공간적 배경과 완전히 일치한다. 어느 여름날 밤 '진 서방'이 유령에 질겁하며 배회한 지역이 바로 그곳이다. 이렇게 염동이 이야기(《연귀취부》)가 적어도 장소성에서 〈도시와 유령〉의 선구적 작품이라는 점이 흥미롭다. 이 책의 '진 서방' 편 참조.

"아주 좋은 진찬일세."

가장 마음에 들어 마지않았다. 귀것들이 실컷 취하고 포식한 후 동이에게 말했다.

"우리들은 사해팔방에 한순간 천 리를 가고, 구해서 이르지 않을 것이 없고, 붙잡아서 얻지 못할 것이 없으되 단지 아쉬운 바는 주인이 없는 것이라오. 당신은 신의 있는 사람이니 그 일을 맡을 만하겠구려. 원컨대 당신네 집 구석진 곳에서 매달 두세 차례 우리들을 접대해 주구려. 그러면 이익이 있지 손해는 없을 것이오. 어찌 남의 하인 노릇을 하며 스스로 이처럼 고생할 것이오?"

동이는 두 손을 마주 잡고 대답했다.

"고소원固所願이요, 불감청不敢請이올시다."

"그러면 내일 밤에 당신 집에서 다시 만납시다. 비밀로 하고 번거롭지 않게 해야 할 것이오."

시간이 흘러 닭의 울음이 들리자 여러 귀것들이 취해서 비틀거리며 흩어지는 것이었다. 동이는 집으로 돌아와서 또 술과 고기를 준비했다. 그날 밤 삼경쯤 사방이 고요한데 뭇 귀것들이 모여들었다. 저마다 가지고 온 물건들을 뜰에 쌓아 놓으니 1,000냥가량 되는 것이었다.

"물건이 비록 약소하나 정을 표하는 것이니 물리치지 마시고 거두어 두십쇼. 이걸 곧 쓰더라도 결코 뒤탈이 없을 것이오."

이로부터 어느 달 모이지 않는 달이 없었다. 그렇게 10년이 지나자 동이의 재산은 어느덧 굉장하게 되었다.[5]

---

[5] 이우성·임형택 역편, 《이조한문단편집(중)》, 일조각, 1983, 311~313쪽.

이쯤 되면 이 이야기의 원제가 왜 '연귀취부宴鬼取富'인지 쉽게 알 수 있다. 도깨비에게 잔치를 베풀어 주고 부자가 된 이야기가 분명하지 않은가? 여기 등장하는 도깨비는 인간을 해코지하거나 괴롭히는 존재가 아니라 은혜 갚는 존재로 그려져 있다. 형태는 기괴할지언정 그 행태만은 인간과 대단히 친근하며, 보기에 따라서는 인간보다 훨씬 더 인간적인 모습이다. 여기서 우리의 관심을 끄는 것은 염동이와 일군의 도깨비가 만난 장소가 '영도교 근처의 청계천 변'이라는 점이다.

사실 영도교는 서울 도성을 빠져나온 청계천에 걸린 도성 밖 첫 다리이다 보니 조선 초기부터 사람의 왕래가 대단히 빈번한 길목이었다. 다리 양편으로는 주막집들이 상당히 번성해 보통사람들의 희로애락이 모두 묻어나는 곳이었다. 지금도 영도교 남쪽으로는 곱창집들이 줄지어 들어서 있고, 밤이면 술꾼들로 불야성을 이룬다. 다시 말하자면 도깨비가 나타날 만하다고 우리가 선입견을 가질 만큼 괴괴하고 음침한 곳이 아니라는 얘기다. 그럼에도 불구하고 이곳이 도깨비들이, 그것도 떼를 지어 출현하는 장소로 설정된 이유는 무엇일까?

바로 여기에 이 이야기의 맛이 있다. 이곳에 모여드는 사람들은 십중팔구 조선 사회의 기층을 형성하고 있던 양인(상민) 또는 천민이었을 것이다. 이들은 신분상의 특권과는 거리가 멀었고 계층 상승의 기회도 원천적으로 봉쇄된 일반 백성이었을 뿐이다.

그런 사람들이 서울 도성의 바로 밖에서 늘 서울을 바라보고 살며 무시로 어울리다 보니 주막 운영 또는 이런저런 물품의 중개로 적지 않은 돈을 번 사람도 있었을 것이다. 18세기 이후 자기들의 상전 또는 주인 계층이 그렇게 상당한 부를 축적하고 그것을 소비하는 모습을 지켜보면서 영향을 받았을 수도 있다. 사실 이 이야기의 지은이는 그런 사람들의 이야기를 하고 싶었을지도 모른다. 또 그것은 자기 이야기이기도 했을 것이다. '신분 상승은 불가능하지만 치부는 가능한' 보통사람들의 원망願望이 담겨 있다는 얘기다. 여기서 도깨비와 약속을 지켜 치부할 수 있었다는 설정은 그런 메시지를 전달하기 위한 장치였을 것이다. 지은이가 상상력으로 직조한 도깨비 이야기의 그물망을 한 꺼풀만 걷어 내면 그런 이야기가 드러난다.

그렇게 보면, '염동이'는 이 이야기의 지은이와 읽는 이 모두를 상징하거나 대표하는 인물이었고, '김 첨지'는 그런 보통사람들의 염원이 실현되도록 도와주는 기특한 존재였던 것이다. 《아라비안나이트》에 나오는 램프의 요정 지니와 같다고나 할까? 다시 말해, 염동이와 김 첨지가 엮어 내는 이야기는 당시 사회의 보통사람인 '나'의 이야기로 읽힐 수밖에 없었던 것이다.

사실 청계천에는 이런 도깨비 또는 귀신 이야기가 대단히 많았다. 많은 정도가 아니라 서울을 배경으로 하는 기담奇談은 대개 청계천 혹은 그 주변 지역을 배경으로 했다고 해도 과언이 아니다. 그런 점에서 청계천은 조선시대에 성 안팎을 통틀어 '도깨비 루트'였다고 할 만하다.

귀신과의 황홀한 하룻밤

이번엔 청계천 변에서 벌어진 귀신 이야기[6]를 하나 살펴보자. 여기선 '채생蔡生'이라는 사람이 주인공이다. 성이 '채'씨라는 얘기인데 '생生'은 이

---

6 이 '채생' 이야기는 '염동이' 이야기와 달리 지은이 혹은 채록자가 분명하다. 조선 전기의 김안로金安老(1481~1537)가 지은 《용천담적기龍泉談寂記》(1525)에 실려 있다. 모두 35가지 야담을 소개하고 있으나 각각의 이야기에 제목을 달지는 않았다.

름이 아니고 과거를 준비 중인 학생이라는 뜻이다. 나이는 알 수 없지만 과거 준비생이니 신분은 양반이었을 것이고, 이야기의 무대도 서울 도성 안의 훈련원 근처, 즉 지금의 청계천5가 근처다. 앞의 염동이 이야기와는 사회적·공간적 배경이 조금 다르다.

그러나 잘 살펴보면 두 이야기에는 공통점 또는 비슷한 점이 많다. 첫째, 청계천에 걸린 다리를 배경으로 하고 있다는 점이다. 이번 이야기의 장소는 구체적으로 청계천에 걸린 태평교太平橋다. 이 다리는 근처에 소나 말을 빌려주거나 매매하는 시장이 있다고 해서 마전교馬廛橋라고 불리기도 했다. 지금도 청계천을 따라가다 방산시장 앞에 이르면 원래 마전교가 있던 자리에 모양새는 바뀌었지만 같은 이름의 다리가 놓여 있다.

둘째, 청계천이 서울 도성을 빠져나가는 오간수문을 중심으로 살펴볼 때, 염동이가 도깨비들을 만났던 영도교는 서울 도성 밖의 첫 다리였고, 채생이 귀신을 만난 마전교는 서울 도성 안의 마지막 다리였다. 즉, 두 다리가 과히 멀지 않은 위치에 있었다는 얘기다.

셋째, 마전교가 서울 도성 내부이긴 하되 가장 변두리인 훈련원 근처에 있었던 데서 알 수 있다시피 상류층의 왕래가 많은 도심지를 벗어나 하층 백성들이 모여드는 마전(말과 그에 관련된 용품들을 파는 가게) 근처라는 점도 눈에 띈다. 이곳을 생활 터전으로 삼는 사람들 역시 서울 도성 밖 영도교 주변의 사람들과 별반 다르지 않았다는 얘기다. 그렇게 보통사람들이 모여드는 마전교, 즉 태평교 근처에 과연 어떤 귀신이 나타났는지 직접 이야기를 들어보자.

근래 채蔡씨란 성을 가진 한 학생이 훈련원 가까이에 살고 있었다.
어느 날 해가 져서 어둑어둑할 무렵에, 거리에 나섰는데 길에는

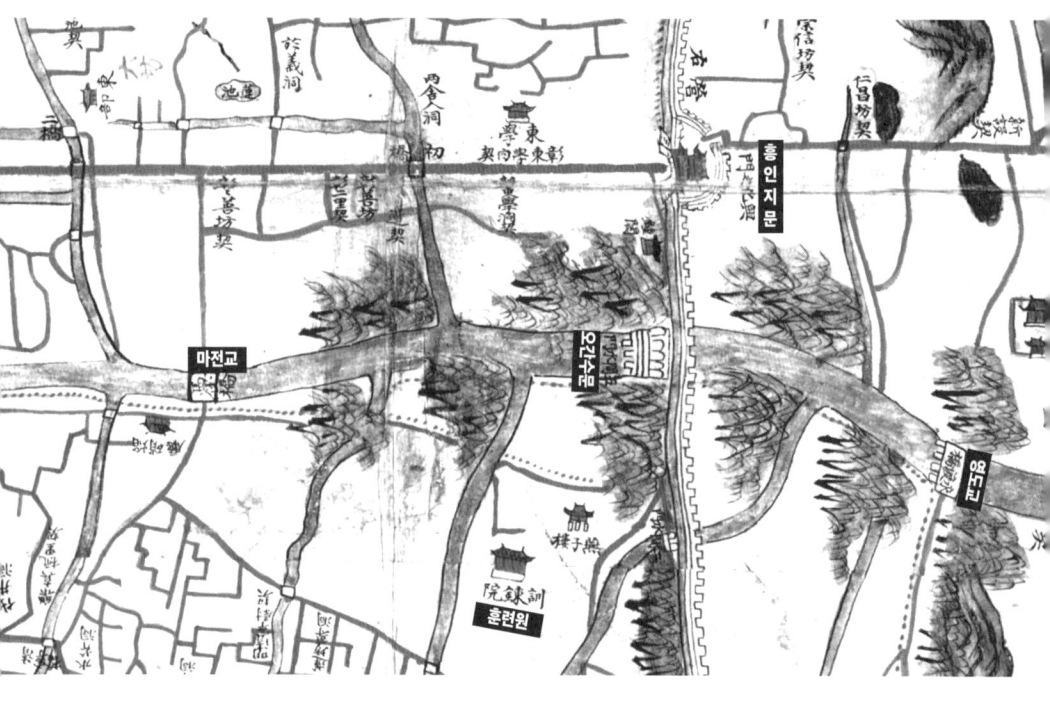

〈한양도성도〉에서 찾아본 청계천 상의 영도교(영미교)와 마전교.
서울 도성의 오간수문을 기준으로 할 때 영도교는 도성 밖 첫 다리였고,
마전교는 도성 안 마지막 다리였다는 사실이 분명하게 확인된다.
그 사이에는 청계천을 건너는 다리가 전혀 없다. 이 두 다리 인근 지역은 모두
조선시대에 서울 도성 안팎의 '바닥인생'들이 몰려 살던 곳이었다.

행인의 발걸음이 점차 드물어지고 달빛이 어스름하여 먼 데 있는 사람의 모습은 희미하게 볼 수 있으나 얼굴을 확인할 수 없을 정도였다. 저만큼 떨어져 한 부인이 길에 서 있거늘 서로 한동안 바라보다가 채생이 천천히 다가가 보니 소복에 비녀를 나지막이 꽂았는데 얼굴은 밝고 요염한 것이 사람에게 비쳐 왔다.

채생이 정신이 황홀하여 자신도 모르게 눈짓을 넌지시 해 보고 손으로 더듬어 보아도 여인은 놀라거나 싫어하는 빛이 없었으므로 몸을 바싹 붙이고 말하기를 "좋은 밤 한가로운 풍경에 귀한 분을 이렇게 만나니 솟아나는 정을 스스로 억제할 수 없어 순간적으로 미친 짓을 저질렀소만 진晉 나라의 한수韓壽가 향을 훔친 일이 무어 그리 죄가 되리오? 부디 조금이나마 용서해 주시오" 하니, 부인이 얼굴을 약간 붉히면서 나직한 목소리로 "군자는 어떤 분이시기에 오다가다 만난 아녀자에게 이다지도 정중히신가요? 미천한 계집에게 혹시라도 뜻이 계시다면 제가 가는 곳으로 따라오시겠나이까?" 하였다. 채생은 놀랍고 즐거움이 지나쳐 "이것이 바로 감히 청할 수 없다는 것이요. 아직 낭자의 성씨조차 모르기에 굳게 잠긴 깊숙한 집을 상상만 하여도 발걸음이 떨어지지 않소" 하니, 부인이 "이미 정을 허락한 바이온데 무슨 걱정을 하십니까?" 하고 소매를 잡고 같이 걷는 것이었다.

골목길을 돌아 개천 하나를 건너니 큰 저택이 바라보이는데 흰 담장이 둘러쳐져 있었다. 채생을 잠깐 기다리게 하고 부인이 먼저 들어가고 나니 사람 소리 하나 들리지 않고 인적도 뚝 끊겼다. 채생이 주위를 배회하며 기다림에 지쳐 놀란 듯 잃어버린 듯도 하여 마음을 채 가눌 수 없었다. 한참 만에 머리를 갈라 땋은 한 소녀가문을 반쯤 열고 나와 채생을 인도하여 여덟 겹 문으로 들어서니 흰 돌로 기둥을 한 누각이 솟아 있는데, 집의 짜임새나 그 웅장한 모습이 사람의 손으로 이루어진 것 같지 않았다. 그 옆에 깊숙하고 아늑한 방이 있는데 녹색 창과 자줏빛 발이 영롱하여 눈이 부셨다.

부인이 문앞에 나와 맞으며 "모두 잠들기를 기다리느라고 너무 오래 서 계시게 해서 혹시 의심이나 하시지 않았는지요?" 하고 소매를 끌어 앉혔다. 사방 벽을 살펴보니 쳐놓은 병풍과 걸린 서폭書幅의 색깔이 눈부시며, 수놓은 자리와 꽃방석이 아름답게 깔려 있고, 화장대와 화롯불의 성대함이 모두 세간에서 볼 수 있는 것들이 아니었다. 채생의 마음이 괴이하고 눈이 현혹되어 여기가 필시 신선이 사는 진경眞境이 아닌가 의심하여 스스로 부끄럽고 위축되어 얼굴이 찌푸려짐을 어쩌지 못하였다.

부인이 소녀에게 술을 들여오라고 명하여 주안상이 들어왔는데 모두 진기한 것들이었다. 쌍룡으로 얽혀진 귀가 달린 백옥白玉 잔에 술을 가득 채워 채생에게 권하면서 용모를 단정히 하고 말하기를 "미천한 계집의 운명이 기구하여 어려서 부모를 잃고 자라서도 배우자를 만나지 못하여 유모에 의탁하여 살다 보니 규방의 법도에 익숙지 못합니다. 매양 고요한 밤에 풍경을 완상하며 긴 한숨 속에 지내다 동무를 따라 길거리에 나섰는데 홀연히 치닫는 마차와 뛰는 말이 길을 메우고 달려오기에 길가로 조금 피한다는 것이 그만 길을 잃고 동무마저 놓쳐 홀로 길을 방황하던 차에 다행히 그대의 멋있는 모습을 뵙고 또한 은근한 정을 보여 주심을 알고서 저도 모르게 법도를 이같이 어기게 되었으니, 만약 그대가 저를

천하게 여기지 않으신다면 평생을 모시어 이 몸이 닳아 없어지더라도 여한이 없겠나이다" 하였다. 채생이 일변 마시고 일변 감사하여 미칠 듯 기뻐 말문이 막혀 더듬거릴 뿐, 속으로 이는 필시 하늘에서 내려준 복일 것이라고 생각하였다.

이리하여 두 사람은 주거니 받거니 말을 그칠 줄 모르는데, 밤 시각을 알리는 종은 이미 세 번을 울렸다. 술은 거나하고 말소리도 끊어지니 소녀가 살며시 들어와 채생의 각대角帶와 초립草笠을 받아 횃대에 걸고 금침錦枕을 펴고 촛불을 내어 간 뒤 채생이 부인을 덥석 끌어안고 두 사람이 즐기는데 벌이 노는 듯 나비가 춤추는 듯이 얽히기를 다한 후에도 서로들 기이한 상봉을 못내 기뻐하여 퉁소 불던 한 쌍이 달밤에 만나던 기쁨도 어이 이 같으랴 싶었다.

시간은 새벽을 재촉하나 즐거운 흥은 아직도 별었는데, 갑자기 천둥소리가 머리를 때리듯 요란하여 놀라 눈을 뜨니 자기가 돌다리 아래 누워서 흙투성이 돌을 베고 떨어진 거적을 덮고 있어 코를 찌르는 악취가 앞을 가리며, 벗은 초립과 각대는 다리 기둥 틈에 걸려 있었다. 아침 해가 이미 솟아 인마人馬가 시끄럽게 내달리고 땔나무 실은 수레 두 대가 쿵쿵거리며 다리를 건너고 있었다.

채생이 소스라쳐 놀라 미친 사람처럼 집으로 되돌아와 며칠이 지나서야 겨우 안정되는 듯했으나 아직도 망연히 마음이 울적하여 마치 하늘에 오르다 떨어진 기분이었다. 고개를 빼어 혹시나 한 번 더 만나볼 수 있을까 초조해했으나 곧 요귀에게 홀린 줄을 알고 무당이 굿을 하고 의원이 뜸도 뜨는 등 약물과 기도를 백방으로 하여 겨우 병이 낫게 되었다. 그 다리는 서울 안 큰 개천 하류에 있는 것으로 다리 이름은 태평교라 한다.[7]

청계천은 도깨비 루트?

염동이 이야기와는 완전히 다른 구조와 내용이다. 한편으로는 채생이 '헛것'에 홀린 것이 안타깝고 민망스러우며, 다른 한편으로는 소복 입은 여

조선시대에 청계천 또는 그 남쪽 지역을 배경으로 한 도깨비 이야기들

이야기	장소	출전	저자
〈신막정〉	소공주동 (현 소공동)	《어우야담》(1622)	유몽인柳夢寅 (1559~1623)
〈죽전방 부인〉	죽전방 (현 수표교 건너 을지로3가)	《천예록》(1716~1724)	임방任埅 (1640~1724)
〈남부 부동 흉택〉	남부 부동 (?)	《천예록》(1716~1724)	〃
〈묵사동 흉택〉	묵사동 (현 필동2가)	《천예록》(1716~1724)	〃
〈채생과 소복녀〉	태평교 (현 청계천5가 마전교)	《용천담적기》(1525)	김안로金安老 (1481~1537)
〈염동이〉	영도교 (현 황학동—숭인동 사이 영도교)	《기관》(19세기 중반)	미상
〈도깨비 장난〉	종남산 (현 약수동 또는 금호동)	《부계기문》(1611~23)	김시양金時讓 (1581~1643)

인의 모습으로 나타난 요귀가 원망스럽다. 염동이가 만난 도깨비들과 달리 살가운 존재가 전혀 아니다.

그렇지만 한 가지 분명한 것은 청계천의 마전교가 당시의 일반 백성들에게 대단히 친숙한 장소였다는 점이다. 그 시절에 마전교 밑이 자기 집인 줄 알고 술에 취해 잠을 자는 사람이 많았는지, 그 근처에 장가 못 간 가난한 선비들이 많았는지 우리는 알지 못한다. 다만 이런 일장춘몽의 현장이 될 만한 소지는 대단히 컸던 것 같다.

어쩌면 청계천은 이런 보통사람들의 원망願望이 투사되는 장소였는지도 모르겠다. 그것이 '은혜 갚은 도깨비'의 모습으로 나타날 수도 있고, '사람을 홀리는 요귀'의 모습으로 나타날 수도 있지만 그 어느 쪽이 됐건 우리의 기대와 욕망의 다른 모습이라는 점을 어떻게 부인할 수 있겠는가?

염동이와 채생의 이야기 외에도 청계천 변에 나타난 도깨비 혹은 귀신의 이야기와 그 현장은 대단히 많다. 그 가운데 청계천을 상류에서부터 하류 쪽으로 따라 내려가면서 출전이 분명한 이야기들만 간추려 보면 앞의 표와 같다.

---

7 한국고전번역원(http://db.itkc.or.kr/)의 번역으로 채생 이야기의 일부다.

[11]

가톨릭 순교자들은
거기서 안식을
얻었을까?

주검도 숨죽여 나가던 문
가장 억울한 죽음 '옥사獄死'
네 여성의 모진 생애와 안타까운 죽음
죽어서 땅에 묻히지조차 못한 사람들
새로운 세상을 향한 꿈

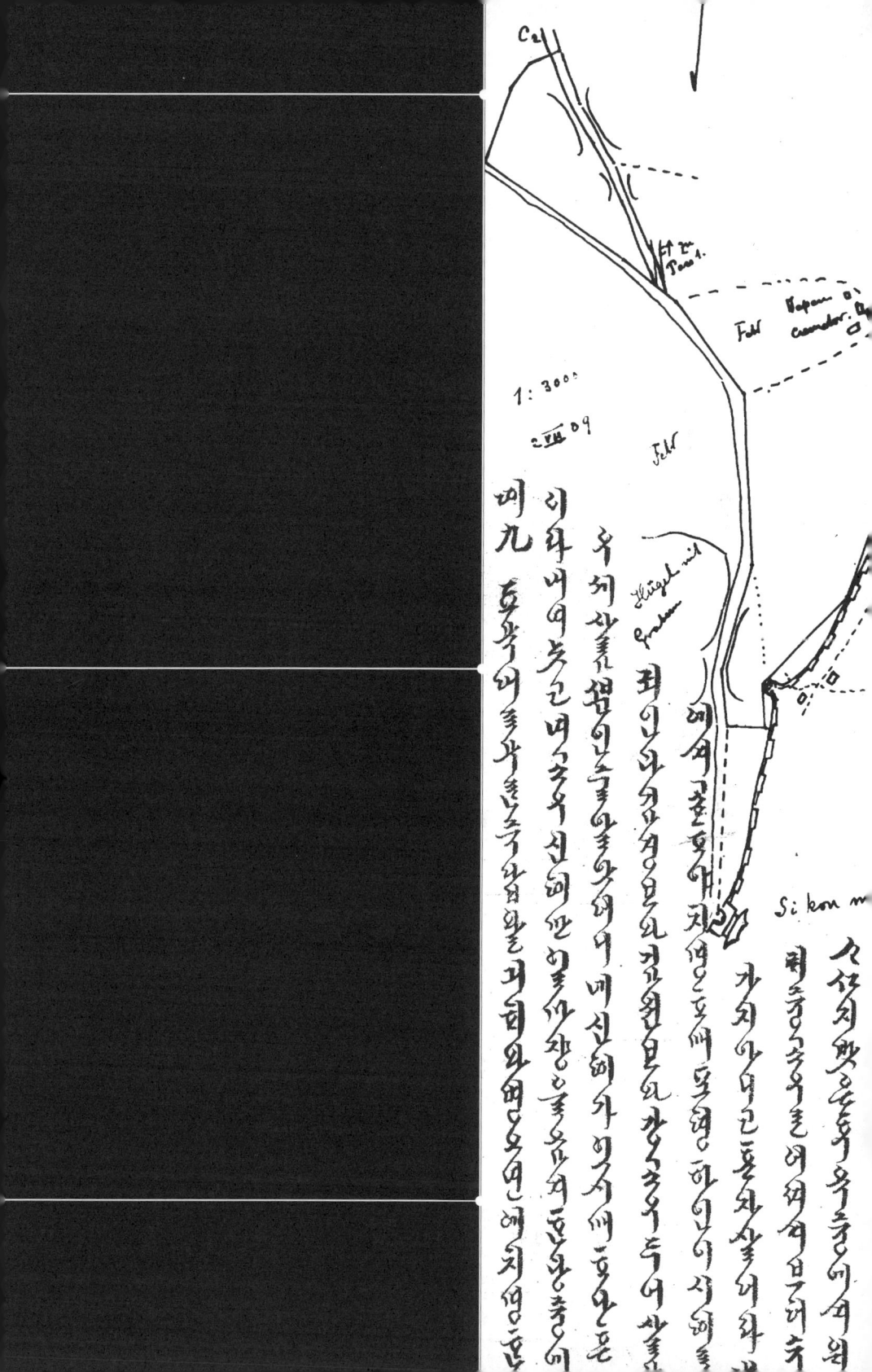

시구문은 죽은 자들을 위한 문이었다. 조선시대 서울에는 시구문이 동쪽과 서쪽에 한 군데씩 있었다. 대문으로는 시체가 나갈 수 없었으니 동쪽으로는 동대문 남쪽의 광희문光熙門[1]이, 서쪽으로는 서대문 남쪽의 소의문昭義門이 각각 그 역할을 맡았다. 그 두 소문 밖으로는 여기저기 공동묘지가 형성되어 있었다. 조상 전래의 선산을 갖지 못한 서울의 보통사람들은 그 두 소문 밖의 어딘가에서 최후의 안식처를 구했다.

주검도 숨죽여 나가던 문

그런 점에서 시구문은 대단히 중요한 문이었다. 산 자들에게는 자기 도

---

[1] 이 책의 '들어가는 말'에서 광희문의 시구문으로서의 기능과 그에 따른 광희문 밖 왕십리의 풍경을 살펴본 바 있다.

시의 순환 사이클을 유지하기 위한 배출구였다면, 죽은 자들에게는 마지막 쉴 곳을 찾는 여정의 출발점이었기 때문이다. 시구문 없이는 도시가 유지될 수 없었고, 산 자나 죽은 자나 평안을 누릴 수 없었다. 그런 점에서 시구문은, 역설적이게도 죽은 자와 남은 자들이 함께 안식으로 나아가는 문이기도 했다. 그 이름에서 느껴지는 음산함과는 완전히 상반되는 역할이었던 것이다.

그러나 이것은 도시의 구조적인 측면을 고려할 때 그렇다는 얘기일 뿐, 슬픈 것은 슬픈 것이었다. 특히나 전통시대에 국가 폭력state terrorism에 의한 죽음은 어디 가서 하소연할 곳도 없는, 슬프다 못해 기가 막힌 일이었다. 제대로 재판을 받지도 못한 가운데 감옥에 갇혀 매 맞아 죽는 경우가 비일비재했던 것이다.

조선시대에 '장폐杖斃(곤장을 맞아 죽음)'라고 기록된 것이 바로 그런 경우였다.[2] 이는 명목상으로는 조사 과정에서 죽는 경우였다. 그것도 말이 안 되는 것이었지만 감옥 안에서는 그 이상의 공적·사적 폭력이 난무했다. 감옥에 갇히는 순간, 누구나 '용의자' 또는 '혐의자'의 수준을 넘어서 무조건 '죄인'이었던 것이다. 19세기의 한국 가톨릭 신자들이 바로 그런 경우였다.

그렇게 죽은 시체는 대부분 광희문으로 나갔다. 그런 매질을 용케 견뎌 내고 재판에서 정식으로 사형 판결—참수, 능지처사 등—을 받은 경우에는 대개 소의문(서소문)을 거쳐 그 밖 또는 새남터의 사형장으로 나갔다. 그러나 감옥에서 옥사한 경우에는 포졸들이 시체를 거적에 둘둘 말아 광희문 밖의 적당한 곳에 내다버리는 경우가 많았다. 상여는커

---

[2] 이 책의 이성문 편에서 살펴본 그의 고조부 이치훈이 바로 이 '장폐'의 경우였다.

녕 울어 줄 사람조차 없는 죽음이었다. 광희문은 그렇게 주검도 숨죽여 나가는 문이었다.

가장 억울한 죽음 '옥사獄死'

조금 길지만 읽는 맛이 있을 터이니 다음의 기록을 원문 그대로 한번 살펴보자. 조선 말기에 가톨릭 신앙의 자유가 허용된 지 2년 만인 1888년 채록된, 과거 순교 사실에 대한 증언들 가운데 하나다. 띄어쓰기와 단락 나누기 외에는 원문에 손을 대지 않는 대신 몇몇 가톨릭 용어와 한자어 등에 설명을 달았다. 주격 조사 'ㅣ'는 '가' 또는 '이'로 옮기면 되고, 복자음('ㅅㄷ' 등)에서 앞 자음 'ㅅ'은 별도의 음가音價를 갖지 않고 뒤 자음의 된소리 표시일 뿐이다. '아래 아(·)'를 읽는 데에는 별 문제가 없을 것이다.

송[宋]베드루의 쇽명[俗名]은 빅돌이오 주[字]는 치명이니 죄인[증언자 박순집朴順集 본인을 지칭]과 동셔[同壻]오 남묘南廟[지금의 서울역 맞은편 동자동에 있던 남관왕묘] 압 퇴셩이니 부친은 외인外敎人[이교도]이라 모친의 교훈을 드러 예비를 ᄒ엿시나 부친이 임의[이미] 밋며누리를 명[定]ᄒ엿시매 조당阻擋[혼인 장애]이 됨으로 내여 보내고 죄인의 동셔 되매 안히는 시흥 방아곳셔 퇴셩흔 님[林]씨 여ᄌ와 혼비[婚配]ᄒ야 뇌외 열심 슈계[守誡, 계명을 지킴]ᄒ며 갓밧치[갓바치] 물쥬로 성이ᄒ더니

무진戊辰[1868] 정월 초팔일에 교우 불님[체포령]에 나매 포교들이

련 잇흘[이틀]을 와 지면[持面]ᄒ고 가더니 삼일 만에 다시 와서 잡아내여 슈갑[手匣] 질어 우변[右邊, 우포도텽]슈 관텽으로 가 문초ᄒᄂᆞᆫ 말이 네가 봉교[奉敎]ᄒᆞᆫ 지 몃 ᄒᆡ냐 ᄒᆡ답ᄒᆞ되 첫 ᄒᆡ브터 셩ᄉᆞ[聖事]를 밧은 지 임의 이십 년이라 ᄒᆞ니 포텽으로 ᄂᆞ린지라

ᄉᆞ긔젼[沙器廛] ᄒᆞ던 김경쟝이가 보고 ᄒᄂᆞᆫ 말이 내가 형벌을 견디지 못ᄒᆞ야 ᄌᆞ네를 다혓시니[대었으니] 이런 참혹ᄒᆞᆫ 일이 어ᄃᆡ 잇스리오 용셔ᄒᆞ기를 부라노라 ᄒᆞ니 베드루ㅣ 됴흔 말노 디답ᄒᆞ되 당신이 그리 ᄒᆞ셧시나 내가 여긔 오기는 텬쥬[天主]의 부르심이니 념녀 말나 ᄒᆞ더란 말은 경쟝의게 드른 배오

문초 사연은 모로오나 삼일 만에 여러 욕슈[獄守]ㅣ 곤ᄒᆞ야 다 조을거날 ᄉᆡ벽에 베드루ㅣ 니러 안즈며 ᄒᆞᄂᆞᆫ 말이 내 문답을 외울 거시니 여러분이 다 드르시오 ᄒᆞ며 문답 일편을 풀님[풀림, 뒤풀이]ᄭᅡ지 다 외오며 칼머리를 쟝단쳐 글ᄋᆞ되 우리들이 이런 ᄯᅢ를 딩ᄒᆞ야 텬당길이 갓가왓시니 엇지 즐겁지 아니ᄒᆞ겟소 ᄒᆞ니 조을던 교우ㅣ 다 졍신을 출히며 옥직이도 듯다가 칭찬ᄒᆞᄂᆞᆫ 말이 여러 텬쥬학군 즁에 송빅돌이가 뎨일[第一]이라 ᄒᆞ더니

뎨오일 만에 옥즁[獄中] 치명[致命, 순교]ᄒᆞ옵고 그 시톄는 동ᄉᆞ[同事]ᄒᆞ던 갓밧치 오륙 인이 슈시[收屍]ᄒᆞ야 슈구문[水口門] 밧 셩 밋희 쟝ᄉᆞᄒᆞ니 나희 ᄉᆞ십이 셰오 ᄌᆞ여[子女] ᄉᆞ 남믹는 다 교우와 혼비ᄒᆞ엿삽내다.[3]

소박하면서도 진지한 신앙의 모습이 선명하게 드러나 있다. 이는 무려

---

3 김영수 옮김, 《주해 박순집 증언록》, 성황석두루가서원, 2001, 272~274쪽.

8년간 진행된 조선시대 최후이자 최대의 가톨릭 박해인 병인박해(1866~1873)에 어찌할 도리 없이 이끌려 들어간 순교자들의 기록 가운데 하나다.

송백돌(1827~1868)의 직업이 갖바치였다니 당시 최하층 천민이었고, 그가 어머니를 따라 새로운 신앙을 받아들인 것은 차별과 천대가 없는 새로운 세상을 꿈꾸었기 때문일 것이다. 그 대가는 혹독했다. 이 증언에 사망 경위가 분명히 드러나 있지는 않지만, 우포도청 감옥에 갇힌 지 닷새 만에 죽었다니 그는 정식 재판에 회부되기도 전에 매 맞아 죽은 것이 분명하다. 그러나 죽음이 뻔히 예견되는 상황에서도 자신의 이름을 발설한 사람을 전혀 원망하지 않는가 하면, 신앙을 견지해 나가는 모습이 가상하기까지 하다. 새로운 세상을 꿈꾼 대가를 어차피 치러야 하는 것이라면 그 원인이 된 꿈을 포기할 수는 없는 것 아닌가?

매 맞아 죽은 송백돌의 시신을 우포도청 관헌들이 수구문(광희문) 밖에 내다버린 뒤에 동료 갖바치들이 그것을 수습하여 장사 지낸 것인지, 동료들이 우포도청에서 직접 시신을 받아 수구문 밖에 장사 지낸 것인지는 명확하지 않다. 어느 쪽이 됐건, "슈구문 밧 셩 밋히 장亽ᄒ니[수구문 밖 성 밑에 장사를 지내니]"라는 대목으로 보아 광희문을 나선 뒤 서울 도성으로부터 멀지 않은 곳에 송백돌의 시신을 묻은 것으로 보인다.

그 매장지가 광희문 밖의 지역 중에서 남쪽이었다면 지금 서울 성곽에 인접해 광희문교회가 들어선 언덕 근처의 묘지였을 가능성이 크다. 이와 관련해서는 송백돌이 이곳에 묻힌 지 40여 년 뒤인 1909년 한 독일인 가톨릭 신부가 수도원 자리를 찾기 위해 이 지역을 답사하고 그린 한 장의 약도가 방증 자료가 될 수 있다. 물론 그는 송백돌의 존재에 대해서는 전혀 알 수 없었을 것이다.

그런가 하면 북쪽(청계천 쪽)의 보다 편평한 지역에 송백돌이 묻혔다면

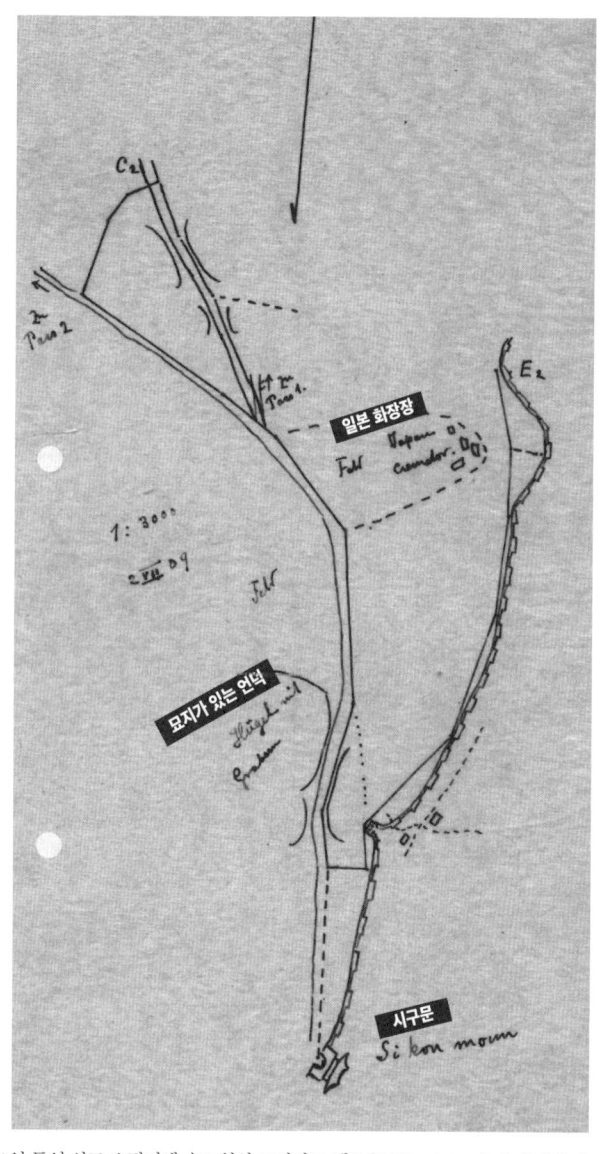

1909년 7월 1일 독일 상트 오틸리엔 수도원의 도미니코 엔스호프Dominicus Enshoff 신부가 광희문 밖 지역을 측량해서 그린 약도. 아래쪽에 '시구문Si kou moun' 표기가 문루의 그림과 함께 보이고 그 남쪽(그림의 위쪽)의 언덕길 동쪽에 '묘지가 있는 언덕Hügel mit Graben'이라는 표기가 분명하다. 지금 광희문교회 위치다. 그 언덕길의 서쪽으로는 서울 성곽에 거의 붙어 '일본 화장장Japan. Cremator'이 표기돼 있다.

앞에서 택견 놀이가 이뤄지던 〈대쾌도〉의 현장으로 지목한 동대문역사문화공원에 조금 못 미친 지역이었을 수 있다.[4] 이렇게 광희문 밖 지역은 초기 가톨릭 신도들의 피로 적셔진 장소였다. 송백돌은 이곳에서 안식을 누렸을까?

네 여성의 모진 생애와 안타까운 죽음

송백돌이 이곳에 묻히기 20여 년 전인 1846년 병오박해 때도 역시 우포도청[5]에서 순교한 김임이金任伊 데레사(1811~1846, 서울의 서자 집안 출신. 김대건 신부의 가사도우미) 등 여성 3명도 이곳에 매장됐다. 먼저 이들 3명을 포함해 함께 순교한 여성 4명에 대해 살펴보자. 《기해·병오박해 순교자 증언록》[6]은 이들의 풍부한 전기적 자료들을 포함하고 있다.

● 김더릐샤[김임이 데레사]는 죄인[증언자 김카타리나]의 형님이옵고 본

---

4 앞의 '신한숭' 편에서 설명한 〈대쾌도〉(1785년 작)의 현장 참조. 서울 성곽에 바로 인접한 이곳은 〈대쾌도〉가 그려진 19세기 중반까지는 택견의 현장이었지만 19세기 후반 무덤이 이곳까지 밀고 들어오면서 택견의 현장에서 탈락한 것으로 본 바 있다. 송백돌의 순교 시점은 1868년이었다.

5 우포도청은 김임이 등 가톨릭 여성들이 순교한 때로부터 약 40년 뒤인 갑신정변 이후 이에 가담했던 또 다른 여성 '고대수'가 갇혀 있다 왕십리 처형장으로 가기 위해 끌려 나왔을 가능성이 있는 곳으로서, 혜정교의 남쪽, 즉 지금의 종로1가 광화문우체국 또는 한국무역보험공사 자리에 있었다. 고대수에 대해서는 앞에서 이미 설명한 바 있다.

6 《기해·병오박해 순교자 증언록》은 한국교회사연구소가 2004년에 상·하 2권으로 펴낸 것으로, 1839년 기해박해와 1846년 병오박해의 순교 행적을 1883~1887년 사이에 채록한 것이다. 이 기록은 1985년 서울 절두산 순교성지 지하 문서고에서 먼지가 켜켜이 쌓인 채 발견되었고 2004년 영인본으로 출간되기에 이르렀다. 김임이 등 4명의 여성에 대한 기록은 모두 이 증언록에 포함되어 있다.

리 틱즁 교우로 신미년[1811]에 관우물골[7]셔 나고……

● 니아가다[이간난 아가타]는 외인 부모의게 낫시나 초년 과부로 문교[聞敎]ᄒᆞ야 잣골[8] 나가 ᄯᅩ로 집을 쟉만ᄒᆞ야 우수산나를 하인 삼아 ᄒᆞᆫ 가지로 열심 슈계홀 째 죄인[증언자 김프란치스코]이 여러 번 가 보앗삽고……

● 우수산나[우슐임 수산나]의 릭력을 ᄌᆞ셰히 모르듸 싀굴 사ᄅᆞᆷ으로 서울 와 니아가다 집에셔 굿치 열심 슈계ᄒᆞᄂᆞᆫ 것도 친히 보앗삽고……

● 정가타리나[정철염 카타리나] 덕이 본릭 셩교[聖敎]를 봉힝[奉行]ᄒᆞ나 ᄂᆞᆷ의 죵으로 잇실ᄉᆡ 그 샹뎐은 영평 김성원이라 쳡을 삼으려 ᄒᆞᆫ즉 샹뎐 모친이 슈계ᄒᆞᄂᆞᆫ 고로 덕이를 불샹이 넉여 쌔여보낸 즉 덕이가 서울 와 몬져 니아가다의게 이십 냥을 밧고 ᄌᆞ미[自賣]ᄒᆞ엿다가 후에 이십 냥 밧치고 속신[贖身]ᄒᆞ야 다른 교우와 잇더니 츄후에 김[대건] 신부딕[9]

---

[7] 조선 후기의 서울 지도와 기록들에서 '관우물골(館井洞 또는 觀井洞)'은 적어도 세 곳이 확인된다. 우선 조선 초기에 중국 사신이 묵던 태평관에 소속된 우물 주변에 형성된 동네(지금의 태평로2가, 지하철 시청역 8번 출구 근처), 성균관 가는 길의 관기다리[관기교觀旗橋] 근처의 우물(지금의 명륜동4가 47번지)이 있던 동네(지금의 대학로 서쪽 배후지), 그리고 청계천에서 멀지 않은 하왕십리동 430번지(지금의 왕십리 뉴타운 한복판, 2015년 이전해 온 숭신초등학교 근처)에 있던 관우물 주변의 동네 등이다. 김임이가 태어난 곳이 이 가운데 어디인지는 알 수 없다.

[8] 이간난의 거주지 '잣골'은 당초 가톨릭교회사 연구자들에 의해 1909년 우리나라 최초의 가톨릭 남자수도회인 백동수도원이 들어선 서울 종로구 혜화동 일대(옛 이름 백동栢洞 또는 백자동栢子洞)로 지목되었다. 그러나 이 《기해·병오박해 순교자 증언록》 중의 다른 증언에서 "쟝동壯洞 형의 집"(이간난의 동생 이이사벨라), "쟝동 나가 다른 집을 쟉만ᄒᆞ야"(이간난에게 가톨릭 신앙을 설명해 준 한바오라) 등으로 이간난의 집의 위치가 경복궁 서쪽의 장의동(일명 장동)으로 지목된 데에다 '장동'이 자하문(창의문) 안쪽에 있어 '자하골' 또는 '자골'로 불리기도 했다는 점을 감안한다면 이 증언록 상의 '잣골'은 지금의 서울시 종로구 궁정동과 청운동 일대라고 이해하는 것이 보다 온당하겠다.

[9] 김대건 신부의 집은 '돌우물골[석정동石井洞]'에 있었으며, 한 기록에 의하면 "남별궁南別宮(지금의 조선호텔 자리) 뒤편 우물가를 지나 두 번째 초가집"이라고 설명되어 있다. 지금의 소공동 지역이다.

하인으로 드러가 잇셔 열심 슈계ᄒ며 셩품이 류슌ᄒ야 늠이 다 닐 콧더니[일컫더니, 즉 칭찬하더니] 죄인[증언자 김프란치스코]이 그때 여러번 보앗습내다.

이 네 여성이 잡힌 병오년(1846) 무렵은 이미 가톨릭이 조선에 들어온 지 60년 정도 된 시점이고 이 새로운 신앙이 민중 사이에 꽤나 깊숙이 자리 잡고 있던 때였다. 그래서 김임이 데레사와 정철염鄭鐵艶 카타리나 (1817~1846, 김대건 신부의 가사도우미. 경기도 수원 출생)는 부모가 모두 가톨릭 신자였고, 이간난李干蘭 아가타(1814~1846, 남편 사별 후 잣골에서 여교 우들과 신앙생활)는 외할머니를 통해, 우술임禹述任 수산나(1803~1846, 경기도 양주의 양반 가문 출신 과부)는 남편을 통해 각각 가톨릭을 접했다. 이들은 아주 자연스럽게 생활 속에서 가톨릭을 받아들였다.

그렇다고 그들의 인생이 안락했던 것도 아니고, 그들의 마지막 장면이 편안했던 것도 아니다. 이들은 과부, 하녀 등으로 전통사회에서 홀로 살아 나가기 팍팍한 처지들이었다. 우리가 조금만 감정이입을 해 보면 그들의 여건을 어렵지 않게 짐작해 볼 수 있다. 친정에도 시가에도 정 붙일 곳 없던 과부(이간난), 몸이 고달픈 것은 물론이고 마음조차 편할 수 없었던 하녀(정철염)가 어떤 상황에 있었을지를. 거기에 덧붙여 이런저런 이유로 이방 종교까지 받아들인 여성들이 갈 곳이 어디 있었을까? 신자들끼리 결속을 강화하는 수밖에 없었다. 그들이 마침내 찾은 곳은 한국 최초의 가톨릭 사제인 김대건 신부의 집이었다.

아예 그 집에 들어가 '복사服事(미사 때 사제의 시중을 드는 사람)' 또는 '하인'으로 살거나 그 집에서 함께 생활하지는 않아도 긴밀하게 연락하는 관계였다. 이 세상에 의지가지없는 사람들끼리 "천당 길"(송백돌의 표현)에 동행한다는 의식이 이들을 묶어 주었을 것이다.

말 그대로 마지막 길에 동행하지 않을 수 없는 상황이 닥쳐 왔다. 그 집의 주인인 김대건 신부가 당국에 붙잡힌 것이다. 1846년 양력 6월 5일 외국인 성직자들이 국내로 안전하게 들어올 수 있는 비밀루트를 개척하기 위해 서해 백령도 앞바다에 나갔다가 이를 수상하게 여긴 당국에 체포된 것이었다. 그의 집을 지키며 함께 기거하던 김임이, 정철염 등은 이간난과 우술임이 함께 살고 있던 장동 집으로 옮겼다. 그러나 이곳도 불안하다고 생각한 평신도 지도자 현석문(1799~1846)의 권유에 따라 이들 여성은 모두 서울 장동 인근의 사포서동[10]에 현석문이 급히 마련한 새 집으로 다시 피신했다.

그때 김대건은 마카오 유학 때 익힌 중국어로 자신이 '중국인 우대건于大建'이라고 주장하며 한 달 이상 버텼다. 그런 임기응변이 길게 가기는 힘들었다. 마침내 그해 7월 11일 김임이 등의 피신 경로를 똑같이 밟아 온 관헌들에게 현석문과 심임이 등 여성 네 명이 모두 붙잡혔다.

> 혼가지로[함께] 잡힌 녀교우 오 명 즁에 오발부라ㅣ 비교ᄒᆞ야 나오고 그 남아[나머지]는 김더릭샤와 니아가다와 우수산나와 졍가타리나 덕이 신덕[信德]에 흥구[恒久]ᄒᆞ야 종시[終是, 끝내] 불굴[不屈]ᄒᆞ매 포텽에서 교[絞]ᄒᆞ야[목을 졸라] 치명ᄒᆞ엿단 말 드럿시나 째와 수졍을 ᄌᆞ셰히 모로옵내다.

각종 기록과 증언을 종합하면, 김대건 신부는 6월 5일에 잡혀 9월 16일

---

10 '사포서동司圃署洞'은 지금의 서울 종로구 통인동 일부다.

에, 현석문은 7월 11일에 잡혀 9월 19일에, 김임이 등 여성 네 명은 7월 11일에 잡혀 9월 20일에 각각 숨진 것으로 확인된다. '마지막 길'에 동행하겠다던 '오바르바라'라는 여성 한 명이 배교해 풀려난 상황에서도 나머지 네 여성이 뜻을 꺾지 않고 모두 같은 날 숨졌음을 알 수 있다.

그 네 명이 공교롭게 모두 같은 날 숨진 것은 아무래도 부자연스러운 일이지만 고문 끝에 목을 졸랐다는 오바르바라의 전언이 그런 상황에 대한 설명으로 제시되어 있다. 그렇다면 이 여성들의 직접 사인은 두 달 이상 계속된 '매질'이라기보다는 그런 끝에 인위적으로 덧붙여진 '목조름'이었다니 '교살絞殺'이었던 셈이다. 참으로 안타까운 일이었다.[11]

> 치명훈 후에 니아가다 부친이 즈긔 쏠의 시톄를 츠즈 장수 쓰로 지내고 더리샤 우수산나 덕이 시톄논 수구문[水口門] 밧긔 브린 거술 교우들이 밤에 츠즈 그 근처에 다시 장수홀 째 죄인도 굿치 참예ᄒ엿시나 오랜 일인 고로 산쇼 즈리도 모르고 다른 수정도 니젓습내다.

이제 마지막 장면이다. 김프란치스코라는 가톨릭 신자의 증언이다. 우선 친정 가족들과 연락이 있던 이간난의 시신은 그 아버지가 찾아가 별도로 장사를 치르고, 그 밖의 세 명은 우포도청 포졸들이 '수구문 밖'에 내다버리자 가톨릭 신자들이 그 근처에 매장했다는 얘기다. 이들이 묻힌 장소에 대해서는 다른 증언자들도 대동소이한 기억을 갖고 있었다. "시구문

---

[11] 다만 이간난의 동생 이이사벨라가 "그째 말 나기를 김 신부와 현[석문] 갸오로 치명ᄒ신 후에 포텽에 갓친 교우들은 교ᄒ야 죽엇다 ᄒ니 죄인 형[이간난]의 시톄 츠즌 사름의 말을 드른 즉 목에 믹인 흔적이 업스매 장해[杖下]에 믹 마즌[매 맞아] 죽은 줄노 아옵고……"라고 증언한 것으로 볼 때 이간난은 목이 졸리기에 앞서 숨졌을 가능성도 있다.

밧긔[시구문 밖에]"(김임이의 동생 김카타리나), "왕심이 끗히[왕십리 끝에]"(김프란치스코) 등으로 밝혔기 때문이다. 조금 더 상세한 정황도 있었다.

병오년 군난[窘難, 박해]에 잡히여 굴치 아니ᄒ고 옥즁에서 교[絞]ᄒ야 치명ᄒ매 포텽 하인이 시톄를 싀구문[屍口門] 밧긔 내다브린 거슬 죄인[증언자 서야고보]과 김경보와 김원보와 강교우 두어 사름과 굿치 ᄎ자 간 즉 녀교우 세 사름뿐인 줄 알앗더니 네 신톄가 잇시매 ᄒ나흔 ᄉ나희 도젹놈이라 내여놋코 녀교우 신톄만 일 마쟝[10리가 못 되는 거리]을 옴겨 ᄒᆫ 광즁壙中[무덤 구덩이]에 세 신톄를 분간ᄒ야 장ᄉᄒ엿습ᄂ이다.

김임이 등 여성 4명을 포함해 '기해·병오 박해'의 순교자들에 대해 증언한 사람들의 자필 서명. 이 가운데 한글을 제대로 쓸 줄 아는 사람은 '김방지거(김프란치스코)'와 '견상궁(전상궁)' 정도였고 '니이사별(이이사벨라)', '한바올나(한바올라)', '셔야고버(서야고보)' 등은 붓을 다루는 데 능숙하지 않은 사람임을 한눈에 알 수 있다. 심지어 '김가타리나(김카타리나)'는 자기 이름조차 쓰기 어려웠던지 십자가를 그리는 것으로 서명을 대신하고 그 밑에 서기가 "증인 김가타리나 쓸 줄 모르는 이의 십즉(김카타리나 쓸 줄 모르는 이의 십자가)"라는 설명을 달아 놓았다.

이간난을 제외한 여성 세 명의 사체를 찾아 장사 지낸 당사자의 구체적인 증언이다. 우연히 같은 날 숨진 남성 한 명은 자기들이 매장하지 않았다든가, 시구문 밖에서 매장할 만한 장소로 시신을 조금 옮겨 한 구덩이를 파고 세 구를 가지런히 묻었다는 등의 증언을 통해 우리는 그날의 정황을 보다 선명하게 그려 볼 수 있다.

이런 여러 증언에 나타난 '시구문 밖', '수구문 밖', '왕십리 끝' 등은 모두 같은 장소를 언급하는 것이 분명하다. 그러나 이것만으로는 그 넓은 광희문 밖 왕십리 지역에서 구체적인 장소를 특정하기는 어렵다. 여기서 단

1921년에 발행된 〈경성도〉. 영도교(영미교)를 남쪽으로 막 건너서 길 좌우편의 구릉지(지금의 황학동 시장 근체)는 모두 묘지로 표시되어 있다.

서를 찾자면 '시구문 밖'에서 '한 마장을 옮겨 장사 지냈다'는 대목이다. 즉 광희문으로부터 4킬로미터가 채 안 되는 지점 어딘가에 매장했다는 얘기다. 이는 광희문으로부터 10킬로미터가 넘는 중랑천 살곶이다리까지의 전체 왕십리 구간 가운데 절반이 채 안 되는 지점 어딘가를 시사한다. 그 가운데 '왕십리 끝'이라고 할 수 있는 지점은 대략 지금의 황학동 시장 근처일 수 있겠다. 1921년에 발행된 〈경성도〉에도 영도교(영미교)를 남쪽으로 막 건너서 지금의 황학동 시장 근처의 경사지는 모두 묘지로 표시되어 있다.

이렇게 해서 왕십리 지역 어딘가의 '한 구덩이'에 묻힌 김임이, 우술임, 정철염 등과 다른 곳에 묻히긴 했지만 같은 날 숨진 이간난까지 포함해 생애 마지막 국면을 함께했던 이들 네 명의 여성은 1925년에 함께 시복되고 마침내 1984년 역시 함께 시성되었다. 이쯤 되면 '천당 길'에 동행한 것 아닐까?[12]

죽어서 땅에 묻히지조차 못한 사람들

이들 여성의 안타까운 죽음으로부터 다시 50여 년을 거슬러 올라가자. 1795년 을묘박해 때의 일이다. 이때는 한국 가톨릭교회가 성립된 1784년으로부터 불과 11년 뒤였다.

---

[12] 관찬 역사 기록인 《일성록》의 1846년 8월 1일(양력 9월 20일) 조항은 "右捕廳啓言……李女干蘭禹女述任金女任伊鄭女鐵艷等屢施牢刑終不背敎故竝嚴杖致斃(우포도청 보고에 따르면 이간난, 우술임, 김임이, 정철염 등 여성은 여러 차례 주리를 틀었음에도 끝내 배교하지 않아 엄히 곤장까지 때리자 마침내 죽음에 이르렀다)"고 간단히 기록하고 있다. 이것이 그 시대 관찬 기록에 남은, 네 여성의 죽음에 대한 유일한 흔적이다.

앞서 소개한 대로, 이승훈이 가톨릭의 도입에 결정적인 역할을 해 놓고서도 사대부의 한계로 인해 오락가락하는 태도를 보이자[13] 초기 교회공동체는 그를 대신해 다른 인물들을 중국에 파견해 외국인 신부를 초빙하는 역할을 맡겼다. 그때 북경 밀사로서 중국인 주문모 신부의 국내 파견에 결정적인 역할을 한 인물이 윤유일尹有一바오로(1760~1795, 몰락한 양반 가문 출신, 경기도 여주 출생)와 지황池璜사바(1767~1795, 궁중 악사. 충청북도 단양 출생)였고, 그렇게 해서 어렵사리 국내에 들어온 주문모 신부의 비밀 거처를 마련한 인물이 최인길崔仁吉마티아(1765~1795, 중국어 역관)였다. 이 삼총사에 대해서는 샤를르 달레의 《한국천주교회사》가 기록을 남겼다.

> 6월[1795, 양력]까지는 모든 것이 순조로웠다. 천주교인들은 그들의 소원이 극도에 달하여 모두가 신부를 보고 성사 받기를 원하였다. 오래지 않아 굉장히 많은 사람이 모여 오게 되었다. 주[문모] 신부는 이 나라의 풍습을 잘 알지 못하여 오는 사람을 모두 쉽게 받아들였고, 아무도 조심성이 요구하는 주의를 할 생각을 아니하였다. 이러는 중에, 겨우 몇 달 전에 천주교인이 되었고, 신앙이 별로 굳지 못한 양반집 자식 한영익韓永益이라는 진사進士가 신부가 있는 곳[서울 계동 최인길의 집]으로 인도되었다. 이 면회로 인하여 그의 마음에는 나쁜 계획이 생겨났다. 그는 천주교의 공공연한 적이요, 그때 조정에서 신임을 받고 있던 이벽李檗의 동생[이석李晳]을 찾아갔다. 한영익은 중국인 천주교 신부가 서울에 살고 있다는 것을 그에게 알리고, 그가 숨어 있는 집을 가르쳐 주고 그의 인상까지

---

13 이승훈에 대해서는 앞서 그의 동생 이치훈의 후손 '이성문'의 왕십리 입향 내력을 설명하는 가운데 상세하게 살펴본 바 있다.

말해 주었다. 영의정[채제공]과 국왕[정조] 자신도 오래지 않아 모든 것을 알게 되었다. 즉시 포졸들을 보내어 가만히 그 외국인을 잡아 오라는 명령이 [좌]포도대장 조규진趙圭鎭에게 떨어졌다. 때는 6월 27일이었다.

다행히 그 배신자를 약간 경계하여 그의 행동을 염탐하였던 교우들이 그가 밀고하였다는 것과 조정의 명령을 늦지 않게 알 수가 있었다. 주 신부는 그것을 알게 되자 즉시 다른 교우 집으로 피신하였다. 최[인길]마티아가 혼자 남아서 위협받고 있는 집을 지키고 있었다. 그는 도망하여 살길을 찾을 수 있었으나, 신부를 완전히 안전하게 하기 위하여 자기가 사람들이 찾는 중국인 행세를 하기로 용감하게 결심하였다. 그는 역관 집안에서 태어나서 중국말을 알았으므로 이렇게 해서 자기 계획이 더 쉽게 성공하기를 바랐었다. 그래서 그는 외국 사람으로 더 잘 가장하기 위하여 머리를 자르고 포졸들이 오기를 조용히 기다렸다.

포졸들은 집에 와서 그에게 달려들며 외쳤다. "중국인은 어디 있느냐?", "나요" 하고 최마티아가 침착하게 대답하였다. 그는 곧 붙잡혀 포장 앞에 끌려갔다. 그들은 착각한 것을 이내 깨달았다. 중국 신부는 꽤 숱한 수염이 있는 것으로 되어 있었는데 마티아는 수염이 없었다. 그러므로 신부를 다시 찾기 시작하였으니, 많은 무죄한 사람을 괴롭힐 것을 두려워한 국왕이 이 사건에 있어서 좀 더 온건하게 일을 진행시키라고 명령하지 않았던들 아마도 수사망을 오래 피할 수는 없었을 것이다.

그러나 주 신부를 모셔 들인 두 사람, 윤[유일]바오로와 지[황]사바도 같은 날 체포되어 최마티아와 함께 있게 되었다. 체포된 그날

《기해·병오박해 순교자 증언록 상上》에 수록된 서야고보의 증언(이 책 245쪽의 인용문).
오른쪽에서 셋째 줄 중간의 "병오년(1846) 군난에 잡히여……"부터가 김임이 등의 매장에 대한 설명
이다. 이 기록은 서기가 문답을 정리해 기록한 뒤 증언자가 마지막에 자필 서명하는
형식으로 되어 있다. 서야고보는 병오박해로부터 약 40년 후인 1885년 10월 7일 증언했다.

밤으로 그들은 법정에 끌려 나갔다. 그들의 굳은 결심과 그들의 말의 지혜는 재판관들을 당황케 하였다. 명백하고 용감한 신앙고백이, 재판관들이 외국 신부와 그의 도착과 그의 서울 체류에 대해 하는 모든 질문에 대한 그들의 유일한 대답이었다. 그들에게서 신부에게 위험한 자백을 끌어 내기 위하여 여러 차례 고문하고, 매를 몹시 때리고, 팔과 다리를 뒤틀고, 무릎을 으스르뜨리고 하였으나 아무것도 그들의 용기를 꺾거나, 그들의 인내심을 흔들 수는 없었다. 그들의 마음에는 천상의 기쁨이 넘쳐 얼굴에까지 번졌다.

마침내 임금은 천주교의 원수들이 거듭 내는 요청에 못 이겨 그들의 결안結案(사형 명령안)에 서명하였다. 판결은 그날 밤으로 옥 안에서 집행되었고, 순교자들의 시체는 강에 던져졌다.[14] 때는 5월 12일(1795년 6월 28일)이었다. 지사바는 29세, 윤바오로는 36세, 최마티아는 31세였다.[15]

달레가 선교사들이 보내 온 자료를 꼼꼼하게 검토한 뒤 남긴 기록이기 때문에 이들 삼총사의 행적에 대해서는 보탤 말이 별로 없다. 다만 아쉬움은 조금 남는다.

첫째, 달레는 임금이 결안에 서명함으로써 그 판결에 따라 감옥 안에서 사형이 집행된 것처럼 기술했지만 체포된 지 하루 만에 그런 일이 이뤄질 수는 없는 일이었다. 이것은 당시 조선 상황에 대한 달레의 오해에 기인

---

14 "순교자들의 시체는 강에 던져졌다"는 대목의 프랑스어 원문은 이렇게 되어 있다. "et les corps des martyrs furent jetés dans le fleuve."
15 샤를르 달레,《한국천주교회사 上》, 한국교회사연구소, 1987, 379~381쪽.

한 것이었다고 생각된다.

이들이 숨지고 약 두 달 뒤인 음력 7월 4일 정조는 대사헌 권유權裕로부터 한 가지 상소를 받는다. "달포 전에 포장捕將이 세 사나이를 타살打殺하였는데……그만 아무도 모르는 한밤중에 급히 서둘러 잡아 죽이면서 마치 단서가 탄로날까 두려워하여 입을 막고 자취를 엄폐하려는 것처럼 하였으니……"[16]라는 내용이었다. 결국 윤유일 등도 송백돌이나 김임이 등과 마찬가지로 정식 재판 절차 없이 감옥에서 매 맞아 죽은 것이었다.

둘째, 윤유일 등 순교자들의 시체가 버려진 장소에 대한 설명도 그렇다. 그들의 시체가 '강le fleuve'에 던져졌다고 했을 뿐 그 뒤에 송백돌이나 김임이 등의 경우와 같이 누군가 시신을 거두어 장사 지냈다는 기록이 없는 점으로 볼 때 제대로 땅에 묻히지 못했던 것 같다. 그렇다면 그들이 버려진 장소가 바로 그들이 이 세상과 마지막으로 인연을 맺은 장소였을 터인데 그곳을 알 수 없는 것이 아쉽다. 달레도 모르고, 당시 조선의 가톨릭 교우들도 몰랐다는 얘기다.

달레의 말이 맞다는 전제 아래 추론해 보면, 우선 달레가 말한 '강'은 큰 틀에서 볼 때 서울 외곽의 한강일 수밖에 없다. 그리고 윤유일 등이 갇혀 있던 곳이 서울의 종로3가 옛 단성사 영화관 자리의 좌포도청 감옥이었으니 두 개의 시구문 가운데 지리적으로도 가깝고 감옥에서 죽은 시체가 나가곤 하던 광희문을 통해 왕십리를 거쳐 살곶이다리쯤에서 한강으로 이어지는 중랑천에 버려졌다고 볼 수 있겠다.[17]

그러나 알 수 없는 일이다. 포도청의 포졸들이 굳이 시체를 끌고 10킬

---

[16] 《조선왕조실록》 정조 19년(1795) 7월 4일.
[17] 차기진, 〈한국 천주교회의 성지와 사적지(1) 주문모 신부와 신유박해 관련 사적지〉, 《사목》 제230호, 1998년 3월, 89~97쪽도 '살곶이다리 부근'을 윤유일 등의 시체가 버려진 장소로 지목했다.

《조선왕조실록》의 정조 19년(1795) 7월 4일 기록. '지황', '윤유일', '최인길' 등이 정식 재판 없이 감옥에서 매 맞아 죽은 상황에 대한 문제 제기가 실려 있다.

로미터가 넘는 그 먼 살곶이다리까지 가는 수고를 했을지는 의문이다. 정조의 선왕인 영조 때에도 청계천 준천 때 그곳에서 해골이 드러나는 일이 종종 있었던 모양이다.[18] 그렇다면 포졸들이 광희문을 나서서 조금 가다가 만난 청계천 지류의 후미진 곳에 윤유일 등을 버렸다고 보는 게 훨씬 그럴 듯하다. 광희문 밖에서 만나는 첫 물길은 요즘 신당동 떡볶이골목으로 각광 받는 곳이다. 지금 신당역 사거리의 서쪽 배후지인 서울 중부소방서에서 시작되는 퇴계로76길과 거기서 퇴계로를 건너 북쪽으로 이어지는 퇴계로75길이 바로 그 옛 청계천 지류의 흔적이다.

윤유일 등이 이곳에 버려졌다면 그들은 이곳의 흙이 되었을 수도 있고, 물길을 타고 청계천 또는 중랑천으로 흘러들었을 수도 있겠다. 이 물길이 청계천 본류와 만나는 곳은 지금의 성동공업고등학교 앞, 즉 황학동 시장 언저리였다. 그곳은 바로 김임이 등이 묻혔다는 '왕십리 끝' 영역이기도 했고, 지금은 바로 '국민만담가' 장소팔의 동상이 서 있는 곳이기도 하다.

서울 도성 안팎의 청계천은 그런 곳이었다. 모든 것이 '종말처리'되는 곳! 그런 곳이 새로운 세상을 꿈꾸는 사람들이 묻히고 썩어 그 꿈의 싹을 틔우는 못자리가 되는 것도 아주 자연스러운 일이었다.

새로운 세상을 향한 꿈

아무튼 이들 세 사람의 역할은 대단히 중요했다. 이승훈 등 이들에 앞선

---

18 《조선왕조실록》 영조 36년(1760) 2월 27일, "준천濬川할 때에 오래된 잔해가 더러 흙에 섞여 나오는 것이 있거든 베로 싸서 지대가 높고 깨끗한 곳에 묻어 주고……".

세대의 가톨릭 관계자들이 모두 사대부, 특히 남인이라는 특정 계열의 지식인들이었던 반면 이들은 중인 또는 몰락한 양반 가문 출신이었다. 최인길은 역관, 지황은 악사였고, 윤유일은 양반 출신이긴 하되 나무 장사를 했다는 기록이 있다. 새로운 신앙이 한 계층 아래로 전파되고 확산되는 데 중요한 징검다리 역할을 한 사람들이었던 셈이다. 당시 조선 사회에서 가장 어려운 계층이던 김임이 등도, 송백돌도 모두 이들이 놓은 디딤돌을 딛고 새로운 신앙을 받아들였던 것이다.

  윤유일 등의 세 사나이와 김임이 등의 세 여성, 그리고 갓바치 송백돌은 모두 살아서나 죽어서나 그리 편한 처지는 아니었음이 분명하다. 그러나 죽어서 광희문을 나선 이들이 왕십리 또는 그 인근 지역의 가장 낮은 자리에 자신들의 마지막 쉴 곳을 마련함으로써 후대 사람들이 새로운 세상으로 나아가는 씨앗을 뿌렸다는 점만은 아무도 부인할 수 없겠다. 그런 점에서 광희문은 새로운 세상으로 나아가는 문이었음이 분명하다.

[12]

똥장수 예덕선생,
똥으로 세상을 바꾸다

똥장수를 찾아서
더러움 속에서 덕을 찾는 사람
가장 천한 일을 하며 새 시대를 개척하다
서울 주변에서 서울 사람들을 먹여 살리던 곳
예덕선생 '똥의 루트'와 그 목적지는
다시는 '똥파리'라고 부르지 않으리

요즘은 도시의 뒷간이 거의 다 수세식으로 바뀌고, 정화조도 지방자치단체의 공무원 또는 위탁업체 직원이 치워 주는 세상이 되면서 '똥장수'라는 직업 자체가 사라지고 말았다. 그러나 1970~80년대까지만 해도 똥장수는 상당히 익숙한 도시 풍경의 일부였다. 그들이 "똥 퍼!"라고 외치며 주택가를 누비는 장면은 서울에서도 아주 일상적인 풍경이었으니 말이다. 그런 점에서 아파트의 대량 보급은 우리 도시의 과거와 현재를 가르는 중요한 분수령이라고 해도 과히 틀리지 않는다.

똥장수를 찾아서

그렇게 사라진 똥장수들은 언제부터 있었을까? 그것은 정확하게 알 수 없다. 왜냐하면 기록이 없기 때문이다. 그 직업에 종사하는 사람들 자신

19세기 말 기산 김준근의 풍속화 〈똥장사〉.
근대 이전 이 땅에 존재했던 똥장수 모습을 보여 주는 희귀한 그림이다.
'들통'이 아니라 '지게' 또는 '망태'를 운반수단으로 사용한 점으로 볼 때
'마른 똥'이나 '똥재'의 형태로 운반되었음을 알 수 있다. 이것은 당시 우리의
'측간'이 맨땅의 웅덩이여서 소변이 땅 밑으로 스며드는
구조였던 점과 밀접한 관계가 있다.

이 대부분 문맹이었던 데다, 설사 그들 중에 간혹 문자생활을 하는 사람이 있었더라도 자신이 하는 일을 기록으로 남기고 싶지 않았을 것이다. 물론 관공서 기록 중에서도 그들에 대한 내용은 아직까지 확인된 것이 없다.

그러나 기록이 없어도 이런 추정은 가능할 것 같다. 적어도 똥이 돈이 되는 세상이 되면서 그것을 다루는 사람들도 생겨났겠다고. 그렇다면, 도대체 언제쯤 똥이 돈이 되기 시작했을까?

이것은 비교적 분명하게 얘기할 수 있다. 우선 똥, 특히 사람의 똥[인분 人糞]이 농작물의 비료로 쓰인 것은 이 땅에 농사가 시작되면서부터였을 것이다. 그러나 거기서 한걸음 더 나아가 고려시대에 토지의 소유와 경영이 대규모로 이뤄지면서 사람의 똥이 중요한 비료의 하나로 사용되었던 것은 의문의 여지가 없다.[1]

순우리말 중에 '거름'이라는 단어가 있다. 사전의 풀이는 "식물이 잘 자라도록 땅을 기름지게 만들기 위해 주는 물질"이고, 거기에 "똥, 오줌, 썩은 동식물, 광물질 따위가 있다"는 부연설명이 붙어 있다. 굳이 명시하지는 않았지만 여기서 말하는 똥과 오줌이 개나 소나 말의 그것일 리는 없지 않은가? 거름의 기본 요소는 바로 사람의 똥과 오줌이었던 것이다.

그러나 거름의 사용이 오래되었다고 해서 똥장수라는 직업도 그만큼 오래되었다고 하기는 어렵다. 노비를 써서 똥을 치우고 논밭에 뿌리는 일이 얼마든지 가능했기 때문이다. 독립적인 직업인으로서의 똥장수는 아무래도 농업이 상업적인 형태로 이뤄지면서 출현했다고 보는 게 옳겠다.

그것은 한반도에서 대개 17세기 후반의 일이었다. 그 무렵 특히 도시 근교에서 주곡(쌀, 보리) 이외에 채소 등의 재배가 활발해지면서 그것이

---

1 위은숙,《고려 후기 농업경제연구》, 혜안, 1998 참조.

환금성을 가진 농작물로 인식되기 시작했다. 저장성이 있는 주곡과 달리 채소는 신선한 상태로 소비자들에게 전달되어야 했기에 주요 소비처인 도시 주변에서 재배될 수밖에 없었다. 그러면서 농작물이 1년에 한 번이 아니라 수시로 돈이 될 수 있다는 인식, 이것이 '도시 근교'에서의 '상업적 농업'의 출발이었다. 그것은 '농업 생산력'의 비약적인 발전을 가져왔고, 마침내 '경영형 부농'의 출현을 이뤄 냈다는 연구가 있다.[2]

바로 그 상업적 농업의 맥락을 타고 똥장수도 출현했다고 보는 게 온당하겠다. 즉, 농산물이 바로 바로 돈이 되면서 그 농산물의 생산을 촉진하는 비료로서 인분의 가치가 올라가고, 이 같은 중요한 비료원을 대량으로 얻기 위해 불가피하게 인분을 돈을 주고 사는 상황이 발생했던 것이다. 농사꾼 또는 지주가 직접 자신의 뒷간을 치워서 얻는 정도의 인분으로는 농작물 대량 생산을 위한 수요에 맞출 수 없었기 때문이다.

더러움 속에서 덕을 찾는 사람

이렇게 17, 18세기 서울에 모습을 보이기 시작한 똥장수들 중의 한 사람이 바로 '예덕선생'이었다. 그는 서울 종로의 뒷골목에 살면서 서울 장안 여염집의 뒷간을 치워 주는 일로 먹고살았다. 연암 박지원朴趾源(1737~1805)은 서른 살 남짓한 1760년대 후반에 쓴 〈예덕선생전〉에서 자신의 친구 이덕무李德懋(1741~1793)의 친구 '엄행수嚴行首'가 바로 그 당사자라고

---

[2] 이 '상업적 농업'과 '경영형 부농'에 대해서는 김용섭, 《조선 후기 농업사연구 I, II》, 일조각, 1970, 1971가 획기적인 연구업적으로 꼽힌다.

소개하면서 그를 '예덕선생'이라고 불렀다. 그는 '엄'씨였고, 똥장수 무리의 우두머리였던 모양이다.[3] 그리고 한 무리의 우두머리였으니 박지원보다 적어도 열 살은 위였을 것이다.

아무리 나이가 위이고 우두머리였다 하더라도 이런 천한 일을 하는 사람에게 '예덕선생'이라는 존칭을 붙인 이유가 흥미롭다. 소설 속에서는 이덕무가 제자에게 설명하는 방식을 취했지만 그것은 결국 박지원의 생각이었을 것이다.

> 아침이면 기쁜 마음으로 일어나서 바지게[畚, 삼태기]를 지고 마을을 돌아다니며 뒷간을 치는 것이다. [온갖 똥을] 주옥처럼 긁어모아도 누구 하나 염치없다고 하지 않는다.……아침이면 한 대접 밥을 먹어치우고 만족한 기분으로 하루 동안 다니다가 저녁이면 또 한 대접 밥을 먹는다. 누가 고기를 먹어야 한다고 권하면 "목구멍을 내려가면 소채나 고기나 배부르기는 매일반인데 맛을 취할 것이 있겠느냐?"고 사양한다. 또 누가 좋은 옷을 입으라고 권하면 "소매 넓은 옷을 입으면 몸이 활발치 못하고 새 옷을 입으면 똥을 지고 다니지 못할 것이라"고 거절한다.……엄행수야말로 이른바 더러움 속에 자기의 덕행을 파묻어 세상에 크게 숨은 사람일 것이다.……의로운 것이 아니면 만종萬鍾의 녹봉도 불결한 것이며 정당한 노력이 없이 치부한 것이라면 비록 큰부자가 되더라도 그 이름이 더러운 것이다.……엄행수는 똥을 져서 밥을 먹고 있으니 지

---

[3] 임형택, 〈박연암의 우정론과 윤리의식의 방향: 마장전과 예덕선생전의 분석〉, 《한국한문학연구》 제1집, 1976, 113쪽.

극히 불결하다 하겠으나 그가 밥벌이하는 일의 내용을 따져 보자면 지극히 향기로운 것이다. 그리고 그의 몸가짐은 더럽기 짝이 없지만 의로움을 지키는 자세는 가장 꿋꿋하다.……이것을 확대해 나간다면 가히 성인의 경지에도 이를 것이다.……그래서 나는 엄행수에 대해서 감히 이름을 부르지 못하고 '예덕선생'이란 칭호를 바친 것이다.[4]

엄행수와 같이 분수에 넘친 음식과 옷을 마다하고 땀 흘려 일하고 검소하게 생활하는 데에서 의로움을 구하는 사람, 즉 '더러움[예穢]' 속에서 자신의 '덕德'을 찾는 사람이야말로 '예덕선생'이라는 호칭을 받을 만하지 않겠느냐는 말이다. 그가 하는 일이 외면적으로 불결하고 더럽게 보일지라도 실제 그 일의 내용은 지극히 향기롭고 꿋꿋하다면서 그런 자세는 '성인의 경지'에까지 이를 수 있다는 판단으로 나아간다. 자신의 힘으로 온당하게 벌어 살아가는 인간형에 대한 예찬이다. 하는 일의 겉모습만 보고 사람을 평가하지 말라는 경고이기도 하다.

이것은 18세기 무렵 농민의 일부가 큰 농지를 갖거나 빌려 독자적으로 대규모 경작을 하는 단계로 나아가고, 또 다른 일부가 농지에서 밀려나 농업노동자로서 대규모 경작의 하부 구조를 형성하거나, 그것도 여의치 못하면 도시로 나가 날품팔이로 새로운 삶의 방도를 모색하지 않을 수 없었던 사회 변화상을 배경에 깔고 있다. 그런 점에서 예덕선생은 틀림없이 농촌에서 소작할 농지를 더 이상 얻지 못하고, 농업노동자로서 살 기회도

---

[4] 이우성·임형택 역편, 〈예덕선생전〉, 《이조한문단편집(하)》, 일조각, 1982, 255~259쪽. 앞으로 〈예덕선생전〉의 인용은 모두 이 번역본을 따른다.

찾지 못해 도시로 나온 이주민이었을 것이다.[5]

그렇지만 그렇게 '땅으로부터 밀려난 존재'인 예덕선생이 그저 비참하게 또는 마지못해 하루하루 살아가는 데에 그쳤더라면 박지원 글의 소재가 되지 못했을 것이다. 오히려 아무 가진 것 없이 시작한 서울살이를 새로운 기회로 파악해 남이 거들떠보지도 않는 새로운 일(똥장수!)을 자신의 천직으로 받아들이고 이를 꿋꿋이 해 나가는 데에 그의 가치가 있었던 것이다. 그런 점에서 예덕선생은 그 이전 시기에는 찾아볼 수 없던 새로운 인간형이었다.

가장 천한 일을 하며 새 시대를 개척하다

그는 실존인물이었을 것이다. 소설의 모든 내용이 사실은 아닐지라도 소설에 묘사된 엄행수와 같은 사람을 모델 삼아 그 시대의 전형적인 인물상 하나를 창조해 낸 것이 분명하다. 그의 인물 묘사는 대단히 구체적이고 많은 정보를 담고 있다. 예를 들면, 이런 식이다.

> 선귤자[이덕무의 별호]에게 예덕선생이라는 친구가 있었다. 그 친구는 종본탑宗本塔[6] 동편에 살면서 매일 마을의 똥을 져 나르는 것을

---

5 이 같은 농촌 사회의 해체와 대량 이주민의 발생은 대개 임진왜란과 병자호란 이후 효종~현종~숙종 대(1649~1720)의 일이었다.

6 18세기 서울에 '종본탑宗本塔'이라는 이름의 탑은 없었다. 이것은 지금의 탑골공원에 있는 원각사지 10층 석탑(일명 백탑白塔)을 가리키는 것으로 박지원 특유의 '지명 비틀기'의 일환이었다.

우리나라와 비슷한 농법을 사용한 중국에 똥장수가 없을 리 없었다.
그들은 '분부糞夫'라고 불렸다. 신규환의《북경 똥장수》(푸른역사, 2014)는 중국 똥장수들의
다양한 면모를 소개하고 있다. 이 책에 실린 중국 똥장수의 캐리커처들.

업으로 하고 있었다.

본래 이덕무는 이 탑의 서쪽 대사동大寺洞(지금의 인사동) 태생이었지만 생활이 어려워 한강 변 등지로 떠돌며 살다가 1766년 음력 5월 27일 다시 대사동으로 이사 왔다.[7] 예덕선생이 이 탑의 동쪽에 살았다면 그것은 이 탑을 사이에 두고 1766년 이후 이덕무가 살던 대사동과 마주 보는 향교동鄕校洞(지금의 경운동, 익선동 일대) 지역이었을 것이다. 여기서 이야기의 시간과 장소가 아주 분명하게 특정된다.

그뿐만 아니다. 이곳이야말로 예덕선생이 살 만한 곳이었다. 왜냐하면 이곳은, '향교동'이라는 동네 이름이 가리키듯이, 고려시대에 향교가 자리 잡는 등 조선 개국 이전부터 한양부의 중심지로서 민가가 가득 들어차 있고, 인구밀도 역시 대단히 높은 오래된 동네였기 때문이다.[8] 그만큼 똥장수의 수요가 많았다는 얘기다. 자신을 필요로 하는 곳에 살며 일하는 것은 아주 자연스러운 일이었다.

예덕선생 등이 그렇게 서울 중심부의 골목길을 헤집고 다니며 뒷간을 쳐 준 뒤에는 수거한 인분을 어떻게 처리했을까?

> 왕십리枉十里에서 무, 살곶이다리箭串에서 순무, 석교石郊에서 가지·오이·수박, 연희궁延禧宮에서 고추·마늘·부추·해채, 청파靑坡에서 미나리, 이태인利泰仁에서 토란 같은 것들이 나오는데 밭은

---

7 이덕무가 태어난 장소와 그 이후 이사 다닌 장소들은 그의 아들이 작성한 〈선고적성현감부군연보상先考積城縣監府君年譜上〉(《청장관전서 제70권》 수록)에 이례적으로 아주 상세하게 기록되어 있다. http://db.itkc.or.kr/index.jsp?bizName=MK 참조.
8 최종현·김창희, 《오래된 서울》, 동하, 2013, 76~85쪽 참조.

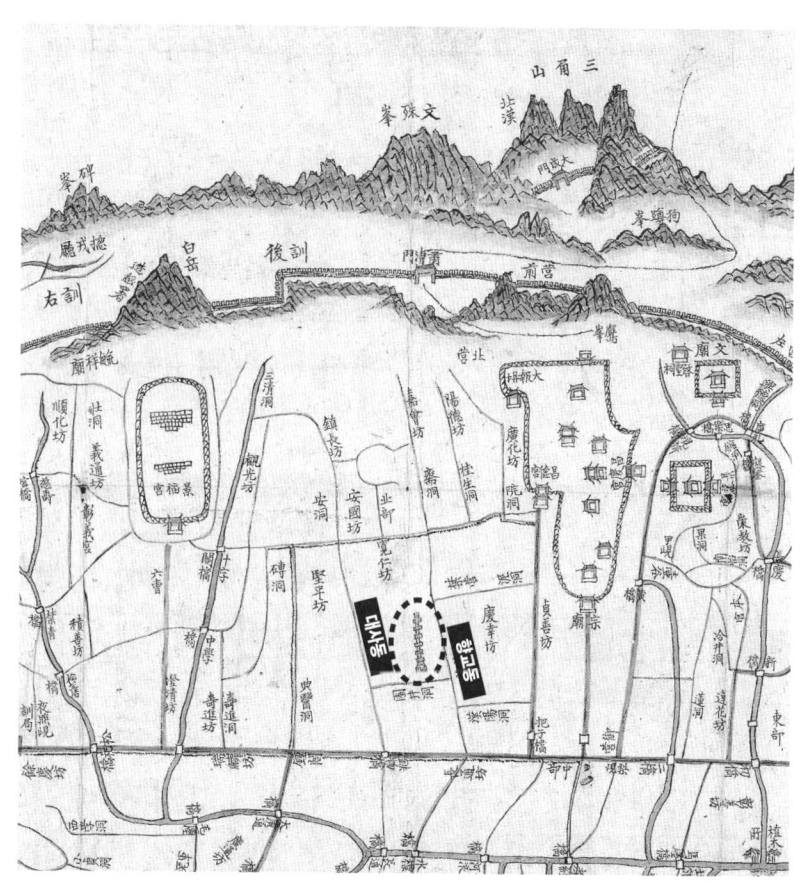

〈조선성시도〉(1830년 제작, 개인 소장)는 조선시대 서울 지도 중에서는
아주 드물게 탑골공원의 원각사지 10층 석탑(점선 원 안)을 그림으로 그려 넣은 지도다.
그 탑의 왼쪽(서쪽)에 '대사동(지금의 인사동)'이, 오른쪽(동쪽)에
'향교동(지금의 경운동, 익선동 등)'이 각각 명기되어 있다.

상상전上上田에 심고 모두 엄씨의 똥을 써서 잘 가꾸어 내는 것이다. 그래서 엄행수는 매년 육천 전錢을 벌기에 이른다.

예덕선생이 수거한 인분은 어디 냇물에 쏟아 버리거나 파묻는 것이 아니었다. 그것이 서울 근교 여러 곳의 밭에 거름, 즉 비료로 사용됐다는 점이 중요하다. 여기 등장하는 농작물들은 하나같이 주곡이 아니라 채소류였다. 정확하게 도시 근교에서 재배되는 상업적 작물들이었다. 바로 이 채소들의 수확량을 늘리는 일에 예덕선생의 똥이 사용되었으며, 이로써 예덕선생은 그 시대의 흐름에 가장 생산적으로 기여하는 인물이었던 것이다.

그런 역할에 대한 보상은 상당히 컸다. '매년 육천 전(즉, 600냥)'이라는 수입이 얼마나 되는 것이었는지를 정확히 알 수 없지만 가진 것 없이 당대의 가장 천한 일에 종사하는 사람으로서는 대단한 수입이었음에 틀림없다.[9]

여기서 한 가지 더 유추할 수 있는 것이 있다. 예덕선생 또는 그를 우두머리로 하는 똥장수 집단이 위의 글에 나온 것처럼 '똥'을 제공하고 '돈'을 받는 직거래 관계에 있었다면 그들은 어느 관청의 잡역부 또는 특정 집안의 하인이 아니라 독립적으로 영업행위를 하는 직업인들이었던 것이다. 이것 역시 새 시대의 징표!

---

[9] 서호철, 〈서울의 똥오줌 수거체계의 형성과 변화〉, 《서울과 역사》 제93호, 서울역사편찬원, 2016, 186쪽 참조. 서호철에 따르면, 조선 후기 똥장수의 영업은 '무상 수거, 유상 처분' 방식이었다. 즉 가가호호 똥을 칠 때는 돈을 받지 않고, 이렇게 수거한 똥을 농민들에게 판매할 때만 돈을 받았다는 것이다. 예덕선생의 수입도 그런 방식으로 조성된 것으로 이해된다.

서울 주변에서 서울 사람들을 먹여 살리던 곳

우리의 관심사는 몇 가지 더 있다. 그중 하나가 예덕선생의 똥을 거름으로 사용한 장소다. 여기서 '왕십리', '살곶이다리', '연희궁', '청파' 등이 지금의 어느 지역을 가리키는지는 직관적으로 알 수 있다. 지명 자체가 지금도 고스란히 유지되고 있기 때문이다. '이태인'도 지금의 이태원梨泰院임을 어렵지 않게 유추할 수 있다. 다만 '석교石郊'가 다소 애매하다. 그런 지명은 조선시대 서울 근교에 없었기 때문이다.

그러나 몇 가지 단서를 바탕으로 충분히 유추할 수 있다. 우선 '석교'라는 명칭은 서울 인근의 석교石橋(돌다리)를 염두에 두고 '그 주위의 근교近郊'라는 뜻으로 사용됐다고 보아서 큰 문제가 없다. 그러면 '석교'라는 다

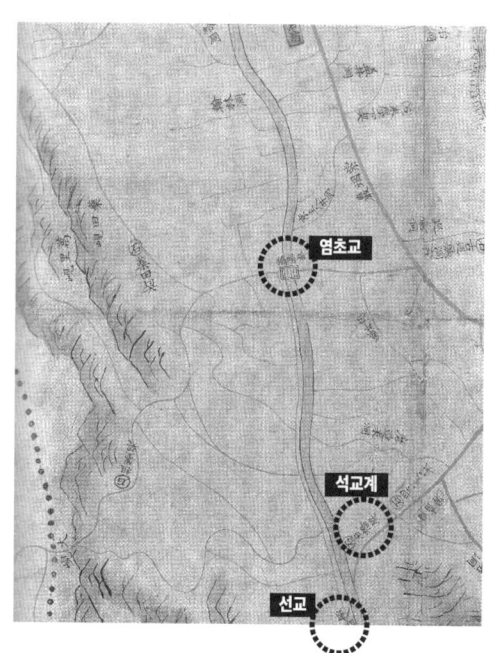

〈도성대지도〉(18세기)에 보이는 '석교계'. 지금의 염천교(지도상의 염초교)와 갈월동 지하차도(지도상의 선교) 사이의 서울역 일대다. 이 지도 하단의 '선교' 서쪽에 보이는 야트막한 언덕 아래에 영조가 행차했던 '성경대'가 있었다.

라가 어디에 있었느냐는 문제인데, 서울 근교에서 비교적 규모가 큰 농경지 가운데 그런 다리가 있는 곳은 지금 서울역 인근의 '석교계石橋契'뿐이었다. 18세기의 〈도성대지도〉에서 확인해 보면, 염초교焰焇橋(또는 焰硝橋, 지금의 염천교)와 선교船橋(일명 배다리, 지금의 갈월동 쌍굴다리 지하차도) 사이에 석교계라는 지명이 분명하다. 넓게 보자면 지금의 서울역 영역을 포함해 중림동과 봉래동으로부터 서계동, 남영동, 갈월동 일대가 모두 '석교계'였다.

지금은 서울역이 워낙 넓은 영역을 차지하고 있어 지리적 상상력을 발동하기 쉽지 않지만, 이곳은 무악재 근처에서 시작해 원효대교 부근에서 한강으로 흘러들어 가는 만초천蔓草川 주변의 저지대에 형성된 서울의 주요 농경지였다. 바로 그 지역의 상당 부분을 지금의 서울역이 깔고 앉은 것이다. 그리고 〈예덕선생전〉에 나오는 '청파'는 바로 이 석교石橋의 남쪽으로 이어지는 지금의 청파동, 신계동, 원효로동, 한강로동 등의 지역이었다.

서울 근교에서는 바로 이 '석교 및 청파'와 '왕십리 및 살곶이다리 일대'가 서남쪽과 동남쪽의 주요 농경지였다. 서울 사람들에게 신선한 채소류를 공급하는 기지였던 셈이다. 서울의 북쪽과 남쪽은 산지여서 농사지을 만한 곳이 그리 많지 않았다.

그렇다 보니 이곳으로는 농민들을 격려하기 위한 임금의 행차도 여러 차례 있었다.

> 이 당시 날씨가 오랫동안 가물어서 임금이 농사일로써 매우 근심하였는데, 대제大祭를 지낸 다음 날 갑자기 단비가 쏟아지니, 임금이 이르기를 "이는 오르내리는 조상의 영령이 주신 바인데 내 어

찌 감히 스스로 편히 쉴 수가 있겠는가?" 하고, 어가御駕를 남교南郊로 나아가게 하여 성경대省耕臺에 임하여 경기 백성들에게 농사의 형편을 물어보았다.¹⁰

영조가 친히 왕림했다는 '성경대'의 위치는 지금의 서울 용산구 청파동 3가 선린인터넷고교 앞의 돌모루어린이공원 자리다. 석교계의 너른 들이 훤히 내려다보이는 위치였다.

그렇게 보면 예덕선생을 우두머리로 하는 똥장수 집단이 똥을 공급한 여섯 군데 지역은 모두 당시 서울 도성에서 과히 멀지 않은 성저십리城底十里¹¹ 영역 안에 있었다. 왕십리와 살곶이다리는 동남쪽, 연희궁은 서쪽, 석교와 청파는 서남쪽, 그리고 이태인만은 예외적으로 남산 너머였지만 모두 하나같이 지근거리였다. 우리는 예덕선생이 지금 우리 관심의 초점인 왕십리 지역과 아주 밀접한 관계를 맺고 있던 인물이었음을 확인할 수 있다.

여기서 재미있는 점은 왕십리에서 무[나복蘿蔔], 살곶이다리에서 순무[청청菁]¹²가 난다고 한 대목이다. 그 넓은 곳에서 무 한 종류만 재배되지는 않았겠지만 그게 대표 작물이었던 모양이다. 이에 덧붙여 조선 후기의《한경지략》은 왕십리와 살곶이벌에서 나는 '무[청근菁根]', 그 인근 훈련원 밭에서 나는 '배추'의 품질이 아주 좋았다고 기록하고 있다.¹³ 예덕선생이 활약하

---

10 《조선왕조실록》 영조 41년(1765) 4월 12일.
11 조선시대에 서울 도성으로부터 대략 10리(4킬로미터) 범위 안의 지역으로서 한성부가 관리했다. 이곳에서는 분묘를 조성하거나 나무를 베는 일이 금지됐다. 지금의 '그린벨트'와 유사한 개념이었다.
12 '무'를 가리키는 우리 말과 한자 호칭은 다시 정리될 필요가 있다. 예컨대 동일한 '청菁'을 〈예덕선생전〉의 번역자는 '순무'라고 옮긴 반면《추안급국안》의 번역자는 '청무'로 옮겼기 때문이다. 이 책 206쪽의 김장손 편 참조.
13 유본예 저, 권태익 옮김,《한경지략漢京識略》, 탐구당, 1981, 240쪽 참조.

던 때로부터 100여 년 뒤 고대수가 청무밭에서 죽고, 김장손이 만나러 갔던 문창갑이 청무밭에 씨 뿌리러 나갔다는 말은 결코 우연이 아니었다.

어쨌든 예덕선생은 똥을 가장 많이 배출해 내는 서울 도심지와 그 똥을 가장 많이 필요로 하는 왕십리 등지의 교외를 정기적으로 연결하는 인물이었다. 그가 없었더라면 두 지역 모두 대단히 불편했을 것은 물론이고, 나아가 당시 가장 중요한 채소류의 수요와 공급을 맞출 수 없었을 것이다. 그런 점에서 그는 내면적으로 서울이라는 도시의 일상을 지배하는 사람이었다.

예덕선생 '똥의 루트'와 그 목적지는

예덕선생이 아무리 '생산적'이고 '독립적'이며 '개척적'이고 '지배적'인 성격을 갖고 있었다 해도 그가 하는 일이 그 시대에 '천한 일'이라는 사실 자체는 지울 수 없었다. 그것이 꼭 '필요한' 일이었음에도 불구하고 그가 작업하는 현장에 맞닥뜨리면 누구나 코를 막고 지나갔을 것이다. 어쩔 수 없는 일이었다.

그래서 우리는 이런 의문을 한번 가져볼 수 있다. 예덕선생이 서울 도성 안에서 푼 똥을 왕십리에 제공하기 위해 어느 길로 다녔을까? 어느 누구도 서울 도성 안을 걷다가 똥지게를 지고 가는 예덕선생과 마주치고 싶어 하지 않았을 것이기 때문이다.

우선, 서울 도성의 어느 문으로 나갔을까? 동대문이었을까? 광희문이었을까? 이 점 역시 기록이 없지만 예덕선생이 동대문으로 나가지 않았을 것은 분명하다. 아니, 그 문으로는 다닐 수가 없었을 것이다. 임금님이

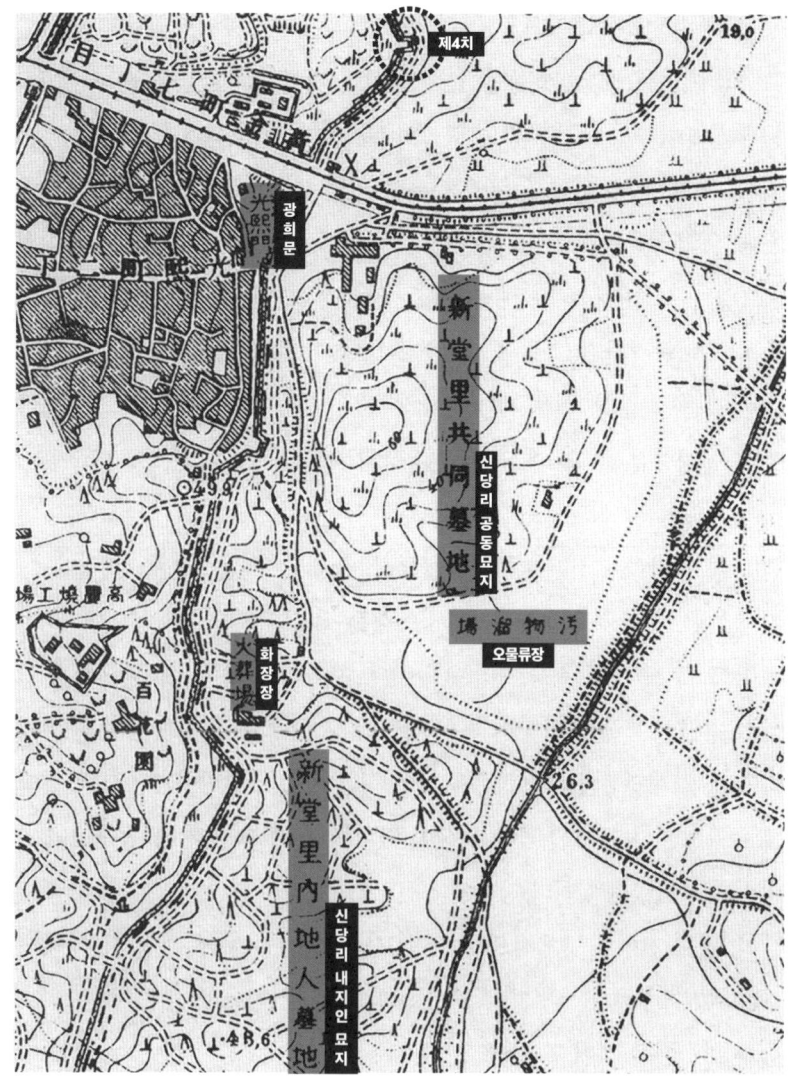

조선총독부가 1921년에 제작한 〈경성도〉 중의 광희문 밖 지역.
'신당리 공동묘지'와 '신당리 내지인 묘지' 사이에 '오물류장汚物溜場'이라는 표시가 선명하다.
이곳이 예덕선생 같은 똥장수들이 조선 후기 도성 안에서 수거해 온 똥을 모아 두는 장소였다.
이 지도의 광희문 북쪽으로 성곽을 따라가다 보면 우리가 앞서 택견 편에서 찾은 '제4치'도 보인다.
239쪽의 독일인 신부가 그린 약도를 180도 돌려놓으면 이 지도의 영역과 대개 일치한다.

행차하는 길에 똥지게라니!

결국 예덕선생은 광희문을 통해 왕십리 지역으로 나갔음에 틀림없다. 물론 살곶이다리 근처로 갈 때도 광희문을 나서서 왕십리를 거쳐 갔을 것이다. 결국 '시체가 나가는 문(시구문)'이었던 광희문은 '순교자의 문'인 동시에 '똥의 문'이기도 했던 것이다.

그렇게 광희문을 나선 예덕선생은 왕십리 여기저기 퍼져 있는 고객의 농지 또는 농장까지 그 똥을 배달해 주었을까? 유감스럽게도 그렇게 하지는 않았던 것 같다. 이 문제에 대해서는 대단히 유력한 방증 자료가 하나 있다. 일제강점기(1921)에 제작된 한 장의 지도(《경성도》)가 바로 그것이다.

이 지도를 잘 살펴보면, 광희문 밖의 두 묘지, 즉 '신당리 공동묘지'와 '신당리 내지인 묘지' 사이에 '오물류장汚物溜場'이라는 표현이 보인다. 여기서 '류장'(또는 '유장')은 우리나라에서는 잘 쓰이지 않는 표현으로서 바로 '분뇨를 모아 두는 장소'라는 뜻이다. 지금의 광희문교회 남쪽이자 지하철 청구역 북쪽의 상당히 너른 평지가 그 장소였다. 지도를 보면 명확하지만, 일제강점기에 광희문을 나선 직후 왕십리로 나아가는 대로 옆으로 공동묘지가 들어선 작은 동산이 있고,[14] 바로 그 뒤편에 '똥구덩이'가 마련되어 있었던 것이다.

이 '똥구덩이'가 구체적으로 어떤 모양이었는지는 알 수 없지만, 아마 1960~70년대까지 농경지 주변에서 흔히 볼 수 있던 이른바 '똥통'의 모습과 비슷했을 것이다. 약간 우묵한 지형이지만 햇볕이 잘 드는 곳을 찾아 '똥통'이 설치되곤 했다. 그것은 고상한 표현으로 '분뇨탱크'라고도 했

---

[14] 이 작은 동산은 앞의 가톨릭 순교자들을 소개하는 대목에서 독일인 신부가 1909년 작성한 약도에서 '묘지가 있는 언덕Hügel mit Graben'이라고 설명했던, 바로 그 지점이다.

지만 인공적인 시설물이 있었던 것 같지는 않고 그저 자연지형 그대로이거나, 저지대에 사람이 조금 더 파낸 형태였을 것이다.[15]

아무튼 이 지도만으로는 이 '오물류장'이 언제 생겼는지 알 수 없다. 그러나 몇 가지 단서가 있다. 바로 그 '오물류장'의 서쪽으로 서울 성곽에 거의 붙어 '화장장'이 있다. 또 그것과 바로 이웃해 있는 '신당리 내지인 묘지'의 '내지인內地人'이란 일본인들이 자신을 가리키는 표현이었다. 즉, 일본인들을 위한 묘지였던 것이다. 이 화장장과 이른바 내지인 묘지는 일본영사관이 1901년 조선 정부의 한성부와 교섭해 부지를 얻은 뒤 그 이듬해에 완공한 것이었다.[16]

그렇다면 일본인들이 자기들만의 묘지와 화장장을 만들어 놓고서 '그 후'에 코앞에다 '똥구덩이'가 들어서도록 허가하거나 용인했을 가능성은 거의 없다. 그것은 1900년대 이전, 즉 조선시대부터 그 자리에 있었다고 보는 것이 합리적이다. 그래서 우리는 바로 이 지점이 18세기 예덕선생의 왕십리 지역 목적지였다고 보아도 되겠다.[17]

---

15 이 똥구덩이는 똥장수들의 불친절함을 보여 주는 것이 아니고 전통적으로 분뇨를 비료로 사용하는 방법과 밀접한 관계가 있다. 조선 초기의 농서 《농사직설農事直說》(1429) 등에 따르면, 생똥을 그대로 사용하는 경우는 드물고 대개 일정 기간 삭힌 똥[숙분熟糞]을 초목을 태워 얻은 재[초목회草木灰]와 섞어 '재거름'의 형태로 논이나 밭에 뿌렸다. 즉, 똥구덩이는 똥을 비료화하기 위해 가공 처리하는 장소였던 것이다. 민성기, 《조선농업사연구》, 일조각, 1988, 225~261쪽 〈조선시대의 시비施肥기술〉 참조.
16 박찬우·오일환 옮김, 《국역 경성발달사》, 서울시사편찬위원회, 2010, 172쪽 참조. 이 화장장과 신당리 일대의 공동묘지는 1928년까지 이곳에 존속했고, 그 뒤 화장장은 홍제동으로, 묘지는 인근 수철리(지금의 금호동)로 각각 옮겨 갔다.
17 그 넓은 왕십리 지역에 똥구덩이가 여기 한 군데였을 리는 없다. 그러나 지도 등의 자료로 확인되는 것은 더 이상 없다. 다만, 왕십리 토박이인 표재순의 증언에 따르면 마장동 지역에 똥구덩이가 한 군데 더 있었다고 한다. 서울역사박물관, 《2014 서울생활문화자료조사 황학동》, 362쪽 참조.

그러나 예덕선생의 발길이 닿던 이 똥구덩이가 일본 식민 당국으로서
는 꽤나 불편했던 모양이다. 일제강점기를 넘기지 못하고 끝내 다른 곳으
로 옮겨 가고 말았다.

> 광희문光熙門 밧게 잇는 분뇨처분장糞尿處分場은 차차 인가가 조밀
> 한 데 쌀하 동대문東大門 밧 룡두리龍頭里에 작년도 예산 십사만 원
> 으로 만드든 중 일부는 지난 륙월 말에 준공되고 남은 것도 이달
> 말일 안으로는 준공되리라는데 준공된 부분은 삼만오천 석을 적
> 재할 만하다더라.

《동아일보》 1928년 7월 5일 자에 〈분뇨장 준공〉이라는 제목 아래 실린
기사의 전문이다. 이 지역 토박이들의 증언에 의하면, 그렇게 옮긴 '분뇨
처분장'의 위치는 청계천과 그 지천인 안암천이 만나는 곳의 바로 동쪽
모퉁이 용두동 지역이었다. 광복 이후까지 그대로 존속했던 이 똥구덩이
는 규모가 엄청나서 혹시나 사람이 빠질 것에 대비해 '똥바다' 위에 작은
보트가 늘 떠 있었다고 한다.

마침 새 똥구덩이 옆으로 1930년부터 '기동차汽動車'라고 불리던 동대
문~뚝섬 간 궤도전차[18]가 다니기 시작했다. 이 궤도전차에는 오물 운반
용 기동차가 별도로 편성되어 있었다. 그렇게 특별 편성된 기동차는 사람
과 농산물 등이 아니라 바로 똥을 운반하기 위한 것이었다. 서울 도심지
에서 수거한 똥을 이 똥구덩이로 운송하고, 다시 이곳에서 한참 삭힌 똥

---

[18] 정식 명칭이 '경성궤도'(광복 후 '서울궤도')였던 이 기동차 노선은 전차와는 별개로 1930년 왕십리~
뚝섬 구간(4.3킬로미터)에 다니기 시작해 1932년 동대문~왕십리 구간(3.3킬로미터)이 추가됐고, 그
뒤에 뚝섬 상후원에서 분기해 광나루까지 다니는 지선도 추가됐다. 1961년 모두 철거됐다.

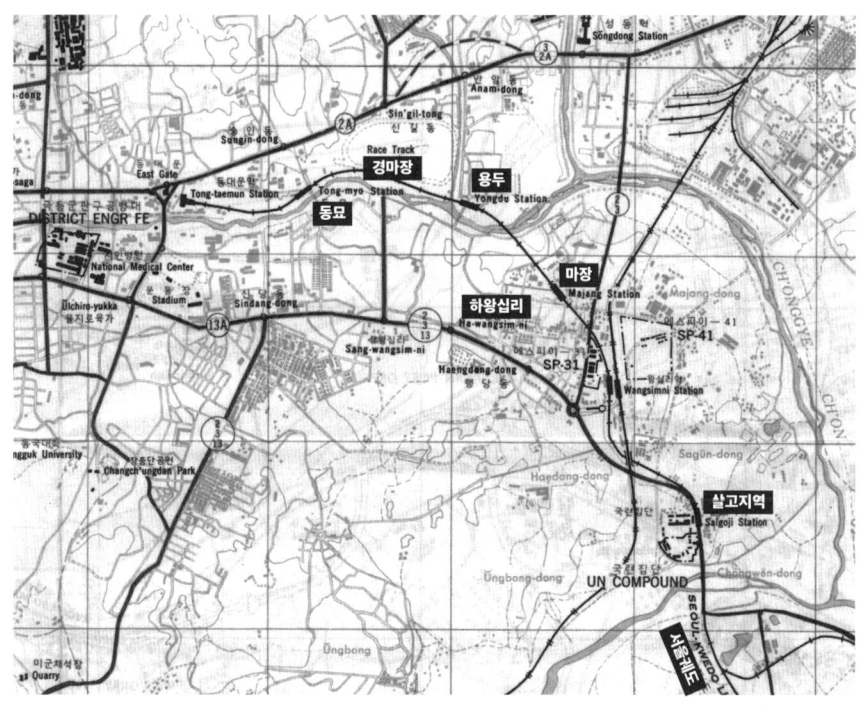

1950년대 중반 미 육군극동지도국에서 제작한 서울 지도에 나타난
'서울궤도' 기동차 노선과 그중의 '용두'역. 왕십리 지역 토박이들의 증언에 의하면,
이 용두역 북쪽의 구조물이 일제강점기에 신당동에서 이곳으로 옮겨 온 분뇨처리장이었다.
이 시설의 서쪽으로 안암천과 경마장(1928~1950)이 보인다.
'신길동'은 '신설동'의 잘못이다.

을 뚝섬 등지의 밭으로 배달해 주는 기능을 맡았다. 1950년대 지도에 나타나는 용두역은 그렇게 똥이 들고나는 역이었다. 이 기동차가 예덕선생의 후신이었다고 해야 할지……

이렇게 해서 예덕선생의 전성시대는 사실상 끝났다. 우리가 1970~80년대에 서울 변두리에서 보곤 했던 똥장수들은 아마도 옛 예덕선생이 현신한 모습이었을지도 모르겠다.

다시는 '똥파리'라고 부르지 않으리

우리는 연암 박지원이 쓴 〈예덕선생전〉을 단서로 지금까지 똥지게를 지거나 똥수레를 끌고 당당하게 서울 도심지와 시구문 밖 왕십리 영역 사이를 왕래하던 한 사람의 직업인의 모습을 그려 보았다. 그에게서는 어렴풋이나마 누구에게도 예속되지 않은 자유인의 향기가 난다. 그의 존재 자체가 머지않아 전통적인 신분체제가 깨질 것을 암시하기 때문이다. 작은 불씨 하나가 광야를 태우듯 한반도의 근대는 그렇게 '똥'과 '왕십리'와 '예덕선생'으로부터 조용히 태동하고 있었다.

과거에 '왕십리'를 언급할라치면 흔히 따라붙는 표현이 있었다. '똥파리'였다. 일제강점기에 동대문과 뚝섬 사이를 왕래하던 기동차가 왕십리 또는 용두리를 지나면서 똥구덩이에서 발생한 똥파리들을 잔뜩 묻혀 서울 시내로 들어온다고 해서 생겨난 표현이었다. 그러나 이렇게 똥이 '밥'이 되고 '돈'이 되며, 나아가 전통적 가치관을 뒤엎고 새 세상을 여는 불씨 역할까지 했다는 사실을 안다면 다시는 그런 표현을 쓸 수 없겠다. 왕십리는 새 세상이 열리는 장소였기 때문이다.

예덕선생 이야기를 마무리하기에 앞서 일제강점기 말기의 왕십리에 대한 추억담 한 가지를 덧붙인다. 어렵게 살던 시절의 왕십리 풍경, 그렇지만 그런 중에도 동심의 추억이 아름답게 깔리는가 싶었는데 역시 똥거름 이야기가 빠지지 않아 슬며시 웃음이 난다.

1940년대까지 서울 왕십리는 촌티가 완연한 어설픈 변두리였다. 얼마 전 산을 자르고 밭을 질러 전찻길을 낸 흔적을 그대로 알리는, 뭉텅 깎인 붉은 황토산이 큰길 옆에 바투 나와 있어서 비 오는 날이면 붉은 진흙덩이가 전찻길에 나뒹굴었다. 멀리 동쪽으로 '답십리'까지 잇닿은 미나리 밭이 신작로 턱 밑에서 시작되어 전차를 타고 가노라면 여름에는 개구리 우는 소리를 논둑에서처럼 들을 수가 있었다. '개성 인삼', '대구 사과' 하듯이 '왕십리' 하면 '미나리'였다. '왕십리 똥파리' 역시 그때의 서울 명물이었다.

왕십리는 이른바 서울의 '하촌', 가난하고 상스러운 사람들이 사는 곳으로 이름 찍힌 곳이었다. 서울 사람들, 특히 문 안에 사는 사람들(서울의 4개 대문 안)에게 가난과 비천의 대명사이던 왕십리에는 조선시대 백정들만 살았다고 한다. 그들은 하촌 특유의 서울사투리를 썼다. 돈을 '둔'이라고 한다든가 시골을 '시굴'이라고 한다든가 말버릇이 달랐다.……

그런 왕십리로 아버지는 거침없이 온 식구를 끌고 이사를 갔다. 우리가 간 집은 진흙에 볏짚을 섞은 토담으로 벽을 세우고 지붕은 검은 함석을 눌러쓴 바라크집이었다. 일본 농군이 아무렇게나 지은 작품이었다. 게다가 집 절반이 실공장이었다. 아침 7시부터 밤 9시까지 요란한 기계 소리에 집이 흔들리고 말소리도 잘 들리지 않았다.……

그러나 왕십리는 우리 삼남매의 잊을 수 없는 추억의 고장이다. 집 뒤에는 나지막한 흙무지가 둘러 있었는데 거기를 넘어가면 무연한 풀밭이었다. 그 풀밭이 끝나는 데는 청량리[동대문의 잘못]에서 뚝섬으로 가는 기동차 길이었다. 길 너머는 답십리였다. 답십리 진흙산 위에 서 있는 고압선주 뒤에서 해가 솟아 그 해는 우리 집을 종일 비춰 주고 전찻길 건너 무학산 우중충한 소나무 위 둥지로 가라앉곤 했다.

마당에서 리어카 굴러내리는 비탈길을 올라가면 거기에 깊은 우물이 있었다. 얼음같이 찬물이 고여서 여름에는 거기에 수박을 담갔다 건졌다. 오른쪽에는 우리 집 뒤에 흘러내린 '야산'의 정점인 듯 높은 둔덕이 있었고 거기에 덩실하게 지금 생각하면 원폭 뭉게구름 같은 위풍 있는 호두나무가 있었다.

그 언덕을 의지하고 반토굴에 기와 공장이 있었다. 기와 공장에서 쓰는 시새동산이 호두나무 아래 펼쳐졌는데 거기는 우리 놀이터였다. "두껍아, 두껍아, 헌 집 줄게, 새 집 다우." 손을 밀어넣고 종일 두드리던 시새동산. 거기서부터는 우리의 이웃 마을이 시작되는 곳이다.

그 마을의 주인이 우리 집 주인이던 오미야라는 일본 농군이었다. 오미야는 하왕십리 일대에서 제일 돈을 많이 모은 수전노였다. 그는 왕십리에 적지 않은 땅을 소유하고 농사를 지어서 서울 장안에 내다 파는 농군이었으나 몇 개의 철공소, 실 공장, 기와 공장, 운전 강습소도 가지고 있었다. …… 그러나 오미야는 이 땅에 건너올 때 그 모양 그대로 남루를 걸치고 여름이면 앞만 가리고 벌거벗은 채 조선인 고용자를 부리고 그 자신 거름통을 지어 날랐다.

이것은 북한 김정일 전 조선노동당 총비서의 사실상 부인이던 성혜림의 언니 성혜랑(1936~)의 글이다. 그가 서방 지역으로 넘어온 뒤 어릴 때 살던 '하왕십리 46번지'의 옛집을 마치 어제 일인 듯 따뜻하게 회고하고 있다. 지금 성동구청 맞은편의 도선동 지역이다.

1930년부터 기동차가 왕십리 지역의 곳곳에 똥거름을 날라 주었지만 그것을 받아서 밭에 주는 일만은 사람이 할 수밖에 없었다. 똥지게를 진 일본인 지주 오미야도 예덕선생의 다른 모습이었던 것일까?

[13

난세의 공신 이경직,
충직함의 본을
보이다

호탕하며 허심탄회한 인물
강개하여 기절이 있는 사나이
견딜 수 없는 일을 견디다
찢어지는 가슴을 안고

用刑賞申明慮法
仍乞戒懼幽微。日新
坐斥和久在編管。
撰進　王妃趙氏
嘉禮時銀器以昭
田渡碑。時使來
文衡見闕。公獨在
已殿進矣。廣人
語。又謂公文亦甚
益甚。上召公面
存亡所判勾踐臣
日自強。惟在於予
心。母致事機韓激
此。一身利害。有不
白軒先生集附錄
公。有憐學文字之
崖之句發於漫詠
年戊寅公年四十
懲毖之意○辭遞
大要皆紓民之瘼
館大提學藝文館
試主司取黃韓等
風雲雷雨得雨○
子島得雨○拜大
講入侍啓請敬天
日。　上講詩至樂

시간을 거슬러 과거로 올라가며 왕십리 사람들의 행적을 더듬는 우리의 여정도 이제 막바지다. 이제 17세기 아주 쓸쓸한 심정으로 이 지역을 거쳐 간 한 사나이의 이야기다. 우리는 이미 병자호란(1636) 당시 인조(1595~1649)의 파천 행로를 알고 있다. 그것은 조선시대 임금으로서는 전례 없이 광희문을 나선 뒤 왕십리를 경유해 남한산성으로 들어가는 길이었다. 조선시대 임금으로서 서울의 대문이 아닌 소문, 그것도 시체가 나가는 시구문으로 나간 유일한 경우였다. 적어도 기록상으로는 그렇다. 그것만 해도 굴욕이었는데, 인조는 그 전쟁의 말미에 송파나루에서 다시 한번 굴욕적인 항복의 예를 행하고 환궁했다. 그리고 이틀 만에 다시 그 치욕의 장소 왕십리 지역으로 나와 귀환하는 청 태종을 배웅했다.

  그 한 달 반에 걸친 병자호란의 전체 과정을 고스란히 지켜보며 때에 따라서는 가장 중요한 역할을 했던 인물들 가운데 한 사람이 이경직李景稷(1577~1640)이었다. 그는 한마디로 충직한 신하였다. '충직하다'는 말의 본래 뜻에 가장 적합한 인물이었다.

호탕하며 허심탄회한 인물

이경직은 조선 왕실의 먼 피붙이였다. 제2대 임금인 정종의 열 번째 아들에서 비롯한 이른바 전주 이씨 덕천군德泉君파의 제7세손이었기 때문이다. 그러나 그가 태어났을 때는 이미 개국으로부터 200년 가까이 세월이 흐른 데다 그의 집안 자체가 나라에서 관리하는 '종친宗親'의 범위에서 벗어나 있었다.

그럼에도 불구하고 그는 조선 왕실에 대한 충성을 잃지 않았다. 선조(재위 1567~1608) 말년에 처음 벼슬길에 나선 그는 광해군 대인 1618년, 선조의 계비인 인목대비(영창대군의 생모) 폐비 논의에 부딪쳤다. 당시 집

이경직의 묘소.
서울 관악구 남현동 산57-10에 3단으로 조성된 묘역에서
가운데 쌍분이 이경직 부부의 묘소다. 위는 그의 아버지 이유간李惟侃
묘소이고, 아래는 장남 이장영李長英의 묘소다.

권 세력이던 대북파의 공세가 빗발쳤다. 결국 인목대비가 폐비되고 서궁(지금의 덕수궁)에 유폐될 때까지 이경직은 단 한 번도 그 논의에 가담하지 않았다. 아예 지방으로 내려가 버렸다. 이는 대북파의 탄핵을 자초하는 처신이었지만 기꺼이 감수했다. 이로써 그는 거의 5년간 직책을 받지 못했다.

그런 식이었다. 광해군이 적법하게 왕위를 계승한 임금이니 당연히 충성을 다하겠지만 하나하나의 행위에 대해서는 나름대로 그 옳고 그름을 따져 보는 식이었다. 그것은 자신을 등용한 선조에 대한 의리이기도 했다. 여기서 그의 성격의 일단이 드러난다. 현존하는 임금에게 충성을 다하되 시시비비는 분명히 가리는 유형이었다.

1623년 인조반정으로 이경직에게도 기회가 찾아왔다. 반정에 직접 참여한 정사공신靖社功臣은 아니었지만 광해군 대의 처신은 그를 중용하도록 만들기에 충분했다. 바로 그해에 정3품 당상관으로서 의주 부윤이 되었다. 그는 이미 광해군 대에도 의주 인근 철산의 부사로 임명된 적이 있었다. 그의 외직이 중국으로 통하는 지역에 집중된 것은 그가 중국어에 능숙했기 때문이었다.[1]

그가 어떻게 해서 중국어를 익히게 됐는지는 알 수 없다. 중인 출신의 역관 집안도 아닌 마당에 중국어를 한다는 것은 흔한 일이 아니었다. 그러나 이런 능력은 곧 그의 운명이 되었다. 명-청 교체기 중국과의 미묘한 관계에서 중국 사신을 맞상대하는 일이 그의 중요한 임무가 되어 버렸던 것이다.

---

[1] 김류가 쓴 이경직의 비문(한국고전번역원 http://db.itkc.or.kr/의 《북저집》 참조) 등 당대인들의 기록 여러 곳에 그가 중국어에 능숙했다는 설명이 나온다.

[비변사에서 아뢰기를] "호차胡差(청나라 사신)를 접대하는 일이 전보다 더욱 어렵습니다. 음식 접대와 대화 중에 혹 실수를 하면 관계되는 일이 가볍지 않습니다. 호조 참판 이경직이 비록 복제服制 중에 있으나 오늘 출사케 하여 접대를 맡겨 몹시 군색한 걱정거리가 생기지 않도록 하소서" 하니, 상上(임금)이 따랐다.[2]

정묘호란 직후에 상중에 있던 이경직을 불러 내어 청나라 사신을 접대하는 일을 맡겼다는 얘기다. 그만큼 그의 어학 및 교섭 능력이 출중했던 모양이다. 그러나 이것은 대단히 위험한 일이었다. 잘 해도 문제, 못 해도 문제였다. 그런가 하면 극진하게 해도 문제, 소홀히 해도 문제였다. 특히 신흥 패권국가인 청나라와의 관계가 더 그랬다.

한 번만 생각해 보면 그 위험성은 자명했다. 후금(청나라의 전신)과 유화적인 관계를 맺었던 광해군을 반정으로 몰아낸 인조 대의 조정은 '척화론'이 주류일 수밖에 없었다. 특히나 명나라의 책봉을 받는 과정에서 후금과 싸울 것을 재삼재사 약속하기도 했다. 그러나 현실은 냉정했다. 후금과 싸울 능력이 없었던 것이다. 정묘호란(1627)만 해도 결국 화약和約을 맺어 후금이 '형'이 되고, 조선이 '아우'가 되기로 굳게 다짐했다.

그렇게 외교의 '이념'과 '현실'이 극단적으로 괴리된 상황에서 청나라 사신을 대하는 데에는 말 한마디 한마디가 조심스러울 수밖에 없었다. 무슨 말을 해도 '이념'을 고수하는 사람들에게는 못마땅할 가능성이 컸고, 끝내 "방자하게 처신하여 국가에 치욕을 끼친 죄" 운운하며 그의 '삭탈관직'을 주장하는 목소리가 높았다.

---

2 《조선왕조실록》 인조 5년(1627) 12월 24일 기사.

그러면 이경직은 정말 조심했을까? 뜻밖에도 그렇지 않았다. 그는 자신이 생각하고 판단하는 대로 거리낌 없이 말했다. 후금의 사신에 대해서건, 조정의 '이념형' 신료들을 향해서건 자신이 생각하는 '현실'을 명료하게 제시했다. 광해군 대에 인목대비 폐비 건에 동의하지 않았던 것처럼, 인조 대에는 척화론에 동의하지 않았다. 그런 점에서 그는 주화론의 편에 서 있었던 것이 분명하다.

이 같은 이경직의 성격과 처신을 두고 "공[이경직]은 재주가 높고 기질이 호탕하여 감정에 따라 가식 없이 행동하는 등 세속을 따라 적당히 하기를 좋아하지 않았다"거나 "공은 성품이 허탄(허심탄회)하여 구별하기를 좋아하지 않았다"는 등의 평가를 받았다.[3]

요약하면 이렇다. 이경직은 대단히 충성심이 높고, 전문적인 능력과 식견도 갖추고 있으면서, 시의에 휩쓸리지 않고 냉정하게 현실을 진단할 줄 알며, 나아가 그에 따른 자신의 판단을 누구에게든 직설적으로 제시하는 인물! 쉽지 않은 유형이었다. 이런 인물은 주위로부터 미움을 받게 되어 있다. 그런데 뜻밖에 그를 끝까지 감싸 준 것은 인조였다.

- 이경직은 웅대한 도량은 없기는 하나 자못 백성을 다스리는 재주가 있으니 가벼이 체직시킬 수 없다.[4]
- 이 사람들[이경직 등]은 모두 자신의 직책을 극진히 하는 자들입니다.[5]
- 경직에게는 상을 줄 만한 공은 있어도 죄를 줄 만한 일은 없으

---

3 김류의 이경직 비문 참조.
4 《조선왕조실록》 인조 2년(1624) 7월 4일 기사.
5 《조선왕조실록》 인조 3년(1625) 6월 10일 기사.

니 다시는 번거롭게 하지 말라.⁶

이런 식이었다. 명분론에 휩싸여 현실감각을 찾아보기 힘든 조정에서, 게다가 우유부단하기 짝이 없는 신료들 사이에서 이경직이 돋보였던 모양이다. 특히 내우외환에 휩싸여 유난히 파천播遷(임금이 도성을 떠나 피란 가는 일)하는 일이 많았던 인조의 처지에서는 그때마다 몸을 사리지 않고 호종扈從(임금을 호위하여 따르는 일)한 이경직이 눈에 띌 수밖에 없었다.

밤에 예조판서 이정구李廷龜가 종묘사직의 신주를 받들고 먼저 떠나고, 자전慈殿과 중전中殿이 모두 가교駕轎를 타고 나갔다. 조금 뒤에 상上이 소여小輿를 타고 명정문明政門(창경궁의 정문)으로 나아가 말을 타고 떠났는데, 중궁의 나인內人과 시신侍臣은 더러 걸어가는 자도 있었다. 숭례문에 이르러 승지 홍서봉洪瑞鳳이 앞에 있다가 그의 하인에게 돌로 자물쇠를 부수게 하여 나아갔다.……대가가 한강 나루턱에 닿았을 적에는 한 척의 배도 기다리는 것이 없었고, 몇 척의 배가 건너편 언덕에 숨겨져 있었는데 불러도 오지 않았다. 대가를 강가에 멈추어 놓고 어찌할 바를 모르고 있는데, 무사 우상중禹尙中이 칼을 뽑아 들고 헤엄쳐 건너가서 배 안에 있던 한 사람을 베고 배를 끌고 돌아왔다. 그리고 전라병사 이경직·윤숙尹璛 등도 배 하나를 얻어 윤숙이 몸소 배를 저어 왔는데, 대가를 수종하는 사람들이 다투어 건너려고 우르르

---

6 《조선왕조실록》 인조 5년(1627) 3월 3일 기사. 실록에 따르면, 인조는 정묘호란 때 청나라를 상대로 화친의 맹세를 한 데 따른 책임을 이경직에게 돌리려는 사헌부·사간원·홍문관의 연명 탄핵이 말꼬리 잡기식임을 간파하고 이처럼 이경직을 감싼 것으로 되어 있다.

몰려들자 이경직이 칼을 뽑아 들고 꾸짖으니, 무리가 모두 물러섰다.[7]

인조 즉위 이듬해인 1624년 이괄의 난 때의 일이다. 문관이 이처럼 처신하기는 쉽지 않았다. 사관의 눈에도 자기 자신을 던지는 이경직의 처신이 인상적이었기에 이처럼 실록에 기록을 남겼을 것이다. 인조는 마침내 1634년 이경직을 도승지, 즉 요즘 식으로 말하자면 '대통령 비서실장'으로 임명했다. 최측근 인물로 삼았던 것이다. 이경직은 그 뒤에도 몇 차례 더 도승지로서 인조의 곁을 지켰다.

강개하여 기절이 있는 사나이

마침내 병자호란이 일어났다. 1636년 12월 14일. 인조가 강화도로 피신하기 위해 창경궁을 나서 숭례문까지 왔을 때의 일이다. 그 시점의 상황을 실록은 이렇게 전하고 있다.

> 대가가 숭례문에 도착했을 때 적이 이미 양철평良鐵坪(지금의 불광동 4거리 일대)까지 왔다는 소식을 접했으므로, 상이 남대문 루樓에 올라가 신경진申景禛(훈련대장)에게 문 밖에 진을 치도록 명하였다. 최명길이 노진虜陣(오랑캐 진영)으로 가서 변동하는 사태를 살피겠다고 청하니, 드디어 명길을 보내어 오랑캐에게 강화를 청하면서 그

---

[7] 《조선왕조실록》 인조 2년(1624) 2월 8일 기사.

들의 진격을 늦추도록 하였다.⁸

청군이 이런 진격 속도로 남하한다면 인조 일행이 강화도로 가기 위해 숭례문을 나선 뒤 노량나루에 채 닿기도 전에 뒤를 밟힐 것이 확실했다. 여기서 하이라이트는 이조판서 최명길(1586~1647)이 자청하는 장면이다. 자신이 청군의 선봉 쪽으로 다가가 강화를 요청하며 시간을 벌 터이니 그 사이에 인조 행렬은 방향을 바꾸어 남한산성으로 피하라는 것이었다. 목숨을 건 것이다. 그것도 척화론자가 아닌 주화론자가 자기 목숨을 걸고 임금더러 피신하라는 것이었다. 그러면서 임금에게 동행자 한 명을 요청했다. 조금 길고 앞의 실록 내용과 일부 겹치기도 하지만 그 정황을 그대로 인용한다. 현장감이 가득한 묘사가 읽을 만하다.

> 12월에 청주淸主(청나라 임금)가 스스로 군사를 거느리고 우리나라를 공격하여 그 선봉이 경기輕騎를 휘몰아 수일 만에 서교西郊(서대문 밖 지역)에 이르렀다. 14일에 상이 강도江都(강화도)로 행행行幸(임금의 행차, 거둥)하는 길에 남문南門(남대문)에 이르렀는데 적기敵騎가 길을 가득 메우고 있었다. 상이 어가를 멈추고 성루城樓에 올라 군신群臣을 소집하여 계책을 물었다.……
>
> 공[최명길]이 나아와 아뢰기를 "일이 경각에 달려 있으니 시간을 지체해서는 안 됩니다. 신이 단기單騎로 저들을 맞이하여 맹약을 저버린 것을 책망하겠습니다. 저들이 만약 우호에 뜻이 없어서 멋대로 포악을 부린다면 신은 칼날 아래에서 죽을 것이고, 만약 신을

---

8 《조선왕조실록》 인조 14년(1636) 12월 14일 기사.

거부하지 않아서 쌍방이 서로 만나 문답하게 된다면 그 사이에 시간을 벌 수가 있을 것입니다. 서울에서 가까운 튼튼한 성으로 남한산성만 한 곳이 없으니, 어가를 돌려 그곳으로 들어가 사태의 변화를 관망하소서" 하니, 상이 이르기를 "계책이 옳다. 하지만 경이 홀로 목숨을 내놓고 호구虎口로 들어가 임금의 위급을 풀어 주고자 하니, 이는 고인도 어려워하는 바이다" 하고 탄식하면서 보냈다. 공이 또 아뢰기를 "이경직이 강개慷慨하여 기절氣節이 있으니 함께 가기를 청합니다" 하였다.

하직하고 떠날 때에 금병禁兵(임금의 친위병) 20기를 거두어 그들로 하여금 공을 따라 성을 나가게 하였는데 따르던 기병이 모두 흩어졌다. 공이 이[경직] 공 및 군교軍校 한 명과 더불어 급히 말을 몰아 사령沙嶺(무악재)⁹에 이르러 적기와 마주쳤다. 말을 멈추고 더불어 이야기하여 맹약을 무시하고 군사를 일으킨 까닭을 따지니, 적장이 다만 강화할 것인지 싸울 것인지를 일찍감치 결정하기를 청하였다. 공이 일부러 그와 함께 오래도록 수작하면서 말을 반복했는데 해가 기울려고 하였다.

이 틈에 상이 동쪽으로 수구문水溝門(광희문)을 나와 어가를 달려 남한산성으로 들어갈 수 있었다. 공이 적기와 더불어 도성으로 들어와서 적과 더불어 이야기한 바를 행재소行在所(임금의 임시 거처. 여기서는 남한산성)에 아뢰었다. 이튿날 해가 저물도록 통보를 받지 못하자 적들이 대노하여 공이 자신들을 속였다 하여 공을 해

---

9 무악재 근처에서 청군과 마주친 최명길과 이경직은 그 근처에 있던 모화관(지금의 독립공원 자리)에서 대화를 나눈 것으로 알려졌다.

치고자 하였는데, 혹자가 불가하다고 하면서 말하기를 "강화가 이루어지기도 전에 갑자기 죽여서는 안 된다" 하여 남한산성으로 진군하였다.

공 등이 돌아와 상을 뵈니, 상이 공의 손을 잡고 위로하기를 "조정 신료들이 모두 경처럼 충성스럽다면 어찌 오늘과 같은 일이 있었겠는가" 하고는 오열하며 눈물을 흘렸다.[10]

최명길이 목숨을 걸고 청나라 선봉장 마부대馬夫大를 만나러 가는 길에 동행을 요청한 인물이 바로 이경직이었다. 이경직이 그 시점에 청군과의 교섭에 가장 유능한 인물이었기 때문일 것이다. 그러면서 최명길은 이경직에 대해 "강개하며 기절이 있다"고 적시했다. 불의를 보고 참지 못하며, 굽힐 줄 모르는 기개의 사나이라는 얘기였다. 간단히 말해, 자신과 함께 목숨을 걸 만한 사람이라는 전거였다.

그 두 사람은 소기의 목적을 이루었다. 인조의 일행은 계획했던 대로 남한산성으로 들어갔고, 두 사람도 정말 목숨을 잃을 뻔했지만 다행히 하루 뒤 인조 피란길의 뒤를 밟아 남한산성에 합류했다. '충忠'의 바탕이 무엇이며, 그것이 무엇을 이룰 수 있는지 제대로 보여 준 경우였다.

---

10 박세당, 〈영의정 완성부원군完城府院君 최공崔公 신도비명〉, 《서계집》 중에서(한국고전번역원 http://db.itkc.or.kr/ 참조).

견딜 수 없는 일을 견디다

남한산성 안에서의 한 달 반 동안 조선의 신료들이 보여 준 것은 지리멸렬 그 자체였다. 아무것도 결정할 수 없었고, 아무것도 이룰 수 없었다. 지방에서 올라오던 원군들이 중도에 모두 청군에 패퇴한 마당에 결전을 벌인다는 것은 애당초 불가능했고, 그러다 보니 강화를 위한 대화 역시 힘을 받을 수 없었다.

기껏 한다는 일이 자기들을 포위하고 있는 청군 진영의 분위기를 살피거나 그들의 항복 요구와 그 조건을 검토하는 일뿐이었다. 한심한 세월이었다. 이 일에 이경직이 다시 징발됐다. 청나라를 상대하기에 그만한 인물이 없었기 때문이다. 내키지 않았지만 이경직 역시 그 요구에 응하지 않을 수 없었다.

> 청인淸人과의 교섭을 위하여 대신大臣을 내보낼 때는 언제나 공[이경직]이 함께 가도록 하였는데, 공이 말을 하려고 하면 청인이 성을 내며 "이 시랑李侍郞은 말하지 마시오" 하곤 하였다. 대체로 공이 이전에 왕명을 띠고 여러 번 접대했는데, 항상 뛰어난 공의 달변으로 마음대로 할 수가 없었던 저들은 평소부터 공을 꺼렸기 때문이었다. 포위된 산성에서 공은 다시 도승지에 제수되었다.[11]

그토록 직설적인 화법을 구사하는 사람이 이렇게 상대방을 논리적으로건 수사적으로건 장악할 수 있었다는 사실이 놀랍다. 이경직은 남한산성

---

11 김류의 이경직 비문 참조.

청 태종(홍타이지)의 초상.
그는 병자호란에 직접 참여해
진두지휘했고,
마침내 송파나루의 수항단에서
인조의 항복을 받았다.
한반도에 있었던 모든 왕조를
통틀어 최대 굴욕 중 하나였다.

에 없어서는 안 될 존재였다. 거의 모든 화의和議 교섭에 그가 참여했다.

그러나 그러면 그럴수록 그의 시름은 깊어 갔다. 안팎에 풀리는 일이 아무것도 없었기 때문이다. 청군 측은 임금(태종, 홍타이지)까지 최일선에 나선 전쟁이다 보니 강화 조건[12]에 있어서 전혀 양보의 기미가 없었고,

---

12 청군 측의 강화 조건은 '인조의 출성出城 항복', '형제관계에서 군신관계로의 격하', '왕세자의 인질' 등이었다.

조선의 조정은 조정대로 교섭에서 돌아가기만 하면 척화론자들이 이런 강화 조건들을 논박하기 바빴다. 그때 주화론의 대표적인 인물이 영의정 김류, 이조판서 최명길 등이다 보니 그 비판의 칼끝이 이경직을 직접 겨냥하지는 않았지만 그게 그거였다. "적의 세력을 과장하고 화친을 주도해 나라를 치욕 속으로 몰아넣고 있다"거나, "칭신稱臣(황제의 신하로 자임하는 일)한다고 포위가 풀릴 보장이 없으니 그런 주장을 하는 사람들의 목을 베라"는 등의 아우성이 꼬리를 물었다.

결국은 청군의 요청대로 되었다. 남한산성의 사람들이 굶어죽거나 전투다운 전투도 하지 못한 채 청군의 대포와 칼에 죽지 않으려면 항복밖에 다른 길이 없었다. 도승지인 이경직이 대개 그 뒷수습을 맡았다.

그 이후의 과정은 우리가 다 아는 대로다. 인조는 1637년 1월 30일, 송파나루의 수항단에서 굴욕적인 삼배구고두례를 행한 뒤 뚝섬 지역에서 포로로 잡힌 백성 1만여 명의 울부짖음을 뒤로하고 왕십리를 거쳐 창경궁으로 돌아갔다. 이때도 이경직은 인조를 수행해 그 굴욕의 현장과 처참한 광경을 고스란히 지켜볼 수밖에 없었다. 한 나라의 관리로서 차마 눈 뜨고 못 볼 장면들이었다. 이때 이경직은 나라와 왕실을 유지하고 그에 충성을 다한다는 것이 무엇인지 깊이 생각했을 것이다.

이때 《조선왕조실록》은 "상이 소파진所波津(송파진의 잘못인 듯)을 경유하여 배를 타고 건넜다. 당시 진졸津卒은 거의 모두 죽고 빈 배 두 척만이 있었는데, 백관들이 다투어 건너려고 어의御衣를 잡아당기기까지 하면서 배에 오르기도 하였다"고 기록했다. 모두 제정신이 아니었던 것이다. 13년 전 이괄의 난으로 파천할 때와 비슷한 상황이었지만 이경직이 그때처럼 "칼을 뽑아들고 꾸짖는" 행동을 했다는 기록은 없다. 차마 그렇게 할 수 없었을 것이다.

전쟁의 마무리 장면에 이경직이 다시 한번 등장한다. 인조가 서울로 환궁한 지 이틀 뒤 청 태종이 전승군을 이끌고 자기 나라로 돌아가는 날이었다.

> 청나라 한汗이 삼전도三田渡에서 철군하여 북쪽으로 돌아가니, 상이 전곶장箭串場에 나가 전송하였다. 한이 높은 언덕에 앉아 상을 제왕의 윗자리로 인도하여 앉게 하였는데, 도승지 이경직만 따라갔다.¹³

청나라 군사들은 왕십리 살곶이다리의 남쪽인 뚝섬 너른 들판에 도열하고, 청 태종과 인조는 그 들판이 내려다보이는 살곶이다리 북쪽의 언덕(지금의 한양대 대학원 자리. 2000년대까지 토건관)에 앉아 그 군사를 사열했다. 이경직은 도승지이다 보니 이 자리에도 인조를 수행했다. 사관의 눈에 유독 이경직만 따라간 것이 눈에 띄었던 모양이다.

그렇게 이경직은 모든 굴욕의 현장에 있었다. 이때 그의 심정이 어떠했는지는 기록이 남아 있지 않지만, 이 왕십리 지역에서 절망했을 것이다. 특히나 직정적인 성격의 소유자인 그로서는 견디기 어려웠음에 분명하다. 그러나 남한산성에서 유일하게 남은 길, 즉 화의의 실무를 맡았으며, 나아가 임금을 지근거리에서 보좌하는 임무를 지고 있던 그로서는 일단 모든 굴욕을 감수할 수밖에 없었다. 견딜 수 없는 일을 견디는 과정에서 그는 심신이 피폐해졌다.

---

13 《조선왕조실록》 인조 15년(1637) 2월 2일 기사.

찢어지는 가슴을 안고

이경직은 전쟁이 끝난 1637년, 직급을 건너뛰어 호조판서가 되고, 그해 가을에 다시 도승지가 되었다. 이제 전쟁터를 누비며 목숨을 걸 일은 없었다. 그러나 한번 상한 건강은 다시 돌아오지 않았다. 그해 10월 중풍을 만났다. 1년간 꼬박 병석에 누워 있었다.

이경직은 그해 겨울 병석에 누워 동생의 편지를 받았다. 동생은 그보다 무려 열여덟 살 아래로서 자신이 글을 가르친 이경석(1595~1671)이었다. 그 편지에는 피울음이 배어 있었다. 다름 아니라 병자호란의 마무리 과정에서 조선의 조정은 청 태종 공덕비(일명 삼전도비)를 세우는 의무를 지게 됐는데, 바로 이경석이 이 비문의 찬술자가 된 것이었다.

> 문자를 배운 것을 후회합니다.[14]

충분히 이해할 수 있었다. 문자와 학문을 배워서 그것을 고작 적국의 임금을 찬양하는 데에 써먹게 되다니……. 원통하고 참담한 일이었다. 그러나 동생이 문자를 배운 것을 후회한다면 그것을 가르친 형은 어떻게 해야 할까? 형의 가슴은 찢어졌다.

이경직은 어찌어찌하여 겨우 건강을 추슬렀다. 인조는 1640년 그를 중용하려는 마음과 건강에 큰 부담이 되지 않는다는 판단 때문인지 서울에

---

14 원문은 "悔學文字"다. 이는 이경석 사후인 1700년 그의 증손인 이진양李眞養과 이진망李眞望이 펴낸 문집 《백헌집》의 〈연보年譜〉와 1702년 박세당이 지은 이경석의 신도비명에서 모두 확인된다. 《조선왕조실록》과 《승정원일기》에 따르면, 청 태종 공덕비의 비문은 1637년 11월 25일부터 1638년 2월 8일 사이에 작성되었다. 따라서 이경석의 이 편지도 그사이의 어느 시점에 쓰인 것으로 보인다.

서 가까운 강화도의 유수로 임명했다. 그는 "병든 몸이 감당할 수 없는 직무"라며 사양했으나 허락받지 못했다. 그는 할 수 없이 강화도로 부임했다. 강화도는 병자호란 당시 우리 측이 처절하게 패퇴한 현장 중의 하나였다. 그곳에서 그는 제단을 쌓아 난리 중에 죽은 사람들을 위해 제사를 지냈다. 그렇게 하고선 흩어진 병기들을 수습하고 군졸을 보충해 난세에 대비했다. 그가 나라와 백성들을 위해 할 수 있는 최소한의 일이었다. 그것은 자신의 절망을 치유하는 일이기도 했다. 그러나 그는 그해를 넘기지 못했다.

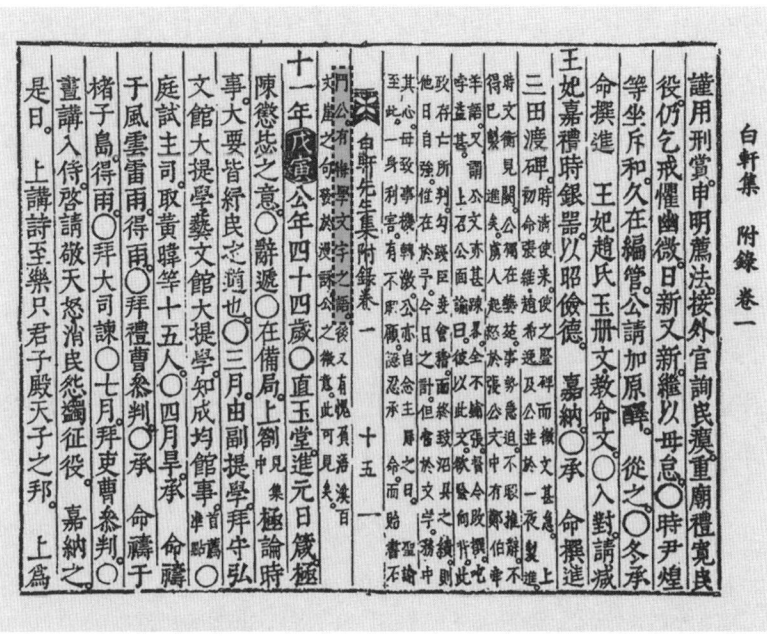

이경석의 문집 《백헌집》 중 〈연보〉의 일부.
오른쪽 페이지 끝부분과 왼쪽 페이지 첫머리에 걸쳐 큰형인 이경직(호 석문石門)에게
편지를 보내 "문자 배운 것을 후회한다[悔學文字]"는 구절이 있다.

이경직의 비문은 그의 마지막 장면을 이렇게 기록하고 있다.

> 직무에 쌓인 피로로 종기를 앓다가 임소에서 졸卒하였다. 가족에게는 한마디 말도 남기지 않고 희미한 정신 속에서도 간곡하게 당부하는 말은 모두 북쪽의 오랑캐와 남쪽의 왜구에 대한 근심뿐이었다. 30여 년간 조정에서 벼슬하였지만 집안에 남긴 유산이 없었으며, 가는 길에도 수의縫衣 외에는 모두 값싼 천을 사용하였다.……64세였다.

이경직은 유산뿐 아니라 문집도 남기지 않았다. 물론 문집은 후손들이 정리해서 출간하는 것이지만 그 스스로 남기고 싶지 않았을 수도 있다. 그 이유는 앞에서 충분히 설명했다. 그러나 이경직·이경석 형제의 후손 중에서는 세인들이 '6진8광'[15]이라고 부르는 조선 중기의 문장가와 사상가들이 줄을 이었고, 이경직이 걸었던 왕십리 길을 19세기 후반 다시 가며 〈구성 가는 길에駒城道中〉라는 시를 남긴 대문장가 이건창도 이경직의 직손(전주 이씨 덕천군파 제16세손)이었다.

우리는 지극히 평화로워 보이는 이 시에서 이경석의 피울음을 듣고, 이경직의 찢기는 가슴을 느낀다. 그것은 우리가 지금으로부터 근 400년을 거슬러 올라가 확인할 수 있는 왕십리 역사의 한 자락이다. 그러나 광희

---

15 '6진8광六眞八匡'은 이 두 형제의 증손자 대인 '진眞' 자 돌림 후손 6명과 고손자 대인 '광匡' 자 돌림 후손 8명을 가리키는 말이다. 꼽는 이에 따라 다소 다르다. 거명되는 인물들은 '6진'으로는 이진유李眞儒, 이진검李眞儉, 이진급李眞伋, 이진순李眞淳, 이진수李眞洙, 이진경李眞卿, 이진망李眞望 등이고, '8광'으로는 이광세李匡世, 이광보李匡輔, 이광찬李匡贊, 이광사李匡師, 이광려李匡呂, 이광덕李匡德, 이광의李匡誼, 이광도李匡度이다.

문과 왕십리는 거기에 머물지 않고 다시 시대를 내려오면서 그런 아픔 속에서 다시 솟아나는 희망과 새 세상에 대한 의지를 차곡차곡 쌓아 오늘날 우리에게 말을 걸고 있다. 고맙지 않은가?

| 나가는 말 |

왕십리는 살아 있다

1

왕십리 사람들의 이야기가 시대를 거슬러 올라가서 전근대 막바지의 '충절'(이경직)과 근대 여명기의 '새 세상으로의 전진'(예덕선생, 가톨릭 순교자 등)으로 마무리된 것은 정말 다행스럽고 기쁜 일이다. 솔직히 말해, 기대하지 않았는데 바닷가 모래밭에서 금싸라기를 주운 심정이라고 해야 할지.

이 책을 쓰기 시작할 때에는 왕십리 지역의 주민 또는 그 지역을 거쳐 간 사람들의 다양한 모습을 보여 주면 좋겠다는 생각뿐, 구체적인 계획이나 전체상에 대한 구상을 전혀 갖고 있지 않았다. 사람들의 열전列傳을 쓰는 마당에 특정한 인물 유형 또는 일정한 이야기 전개를 염두에 둔다는 것은 그것 자체로 어불성설이기도 했다.

그렇게 구상이 없었던 것은 두말할 필요도 없지만, 내심 걱정이 컸다. 워낙 문자 또는 이미지 기록이 많지 않은 지역이다 보니 구체적인 인물

이야기를 발굴하는 일이 도대체 가능하기나 할지 가늠할 수 없었다. 설사 그런 이야기들을 이삭 줍듯 모아 본들 그것이 한 권의 책을 구성할 정도가 될지도 전혀 자신할 수 없었다.

이 책의 순서를 따라 여기에 이른 독자들은 담박 눈치챌 수 있겠다. 저자의 무계획성을! 앞뒤 인물들 사이에 어떤 내적인 연관성을 찾을 수 없는 것은 물론이고, 어떤 일관된 플롯도 없이 비틀거리며 주춤주춤 시대를 거슬러 병자호란 무렵까지 왕십리 사람들의 초상이 하나씩 둘씩 명멸하듯 드러나고 사라져 버렸음을!

그러나 참으로 다행스러운 것은, 그렇게 어렵사리 한 톨, 한 톨 모은 이야기들이 한 인물을 구성하고, 그 인물들이 쌓여 이렇게 한 권의 열전을 이루었다는 점이다. 게다가 과거를 찾아가는 시간여행의 종착점에서 만난 인물들이 그 시대의 가치를 대표하거나 상징한다고 볼 만한 사람들이었던 것은 참으로 기대하지 못했던 큰 소득이었다.

2

이제 돌이켜 생각해 보면, 새 역사가 변두리에서 시작된다는 말은 무서울 정도로 정확하다. 왕십리가 그 점을 잘 보여 준다. 그중에서도 예덕선생이 전형이다.

저자가 예덕선생을 만날 수 있었던 것은 행운이었다. 계기는 똥에 있었다. 어린 시절 '왕십리'라는 동네 이름은 늘 '똥파리'와 붙어 다녔다. 한 번도 가 본 적이 없지만 그 동네 이름을 들을 때면 그 말이 떠올랐다. 그 이유를 알고, 나아가 왕십리 지역의 '상업적 농업'의 의미까지 알게 된 것은 대학에 가서였다. 연암의 〈예덕선생전〉도 그 무렵 접했다. 그러나 그때는 거기까지였다. 더 이상 생각해 본 적이 없었다.

내가 예덕선생과 왕십리를 연결지어 생각한 것은 그로부터 수십 년이 지난 최근의 일이었다. 그가 왕십리로 간 것만은 분명한데 도대체 어떤 경로로 갔을지 생각해 보면서 광희문을 떠올렸고, 그러면서 옛지도를 살피다 광희문 앞의 '오물류장'을 발견했다. 그것으로 이야기는 사실상 완성된 것이나 다름없었다.

그 순간 예덕선생은 나의 머리 속에서 18세기 왕십리의 핵심인물로 떠올랐고, 나아가 한국 근대사의 문호를 열어젖힌 사도의 한 사람으로 격상됐다. 그리고, 다소 개인적인 느낌을 말하는 것이 허용된다면, 그의 이야기는 가장 낮고 천한 곳에서 태어나 새 시대를 개척한 영웅의 탄생설화 비슷한 울림을 주기까지 했다. 한 지역의 인물 탐구가 시대 전환의 단서를 제공할 줄이야!

3

모든 이야기가 그렇게 아름답고 향기로울 리 없었다. 훨씬 많은 수의 사람들은 아픈 사연들을 갖고 있었다. 이곳에 묻힌 가톨릭 순교자들이 그랬고, 갑신정변의 고대수가 그랬으며, 임오군란의 김장손이 그랬다. 이들은 출구를 찾기 힘든 삶의 미로 속에서 안간힘을 쓰다 안타깝게 스러져 갔다. 그리고 대부분 죽은 뒤 또는 삶의 마지막 국면에 왕십리와 인연을 맺었다. 왕십리가 그들의 피울음을 듣고 이 세상에서의 마지막 안식처를 제공해 준 댓가로 이제 왕십리는 '주검의 장소'에서 '새 세상으로 나아가는 관문'으로 거듭날 수 있었다.

안타깝기로는 이 책 말미의 충신 이경직과 앞부분의 소설가 김동인도 빼놓을 수 없다. 시대가 아주 달랐고 왕십리와 인연을 맺는 방식도 전혀 달랐지만 두 사람 다 자기 시대에 각자 부여받은 역할을 해 내기 위해 안

간힘을 다했다. 우리는 왕십리에서 그들의 흔적을 살피면서 세파에 이리 밀리고 저리 밀릴 때 한 인간이 감당해 낼 수 있는 시대의 무게는 과연 어디까지인지 생각해 보게 된다.

물론 왕십리에 그런 슬픈 이야기만 있는 것은 아니다. 현대 택견의 아버지라고 할 수 있는 신한승과 우리 시대의 광대 장소팔은 왕십리의 장소성placeness을 각자 자기 방식으로 아주 적절하게 체현해 낸 인물로 꼽을 수 있다. 그것은 전통의 계승이라고 할 수도 있고, 자신의 삶의 자리에 깃든 문화를 적극적으로 발굴해 낸 결과라고 할 수도 있겠다. 어느 쪽이 됐든, 그들이 계승하고 발굴한 왕십리의 장소성이라는 것이 민중의 가치에 기반을 둔 것임은 부인할 수 없다. 왜냐하면 택견은 곧 민중의 몸짓이요, 만담은 바로 민중의 말이었기 때문이다.

스스로 낮아져 민중의 삶 속에 스며들었다가 160여 년 만에 왕십리에서 불쑥 재발굴된 이성문 가계의 이야기도 주목할 만하다. 조선 최초의 가톨릭 세례자 이승훈의 방손傍孫에 해당하는 이들의 삶은 기구하다기보다는 오히려 우리 민중의 역동성 같은 것을 느끼게 한다. '삶의 의지'란 바로 이런 것이 아닐까 생각되기도 한다. 그래서 이들 가계의 이야기는 옛 사대부 가문의 족보를 회복했다는 해피 엔딩 스토리라기보다는 스스로 민중이 되어 오늘까지도 끈질기게 삶을 이어 나가고 있는 현재진행형의 분투기로 읽는 것이 온당하다는 생각이다.

사실 왕십리는 이런 이야기의 보고다. 신한승이나 장소팔과 같이 두드러진 인물은 사실 예외적인 경우다. 그보다는 이성문 가계와 같이 그 존재와 생존 방식 자체를 통해 우리에게 많은 것을 말하고 있는 경우는 아직도 무수하게 발굴할 수 있다는 것이 나의 생각이다. 비록 소설이긴 하지만 한밤중에 광희문과 동대문 밖의 영역을 유령에 쫓겨 숨 막히게 순회한 진 서방의 이야기라든가 이방인의 눈으로 낯선 풍경을 기록한 엘리자베스 키스의 그림 같은 것들은 특수해서가 아니라 그 시대의 모습을 있는 그대로 차분하면서도 충실하게 담고 있기에 오늘날 우리 가슴에 울림을 낳는 것이다.

그것은 동갑내기 독립운동가 지청천과 김붕준의 이야기도 마찬가지다. 광복 후 독립운동가의 국회의원 출마 이야기가 특별히 신기할 리 없다. 함께 대한민국임시정부에서 일했던 동지가 광복 후 한 국회의원 선거구에서 대결했다는 사실이 다소 흥미로울 수는 있겠다. 그러나 나는 오히려 그런 것이 세상의 일반적인 모습이라고 생각한다. 바뀐 국면에 적극적으로 대응해서 자신의 삶을 건설하고자 하는 모습, 그것은 너무도 자연스러운 삶의 에너지 같은 것이 아닐까?

그런 이야기들이 왕십리에서 앞으로도 많이 발굴되기를 기대한다. 이제 전통적인 공동체는 상당부분, 아니 거의 다 깨어졌지만 그 구성원들은 아직도 많은 수가 여전히 왕십리 주변에 뿌리 내린 채 살아가고 있다. 관심 있는 사람들의 작업을 기대한다.

4

왕십리의 사람들이 발굴의 손길을 기다린다는 말은 그저 막연하게 하는 이야기가 아니다. 이 책에 미처 다 담을 수 없었던 왕십리 관련 역사적 사실의 단편들과 그 주인공들이 바닷가의 사금파리처럼 여기저기 수없이 널려 있다.

예컨대, 목은 이색李穡(1328~1396)이 왕십리를 스치듯 거쳐 간 흔적도 그런 것이다. 아직 조선은 개국하기 전이고, 고려의 국운이 서산에 지는 해처럼 거의 기울던 1382년의 어느 가을날이었다. 그는 개경에서 배를 타고 한강을 거슬러 올라와 두모포豆毛浦(지금의 옥수동)에서 배를 내려 왕십리의 민가에서 하룻밤 잔 뒤 아침해를 등지고 당시 남경 행궁에 머물고 있던 우왕을 만나러 갔다. 10여 년 동안 관직을 떠나 있다가 다시 출사하기 위해, 말하자면 구직 활동차 왕을 만나러 가는 길이었다.

당시 상황이 《목은시고》에 "두모포에 와서 배에서 내려 남경南京 동촌東村 왕심리旺心里 민가에서 묵고 다음 날 행궁에 가서 숙배肅拜하고 돌아오는 길에 읊다. 이날은 10월 12일이었다[到得務浦下岸. 宿南京東村旺心民舍. 明日詣行宮肅拜. 歸途有詠. 十月十二日也]"라고 기록되어 있다.

조선 개국에 반대한 이색이 아주 드물게 한양을 방문한 기록이어서 관심이 가기도 하고, 특히나 그가 지금 우리의 관심사인 '왕십리'(당시 표현은 '왕심리旺心里'였다)의 민가에서 하룻밤 묵었다니 더욱 눈길이 간다. 이를 통해 우리는 왕십리가 이미 고려시대에도 한강의 뱃길로 한양(당시 남경)에 접근할 때 교통의 요지였음을 확인할 수 있다. 아무튼 이것은 우리가 역사 기록으로 확인할 수 있는 '왕십리' 지명의 첫 출현이었다.

그뿐인가. 그는 한양(당시 우왕이 임시 천도한 시점이어서 '신경新京'이라고 불렸다)의 지세와 입지를 한껏 찬양했다. 물론 조선과는 전혀 관계없이 고려 왕조의 부흥에 도움이 될 만한 새 수도의 입지로 그런 찬사를 보낸 것이었다.

신경은 웅장하고 경기는 장엄한데	新京翼翼壯邦畿
기화의 움직임에는 스스로 기밀이 있다네	氣化推移自有機
재상은 심원한 계책으로 주정을 정하고	宰相深謀周定鼎
임금은 성대한 덕으로 순의를 드리우시네	君王盛德舜垂衣
한강이 바깥을 막아 맑고 빠르게 흐르고	漢江外禦流淸駛

> 백악은 중앙에서 푸른 봉우리로 솟았어라　柏岳中尊聳翠微
>
> 백발의 병든 이 신하 정말 얼마나 다행인가　白髮病臣眞萬幸
>
> 붓 뽑아서 햇빛을 모아 빛을 보태려 하네　抽毫攢日欲曾輝

이렇게 640여 년 전 왕십리에서 목은 이색의 관점으로 본 서울의 웅장하고 우뚝한 모습, 관심이 가지 않는가? 그가 서울을 본 앵글은 21세기 우리의 시선과 얼마나 같고 얼마나 다른가? 한번 따져볼 일이다.

조금 관심의 범위를 넓혀 보면, 뚝섬도 왕십리 권역이었다. 강원도 인제, 정선 등의 심심산골에서 북한강을 타고 내려온 목재 뗏목의 종착지들 중의 하나가 바로 뚝섬이었다. 그 목재의 주요 소비처는 당연히 서울 성안의 왕궁, 대갓집 등이었지만 서울 성안에 그것들을 위한 장소는 없었다. 그래서 뚝섬에서 건져 올려진 목재는 일단 왕십리 지역까지 옮겨져 보관됐다가 수요에 따라 성안으로 들어갔다. 일제강점기에는 1911년 설치된 왕십리역 앞의 광장이 그 보관 장소였다.

그렇게 목재를 산더미같이 쌓아 두던 모습이 머릿속에 잘 그려지지 않는다고? 그런 이들에게는 임권택 감독의 1976년 작 영화 〈왕십리〉(조해일 원작)를 한번 볼 것을 권한다. 신성일, 김영애, 백일섭, 최불암 등 기라성 같은 배우들이 열연한 명작이다. 당시 영화 촬영용 세트를 제작할 여건이 안 되다 보니 옛 왕십리역 앞의 목재 집하장을 활용해 촬영한 활극 신이 이 영화의 백미들 중 하나다. 우리는 굳이 18세기 예덕선생까지 거슬러 올라가지 않더라도 왕십리가 20세기 후반까지 농사 외에도 서울을 지탱해 주는 중요한 장소들 중 하나였음을 알아챌 수 있다. 그때 일하던 목재소의 일꾼들은 다 어디로 갔을까?

뚝섬은 뗏목의 종착지였을 뿐 아니라 얼음을 채취하는 중요한 거점 중의 하나이기도 했다. 조선시대는 물론 20세기 중반까지도 그랬다. 이것 역시 서울 성안 사람들의 여름나기를 위한 것이었다. 그 얼음 채취꾼의 후예들은 지금 어디서 그런 조상의 옛날 이야기를 손자들에게 들려주고 있을까?

5

	주인공	시대적 배경
1	신한승	1970~1980년대
2	장소팔	1940~1960년대
3	김동인	1947~1951년
4	지청천+김붕준	1945~1950년
5	진 서방	1920년대
6	엘리자베스 키스	1919년
7	이성문	1890년대
8	고내수	1884~1885년
9	김장손	1882년
10	도깨비	19세기 등
11	가톨릭 순교자들	18~19세기
12	예덕선생	17~18세기
13	이경직	17세기
	…	
*	이색	14세기

이젠 정말 저자나 독자나 모두 이 책을 손에서 놓고 나갈 때가 되었다. 현실로 돌아간다는 얘기다. 그 현실의 장소는 왕십리일 수도 있고, 다른 어떤 곳일 수도 있다.

어디면 어떤가. 독자들이 그곳으로 돌아가서 이곳 왕십리에서 얻은 여운을 곱씹어 볼 수만 있다면 저자로서는 큰 다행이라고 생각한다. 이를 위해 이 책에 등장한 인물들이 왕십리와 인연을 맺었던 시대적 배경을 한눈에 살펴볼 수 있도록 정리해 본다.

첫 인물 '현대 택견의 개척자 신한승' 편을 시작하며 언급했다시피, 이 책의 전체적인 인물 배치는 시대를 거슬러 올라가는 방식이었다. 우리는 왕십리에서 어느 시대까지 되짚어 갈 수 있을지 한번 찾아보자는 것이었다. 다른 말로 하면, '왕십리 장소성의 원형'을 추적하는 일이라고 할 수도 있겠다.

그래서 우리가 잠정적으로 도착한 시대가 17세기 병자호란 직후의 이경직 때였고, 이 '나가는 말'에서 14세기의 이색까지도 그 흔적을 찾을 수 있는 단서를 제시했다. 일단은 거기까지다. 누군가 눈 밝은 사람이 있어 그 상한선을 더 끌어올려 줄 수 있다면 고맙겠다.

또 한 가지. 독자들이 이 표를 살펴보면 앞뒤 인물들 사이에 어떤 필연적인 관계가 존재하지 않는다는 사실을 눈치챌 것이다. 그럼에도 불구하고, 시대를 거슬러 올라가면서 그 시대의 인물들이 주는 감흥은 현대의 인물들과 사뭇 다르다는 점 역시 부인할 수 없다. 거기서 한 발짝 더 나아가, 왕십리라는 '장소'와 관계를 맺은 '인물'들이 '역사'의 흐름을 어떻게 변주해 왔는지, 그 변주의 흐름에는 어떤 리듬이 있지는 않았는지 등을 살펴볼 것을 독자들에게 권한다. '장소성의 변화'를 살펴봐 달라는 주문이다.

6

그런데 위와 같이 주문하면, 이런 질문이 나올 수 있다. 이 열전에 등장하는 인물들은 모두 과거 사람들이고, 그들의 터전이었던 전통적인 마을공동체도 모두 분해되고 사라져 버렸다. 위에 별도로 제시한 목은 이색 또는 뗏목꾼, 얼음 채취꾼들과 그들의 체취가 어렸던 장소들 역시 마찬가지다. 그런 마당에 옛 왕십리의 인물과 장소를 살피고 되새겨 보는 일은 도대체 무슨 의미를 가질까?

하긴, 이제 우리가 이 책에서 살펴본 왕십리는 사라지고, 그저 다른 신도시와 대동소이한 왕십리 뉴타운이 있을 뿐이다. 끝없이 펼쳐지던 무·배추 밭과 코끝을 찌르던 분뇨 냄새, 게딱지 같이 금호동 언덕배기에 들러붙어 있던 판자집들……. 그 정겨운 풍경과 냄새가 이제는 다 옛날 얘기이고, 우리가 살펴본 유형의 사람들도 이제 더 이상 이 지역에 존재하지 않는 마당에 장소성을 찾는 것이 무슨 의미를 갖겠느냐는 질문이다.

그러나 나의 생각은 조금 다르다. 이렇게 말할 수 있다. 왕십리는 아직 죽지 않고 살아 있다고. 단순히 우리 기억 속에 남아 있다는 말이 아니다. 예컨대, 자기 삶을 적극적으로 개척해 간 예덕선생의 의지와 쓰라린 가슴을 부여안고 자기 몫의 시대적 짐을 기꺼이 수행해 낸 이경직의 분투 같은 것들이 조금이나마 우리의 삶과 맞닿아 있다면 왕십리는 여전히 살아 있는 것이다.

그것은 장소에 대해서도 똑같이 말할 수 있다. 청계천 영도교 북쪽의 숭인동 벼룩시장, 남쪽의 곱창골목, 그리고 황학동 만물시장이 불편하지 않고 나의 삶의 자리로 인식된다면 그것 역시 왕십리가 살아 있다는 증거다. 범인으로서는 정약용이나 이건창과 같은 문호의 경지는 꿈도 꿀 수 없겠지만 우리도 광희문을 나서며 심상에 떠오르는 노래 한마디쯤 부를 수 있다면, 혹은 청계천의 물길을 산책로로만 여기지 않고 그곳에서 순교자의 영성을 어쩌다 한 번이라도 묵상할 수 있다면 당연히 왕십리는 살아 있는 것이다.

그렇게 과거의 사람과 장소를 오늘의 우리가 안아서 내일로 넘겨 줄 수 있다면 누가 왕십리가 죽었다 말할 수 있겠는가? 엄연히 살아 있는 왕십리의 발견, 그것이 오늘 우리의 자존심이자 내일로 넘어가는 징검다리다.

찾아보기

ㄱ~ㄹ

가축시장 62, 119, 126, 127
감정동 204
《갑신일록》 186, 189, 192
강명준 204, 209
경성공립상업학교(경성상업) 119~121
고춘자 58, 59, 64, 65, 220
곱창골목 123, 124, 309
공동묘지 15, 19~21, 24, 194, 273~275
광무극장 65
광복군 99~103, 106
광희문교회 109, 238, 239, 274
권이강 177
《기관》 219, 230
기동차 276~278, 280, 281
기해·병오박해 240, 241, 250
김경애 73, 77, 82, 88, 94
김기림 195
김대건 240~243
김안로 224, 230
김영운 66

김옥균 186~189
김용섭 261
김춘영 200, 201
김홍식 39, 30, 54
까치산 43, 54, 55, 132
남한산성 26, 27, 284, 291~294, 296, 297
대동청년단 107
〈대쾌도〉 44, 45, 48, 49, 51~55, 147, 148, 240
도수장(도살장) 125, 127, 132
동관왕묘(동묘) 43, 119, 125~134, 140, 154, 220, 277
동대문교회 141~143, 145
두모포 205, 306
두정동 200, 204, 206
떡볶이골목 254

ㅁ~ㅅ

마장동 62, 73, 127, 275
마장리 204, 205
마전교 153, 225, 226, 230, 231

313

무위영 199, 200
문창갑 205, 206, 210, 212, 272
민겸호 187, 207
박무경 40
박지원 175, 261, 262, 264, 278
박춘재 65, 66
박털백 40
〈배따라기〉 73, 75, 76
병인박해 238
병자호란 25~27, 264, 284, 290, 295, 298, 299, 302
보구여관 141
북평관 141
분뇨처리(분)장 276, 277
사근절리 200, 204, 205
사포서동 243
살곶이다리 43, 205, 211, 247, 252, 266, 269, 270, 271, 274, 297
삼전도비 25, 298
선혜청 187, 199~210, 207
성혜랑 281
송덕기 38~44, 46, 53
숭신초등학교 62, 125, 241
신불출 64
신윤복 44, 45
신재영 35
신진당 104
신촌 199, 200, 204, 205, 210, 211
신흥무관학교 94

ㅇ~ㅈ

안암천 276, 277
양지촌 204~206, 210
양철평 290
〈연귀취부〉 219, 221, 223
염상섭 74
영단주택 72, 81
영도교(영미다리) 43, 54, 55, 62, 64, 73, 119, 123, 124, 125, 127, 132, 137, 219~221, 223, 225, 226, 230, 246, 247, 311
오간수교 145
오간수문 18, 47, 48, 132, 135, 145, 225, 226
오물류장 273~275, 303
오정수 78
《용천담적기》 224, 230
우키요에 153
운현궁 207
움집 67~69
유관순 151
유복만 200, 201, 209
유춘만 200~207, 213, 215
을묘박해 247
응봉동 82, 105, 199, 204, 205, 210, 211
이가환 170, 175
이건창 22~31, 300, 311
이경석 25~27, 298~300

이경천 39, 40, 53
이경하 202, 207
이덕무 261, 262, 264, 266
이병기 29~31
이색 305~308
이승훈 168~171, 173, 175, 177, 179~181, 247, 248, 254, 304
이용휴 175
이우석 189~191, 193
이은관 66, 69
이익 175, 222
이치훈 167~169, 171~181, 210, 235, 248
이학규 179, 181
이효석 55, 116, 117, 118, 120, 125, 127, 131, 220, 221
임호 39
장광혁 64
장동 241, 243
정쌍길 200, 206, 209, 212
정약용 16~18, 20~22, 24, 28, 30, 31, 170, 172, 173, 175, 179, 181, 311
정의길 200, 206, 209
조하서 192, 193
주문모 169, 248, 252
죽란시사 172, 173
중랑천 43, 55, 247, 252, 254
진포리 204, 205

ㅊ~ㅎ

채제공 171, 173, 175, 180, 248
청계천 42, 46~48, 50~54, 60, 62, 118, 121, 122, 127, 132, 136, 140, 145, 169, 204, 220, 223, 224, 226, 230, 231, 238, 254, 276, 311
청 태종 25, 284, 295, 297, 298
청파 200, 204, 266, 269, 270, 271
최명길 26, 27, 292, 293, 296
최은희 185, 192, 193
태평관 141
태평교 225, 230
통명전 186, 188, 190, 191, 194
《한경지략》 271
《한국전주교회사》 1/1, 248, 251,
행촌동 77, 79
홍익동 73, 81, 89
화장장 239, 273, 275
황사영 178, 179
훈련원 47, 225, 226
흥사단 97
흥선대원군 187, 207

315

김창희

경상남도 통영에서 태어나 아주 어려서 상경한 뒤 줄곧 서울 또는 수도권에서 살고 있다. 서울대학교 철학과에서 공부했다. 그 뒤 《동아일보》 기자 시절에 익힌 르포르타주 방식이 모든 글쓰기의 토대라는 판단을 갖게 됐다. 즉, 듣고, 보고, 말하고, 생각하는 것을 최대한 날것 그대로 글로 옮기는 작업이, 비록 영원히 완성할 수 없는 작업일지라도 포기할 수 없는 과제라는 생각이다. 이번 책 《가도 가도 왕십리》의 취재·집필·편집 과정을 거치면서는 장소성에 대한 감각을 조금 더 심화할 수 있었다. 그동안 저서 《아버지를 찾아서》(2016), 《오래된 서울》(공저 2013), 《우리 손으로 만든 머내여지도》(공저 2022)와 편저 《민청학련 50주년에 다시 듣는 세상을 바꾼 목소리들》(2024), 번역서 《지식인들의 망명》(2007) 등을 펴냈다. insight415@gmail.com.

가도 가도 왕십리
—변두리 사람들의 끈질긴 역사 이야기

2025년 9월 29일 초판 1쇄 발행
2025년 10월 29일 초판 2쇄 발행

지은이	김창희
펴낸이	박혜숙
디자인	이보용 김진
펴낸곳	도서출판 푸른역사

우) 03044 서울시 종로구 자하문로8길 13
전화: 02)720-8921(편집부) 02)720-8920(영업부)
팩스: 02)720-9887
전자우편: 2013history@naver.com
등록: 1997년 2월 14일 제13-483호

ⓒ 김창희, 2025

ISBN 979-11-5612-303-3 03900

• 잘못 만들어진 책은 교환해드립니다.